suhrkamp taschenbuch 1665

W0230702

Friedrich Michael (1892-1986) Romancier, Erzähler, Verfasser vielge-
spielter Lustspiele und Gründer des westdeutschen Insel Verlags, den er
von 1950-1960 leitete, promovierte 1913 mit einer Dissertation über »Die
Anfänge der deutschen Theaterkritik«. Dem Theaterleben blieb er als
Übersetzer, Kritiker und Autor zahlreicher wissenschaftlicher Publikatio-
nen zeitlebens verbunden. Die letzte, neubearbeitete Ausgabe seiner *Geschichte des deutschen Theaters* erschien 1969 bei Reclam.

Diese erstmals 1923 erschienene und seither immer wieder in aktuali-
sierter Form neuaufgelegte Retrospektive ist immer der brauchbarste Rat-
geber für Theaterfreunde und Studierende gewesen, die unaufdringliche
Belehrung suchten über die Entwicklung des deutschen Theaters, von den
»Spielen des Mittelalters« an. Nach Friedrich Michaels Tod (1986) hat
Hans Daiber das Werk bis in das Jahr 1989 fortgesetzt. Es wurde um wichtige Kapitel erweitert, wie »Das Theater im Dritten Reich« (mit zahlreichen, bisher kaum bekannten Fakten, die zeigen, wie Regime und Theater
einander entgegenkamen) sowie einer Analyse des Theaters im Zeitalter
der Massenmedien.

Hans Daiber, geboren 1927 in Breslau, studierte in Jena, Berlin und Heidelberg Philologie, Philosophie, Geschichte und Kunstgeschichte. Seit
1951 in Stuttgart, Bremen und Köln Hörfunkredakteur, Fernsehdrama-
turg, Feuilletonleiter und Theaterkritiker. Seit 1981 Moderator eines Kul-
turmagazins des WDR, Verfasser einer Gerhart-Hauptmann-Biographie
und Autor der Werke *Theater – eine Bilanz* (München 1965) und *Deutsches Theater seit 1945* (Stuttgart 1976).

Friedrich Michael
Hans Daiber
*Geschichte des
deutschen Theaters*

Suhrkamp

Bis Seite 93 folgt diese Ausgabe dem Band
Friedrich Michael, *Geschichte des deutschen Theaters*,
Stuttgart 1969. Die Fortsetzung bis in die Gegenwart hat
Hans Daiber für diese Ausgabe verfaßt.

Umschlagfoto: Ruth Walz

suhrkamp taschenbuch 1665
Erste Auflage 1989
für den Text von Friedrich Michael © 1982 by
Jan Thorbecke Verlag GmbH & Co., Sigmaringen
Lizenzausgabe mit freundlicher Genehmigung des
Jan Thorbecke Verlag GmbH & Co., Sigmaringen
für den Text von Hans Daiber © Suhrkamp Verlag
Frankfurt am Main 1989
Suhrkamp Taschenbuch Verlag
Alle Rechte vorbehalten, insbesondere das
des öffentlichen Vortrags, der Übertragung
durch Rundfunk und Fernsehen
sowie der Übersetzung, auch einzelner Teile.
Satz: MZ-Verlagsdruckerei GmbH, Memmingen
Druck: Nomos Verlagsgesellschaft, Baden-Baden
Printed in Germany
Umschlag nach Entwürfen von
Willy Fleckhaus und Rolf Staudt

1 2 3 4 5 6 – 94 93 92 91 90 89

Inhalt

Vorwort

Wie für alle Kunstgeschichte sollten auch für eine Geschichte des Theaters die Werke Hauptgegenstand der Betrachtung sein. Werk ist hier die Aufführung. Nun ist aber jede Aufführung, auch die desselben Stücks, eine andere, etwas Eigenes, Neues, Einmaliges, die Summe aus den Leistungen von Autor, Regisseur, Darsteller, Bühnenbildner, Maschinenmeister, Musiker, vermehrt um den variabelsten Teil des Abends, das Publikum. Das alte, oft zitierte Komödiantenwort »Um neun Uhr ist alles vorüber«, Bannspruch für das Lampenfieber nicht nur des Debütanten, bezeichnet zugleich den transitorischen Charakter des Theaterabends, den wir nicht schwarz auf weiß besitzen, eines Werkes, das sich nicht vorweisen läßt wie Buch und Bild, wenn auch in jüngster Zeit photo- und phonomechanische Aufnahmen die eine und andere Aufführung festzuhalten vermochten. Will man das Theater nicht nur als einen Teil der allgemeinen Geistes- und Kulturgeschichte vom literarischen oder soziologischen Standpunkt betrachten, sondern in seinem eigentümlichen Wesen schildern, dann wird es darauf ankommen, die Namen, Daten und Tatsachen mitzuteilen, die es dem Leser erlauben, sich selbst ein Bild davon zu machen, unter welchen Voraussetzungen und mit welchen Mitteln die Aufführungen jeweils zustande kamen – ein Fundament der Fakten sowohl für den Theaterfreund wie für den Adepten der Literaturgeschichte, von denen der eine die Vorfahren seiner Bühnenhelden von heute sucht, der andere in die verschlungenen Wege der theatergeschichtlichen Bezirke einzudringen wünscht.

Das Buch, das den Versuch einer solchen Theatergeschichte in knapper Form macht, hat bei seinem ersten Erscheinen unter dem Titel *Deutsches Theater* in den zwanziger Jahren freundliche Aufnahme gefunden. Der Wunsch, es erneuert zu sehen, gebot zugleich die Überarbeitung und die Erweiterung über Brahm und Reinhardt hinaus bis in unsere Tage. Hier wurde der Geschichtsschreiber zum zeitgenössischen Chronisten, und die Versuchung lag nahe, in dem, was man miterlebt hat, ausführlicher zu werden. Damit hätte sich ein Mißverhältnis zur Darstellung im Ganzen ergeben.

Daß in einer solchen knappen Darstellung auch der jüngsten Entwicklung der Schauspieler zu kurz kommt, bedauert der am meisten, der gerade in ihm das Grundelement des Theaters sieht.

Aber wie sollte man den einzelnen Mimen, Sänger oder Tänzer noch so kurz charakterisieren, ohne das ganze Gefüge eines solchen Buches zu sprengen? Wenn nun oft nur die Namen genannt werden, so mag ihr Klang beim Leser die Erinnerung an eigene Theaterabende wecken, nicht anders als auch der Titel manches Theaterstücks, das längst vom Spielplan verschwunden ist und aus dem uns eine Szene eben durch die Kunst eines großen Komödianten ganz gegenwärtig geblieben ist.

Wiesbaden, 1969   *Friedrich Michael*

Vorwort

Seit 1976 ist der »Kleine Michael« vergriffen gewesen. Diese kundige, angenehm lesbare Zusammenfassung eines halben Jahrtausends deutschen Theaters lohnt gewiß die Mühe, sie in die Gegenwart fortzuführen. Aber der Kritiker, Komödienautor und Verlagsleiter Friedrich Michael ist 1986 im Alter von 93 Jahren in Wiesbaden gestorben. So mußte ein anderer sich an diese Arbeit machen. Unterschiede des Stils und der Perspektive waren unvermeidlich, sind aber nicht nur zu bedauern, weil auch das Theater, für das und über das Friedrich Michael schrieb, inzwischen großen Veränderungen unterworfen worden ist.

Vom Kapitel VIII an (»Im Dritten Reich«) bietet die neue Ausgabe völlig neuen Text. Umgruppierungen, Kürzungen und Ergänzungen empfahlen sich schon ab Kapitel VI, 3 (»Vom Idealismus zum Realismus«, bisher »Die Kunst der Bühne«), um den Stoff exakter den epochalen Veränderungen zuordnen zu können. Kapitel VII (bei Michael »Theater unserer Zeit«) bildete bisher den Schluß, es setzte ungefähr nach dem Ersten Weltkrieg ein und führte bis in die fünfziger Jahre (»Theater nach der Pause«).

Zeittafel, Literaturangaben und Abbildungen wurden im Bestand gering geändert und fortgeführt.

Der Versuch, Michael mutatis mutandis fortzuschreiben, dadurch die gültig gebliebenen Teile zu reaktivieren und ein wieder brauchbares Ganzes zu gewinnen, wäre unvollendet in der Schublade geblieben, hätte nicht Volker Michels von diesem Projekt erfahren. Als Verlagslektor bei Suhrkamp und Herausgeber u. a. der Schriften Hermann Hesses, setzt er sich auch für das Fortleben zu Unrecht vergessener Autoren wie Friedrich Michael ein. Er ediert die auf acht Bände berechnete Ausgabe der *Gesammelten Schriften* Michaels, die bei Thorbecke in Sigmaringen erscheint. Eine Geschichte des Theaters würde aber in jenem Rahmen nie die Nützlichkeit eines Taschenbuchs erlangen können. Also: möge es nützen!

Köln, 1989   *Hans Daiber*

Erstes Kapitel
Spiele des Mittelalters

Das deutsche Altertum und Mittelalter kannten keine selbständige Theaterkunst; sie ist eine Schöpfung der Renaissance und des Barock. Was vorausging, war der theatralische Mummenschanz, der sich als Ausdruck der ursprünglichen schauspielerischen Begabung des Menschen, oft in Verbindung mit Kultgebräuchen, findet, und danach und daneben ein dem Ritus der christlichen Kirche entwachsendes Schauspiel, das Deutschland, dem übernationalen Charakter der Kirche entsprechend, mit den anderen Gliedern der abendländischen Kulturgemeinde teilte. Vom attischen Theater, das nur in der bereits abgewandelten Form des späten Rom Deutschland berührte, hatte man im Mittelalter keine klare Vorstellung. Und der fortlebende, über die Alpen herüberspielende römische Histrione war doch nur eine Variation des ewigen, auch in deutschen Landen gewiß nicht fremden Mimus, eine Variation, die, aus der römischen Stadtkultur unter das deutsche Landvolk verpflanzt, ihre Eigenart wohl nicht lange bewahren konnte.

Wir wissen von alten deutschen Bräuchen: wenn Sommer und Winter miteinander stritten, wenn bei Beginn des Frühlings das Alte, Dunkle als Strohpuppe ausgetragen und verbrannt wurde, der Sommer als Maigraf festlich einzog, mögen solche Szenen Spielcharakter erhalten haben. Aus der Frühlingssitte des Suchens nach der ersten Blume und der Maibuhlschaft konnte das kurze Dialog-Spiel von Neidhart mit dem Veilchen entstehen; da waren, wenn auch zunächst nur angedeutet, Spieler und Gegenspieler: die im Spott fortlebende Gestalt des Dichters Neidhart von Reuental, der über das für die Herzogin bestimmte erste Veilchen seinen Hut deckt, und seine bäuerlichen Gegner, die ihm ein weniger duftendes Blümchen unter den Hut setzen – das war aus der Sphäre körperlicher Tanzpoesie wohl von einem Spielmann im 14. Jahrhundert geschaffen, aus einem Gedicht, das sich dramatisch entwickeln und darstellen ließ; es konnte später dank der landschaftlich bestimmten Spielfreude Süddeutschlands aus bloßen Dialogen zu episodenreichen Schau- und Tanzspielen anwachsen – das große Neidhartspiel braucht etwa hundert Personen.

Es war nicht der einzige Fall, daß aus Dialog-Dichtung und

Neidhart mit dem Veilchen

Tanz ein Spiel entstand. Und so auch aus Fastnachtssprüchen und Umzügen das Fastnachtspiel: der Spottvers konnte zur Darstellung des Verspotteten führen, der Narr, der Trunkenbold, das böse Weib, alle Laster konnten aufziehen, man mochte einzelne Stände durchhecheln, ja wohl gar bestimmte stadtbekannte Leute treffen, wie es für 1432 in den Fastnachtspielen der Zirkelbrüder in Lübeck überliefert ist.

Besonders reich entfaltete sich das Fastnachtspiel in Nürnberg, wo nach dem Gelbgießer Rosenplüt und dem Barbierer Folz der des Lateins kundige Hans Sachs, der Schuhmacher und Poet, ihr Meister wurde. Es war eine bürgerliche Belustigung, der dumme Bauer war hier komische Figur ebenso wie der gelehrte Doktor oder der ritterliche Geck. Eine wichtige Rolle spielte das böse Eheweib, und das Verhältnis der Geschlechter, beide doch wohl von Männern dargestellt, wenn auch Ratsprotokolle von »frawen oder mannen« sprechen, gab Anlaß zu groben Witzen und Zoten. Junge Handwerksgesellen waren die Schauspieler. Eine Wirtsstube, ein Privathaus, in dem Gäste versammelt waren, irgendein geeigneter Platz wurde zur Bühne. Dekorationen brauchte man nicht, Tisch oder Stuhl waren schnell zur Hand. Gelegentlich trat aber auch ein feuerspeiender Drache oder sonst ein von den Spielern mitgeführtes Requisit in Erscheinung, wie man es auch bei Maskenumzügen mancherorts benutzte. Daß von Amts wegen Masken und Kostüme verboten wurden, deutet nur darauf hin, daß man sie gern tragen wollte, gewiß der Eigenart der Rollen entsprechend drastisch genug. Blieb es aber bei Andeutungen, so ergänzte der Text das Kostüm, indem der Spieler sich selbst vorstellte (»Ich bin Venus, der Lieb ein Hort«) oder durch den Anführer der Spielrotte, Einschreier, Herold, Praecursor, vorgestellt wurde. Solange nicht Einflüsse anderer Schauspielkunst eine gewisse Stilisierung bewirkten, spielte man mit größter Natürlichkeit: der Trunkene torkelte und rülpste, der Geschlagene schrie und rieb sich, der Fresser wischte sich schmatzend das Maul, und die Darsteller der Weiblichkeit sparten nicht mit deutlichen Gesten. Den Beschluß der Aufführungen, die zur Fastnachtszeit stattfanden, bildete in der Regel ein Tanz, dem eine Schlußrede des Ausschreiers, des Herolds, mit dem Dank an den Wirt, bei dem man gespielt hatte, vorausgehen oder folgen konnte.

Es gab neben solchen Volksspielen einen anderen und, bei der vorwiegend in den Händen der Kleriker liegenden Überlieferung, weit eindrucksvolleren Weg zu dem, was man weitherzig Theater nennen mag, die geistlichen Spiele, und manches in der Aufführung weltlicher Szenen von der Art des Neidhart mag schon durch das offizielle Spiel der Kleriker beeinflußt worden sein, in dem der ursprüngliche Spieltrieb des Menschen sanktioniert war – so wie umgekehrt auch weltliche Elemente in die fromme Spielgemeinschaft eindrangen.

Vorstufe für die geistlichen Spiele waren die lateinischen Osterfeiern, das Zwiegespräch zwischen den Marien und den Engeln am Grab: »Wen suchet ihr im Grab, ihr Christinnen?« – »Jesum von Nazareth, den Gekreuzigten, ihr Himmlischen.« – »Er ist nicht hier, er ist auferstanden, wie er vorausgesagt hatte; gehet und meldet, daß er vom Grab erstanden ist.« Dieser lateinische Wechselgesang ist aus der Mitte des 10. Jahrhunderts überliefert und bildet den Kern zahlreicher liturgischer Osterfeiern. Sie wurden erweitert: der Priester als Engel hob das Linnen auf: »Kommt und sehet, wo der Herr gelegen hat.« Es kam hinzu der Wettlauf der Jünger Petrus und Johannes zum Grab und sogar Christi Erscheinung vor der weinenden Maria Magdalena. Das alles vollzog sich im Rahmen der liturgischen Feier des Ostergottesdienstes, und ihm ließ sich auch noch ein Salbenkauf der Marien anfügen.

Wenn aus dem Salbenkauf eine Krämerszene mit allen Realitäten des Handels wurde, konnten sich die Szenen zum Spiel entwickeln. Die darstellenden Kleriker hatten Rollen, die zuschauende Gemeinde wurde zum Publikum für ein Singspiel in der Kirche. Solche Ansatzpunkte zum Spiel ergaben sich auch in den analog zur Osterfeier von der Krippe her entwickelten Weihnachtsspielen mit den Hirten, der Anbetung des Kindes, weiter mit den Königen, Herodes, dem Kindermord und Rachels Klage – was aus der Herodes-Rolle gemacht werden konnte, ahnen wir, da noch Hamlet seinen Schauspieler vor dem Bramarbasieren des Herodes warnt.

Aus der zunehmenden Zahl der Vorgänge und damit der Personen ergaben sich auch mehrere Spielorte im Raum der Kirche und Bewegungen von Ort zu Ort. In dieser Form des Nebeneinander der Spielorte konnte man nicht nur weitere Vorgänge des biblischen Geschehens darstellen, es konnte auch im Kreis der Kleriker ein selbständiges Drama geschaffen und aufgeführt werden, wie es uns im lateinischen *Spiel vom Antichrist* aus dem 12. Jahrhundert überliefert ist: das Auftreten des Antichrist, vom Apostel Paulus geweissagt, mit den Gestalten des Kaisers und der Könige, den Figuren der Heuchelei, Ketzerei, den Propheten Enoch und Elias, mit Chören der Christen und Juden, dazu stummen Personen, die den Gesang pantomimisch begleiten. Wir wissen nicht, ob und wie etwa die Throne der Könige und der Tempel dekorativ ausgestattet waren, aber die Angaben über das Kostüm, Harnisch, Krone, Frauengewand, und über Bewegungen wie Kampf und Gefangennahme deuten darauf hin, daß es sich, trotz des ›cantat‹ bei Personen und Chor, um eine szenische, nicht nur oratorienhafte Darbietung handelte.

Gegen solche erweiterten Spielformen in der Kirche konnte sich wohl Widerspruch erheben, wie er durch den Propst Gerhoch von Reichersberg laut wurde. Aber nicht nur die liturgischen Feiern dauerten an, auch für die Spiele konnte der Kirchenraum mit verschiedenen Spielorten der Schauplatz für Aufführungen bleiben. So hat uns Vigil Raber für eine Aufführung in der großen Pfarrkirche von Bozen im Jahre 1514 die Skizze eines Bühnenplanes hinterlassen, die eine Rekonstruktion der Podium-Szenen möglich macht. Inzwischen war andernorts das geistliche Drama der Kirche entwachsen, man spielte auf geeigneten Plätzen, das Latein der

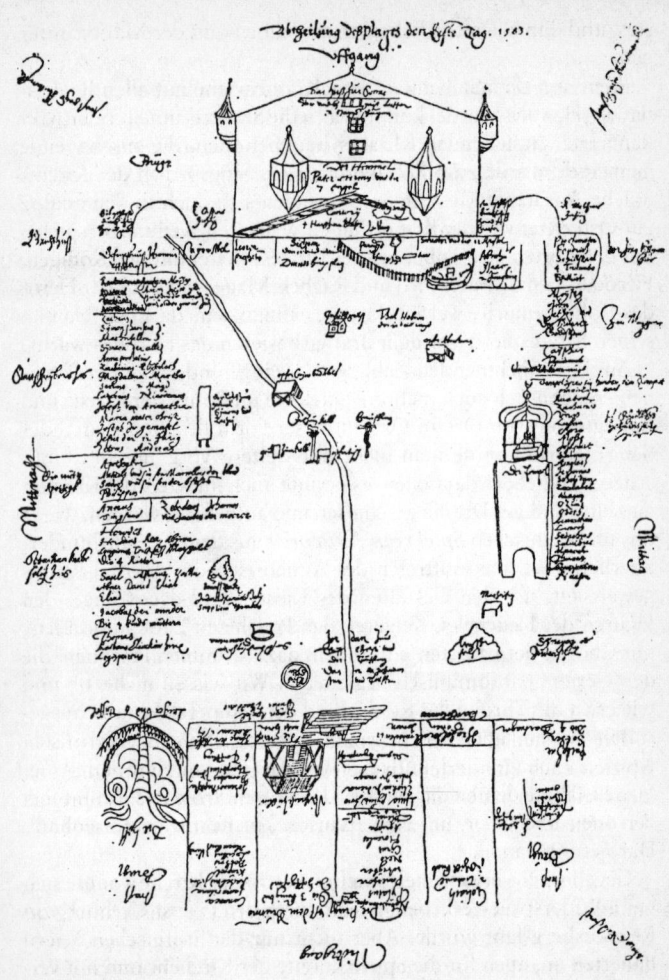

Plan zum Osterspiel auf dem Luzerner Weinmarkt

Texte wurde durch die Nationalsprachen verdrängt und ersetzt. Es entstanden die großen, die ganze Heilsgeschichte und die vordeutenden Begebenheiten des Alten Testaments umfassenden Spiele, in Frankreich ›Mystère‹, in Deutschland kurzweg ›Spiel‹ oder noch lateinisch ›ludus‹ genannt; daneben gab es auch Dramatisierungen einzelner biblischer Episoden und Legenden, das Spiel von den klugen und törichten Jungfrauen, Spiele von St. Dorothea, Theophilus, Päpstin Jutta. Mit dem Anschwellen der Texte von 30 auf 300, 3000, ja in Frankreich auf mehr als 30000 Verse wuchs die Zahl der Bühnenorte. Zum Grab kamen die Stationen der Passion, man brauchte Himmel und Hölle, Paradies und Goldenes Kalb. Das alles wurde nicht an einem neutralen oder verwandlungsfähigen Platz dargestellt, sondern nebeneinander aufgebaut, zunächst nur andeutend, bald aber mit größerem Realismus: Säulen wurden errichtet, offene Buden waren Palast und Synagoge, der Garten Gethsemane bekam sein Buschwerk. Diese Bühne des Nebeneinander (Simultanbühne) fand ihre natürlichen Grenzen durch die umstehenden Zuschauer oder die Häuser des Marktes, deren Fensterplätze durch Tribünen ergänzt werden konnten. In der Anordnung der Standorte (Mansionen) ergab sich ein gewisses Schema: der Himmel war am einen, die Hölle am anderen Ende des Platzes. Aus diesem Oben und Unten auf dem ebenen Platz, bei dem allenfalls für den Himmel wie in Luzern ein Balkon diente, mag die falsche Vorstellung einer dreistöckigen Bühne mit Hölle, Erde, Himmel übereinander entstanden sein; sie hat es nie gegeben.

Die Darsteller, Geistliche, später Bürger, zählten bei den großen Spielen nach Hunderten. In Freiburg im Üchtland wurden einmal den Heiligen Drei Königen je eine Kompanie Soldaten als Ehrengeleit beigegeben – Urahnen jener Kasernenhofstatisten, die unter der Neuberin 1735 in Braunschweig das Gefolge Catos und Cäsars bildeten und später beim Krönungszug der *Jungfrau von Orleans* und anderen Staatsaktionen wiederkehrten. Die Ausdehnung der Spiele verlangte natürlich einen Spielwart. Für die Luzerner Spiele, die 1453 erstmals erwähnt werden, kennen wir mehrere ›Regenten‹ namentlich, vor allem Renward Cysat, der uns für die Spätzeit wertvolle Aufzeichnungen gemacht hat. Er spricht von den allgemeinen Kosten – »den übrigen kosten truog ein jeder Comediant selbs, was syn stand vnd person ervordert«. Bei den großen Anforderungen an einzelne Rollenträger – Hauptrollen konnten viele Hunderte von Versen umfassen – ergaben sich Ansätze von Berufsschauspielertum. Das äußert sich dann auch in Unzufriedenheit mit der Rolle: »Vil hand die haben wöllen, darzuo sy nit dient, weder von person, lybs gstallt, sprach, gebärden noch anderm ...« Manchem, klagt Cysat, sei die Rolle zu klein, aber wenn alle große Rollen bekämen, müsse man 8 oder 10 Tage spielen, »vnd kan man nitt einem ieden ein halb Testament in syne sprüch machen ...« Frauen werden erst bei der Bozener Passion von 1514 als Mitwirkende erwähnt.

Die Aufführungen begannen am frühen Morgen und dauerten bis in den Abend, bisweilen wurde an zwei oder mehr Tagen gespielt. Ihre größte Ausdehnung erreichten die Spiele in Frankreich. Das deutsche Spiel von Eger im 15. Jahrhundert umfaßte 8312 Verse (Schillers *Wallenstein*-Trilogie 7625). Zu Beginn des Spiels zogen die Darsteller in feierlicher Prozession auf den Platz, im Kostüm, mit den Attributen ihrer Rolle. Dabei wurde der gottesdienstliche Charakter alle Zeit gewahrt: Cysat schreibt, daß die Spieltage von Spielern und Zuschauern durch ein laut und mit »vffgehepten henden« gesprochenes Gebet eröffnet wurden. Im allgemeinen spielte man im Kleid der Zeit; die Teufel trugen groteske Phantasiekostüme und ebenso wie Judas Masken. Während der Aufführung waren alle an ihren Standorten sichtbar. Man sprach oder sang, einzeln, in Gruppen und Chören, lateinisch oder im Reimvers der Landessprache, bisweilen in Duett- oder Terzettform. Die Gesichtsmimik war kaum stark entwickelt. Die Gesten, anfangs noch im Bann der liturgischen Handlung stilisiert und gemessen, wurden bei fortschreitender Verweltlichung individueller und natürlicher. Sie behielten aber, von den komischen Szenen abgesehen, immer zeremonielle Feierlichkeit. Aktion des ganzen Körpers war notwendig, um auf der Marktplatzbühne dem Zuschauer, der nur in beschränktem Maße auch Zuhörer war, das Wort zu verdeutlichen: Umarmung, Kniefall, Niederstürzen. An Theatereffekten fehlte es nicht: aus dem Felsen sprang unter Mosis Stabschlag Wasser; in der zum Kopf eines Ungeheuers ausgestalteten Hölle nutzte man die neuen Pulverkünste; den Weisen aus Morgenland zog, am Seil schwebend, ein Stern voraus; ein anderes Seil, von der Hölle zum Judasbaum gespannt, trug eine Art Fahrstuhl, auf dem der Teufel mit Judas zur Hölle fuhr. Die starken Eindrücke, die von den Spielen ausgingen, spiegeln sich in der bildenden Kunst jener Zeit, die den Aufführungen manches Motiv und ganze Kompositionsformen entnahm.

Die Passionsspiele, die einmal im Jahr, oft im Abstand von Jahren, aufgeführt wurden, waren Ausdruck der einheitlichen katholischen Bürgerkultur. Aber auch nach der Reformation lebten sie noch fort, selbst in protestantischen Städten, gefördert durch Luthers empfehlendes Wort, mannigfach verändert in der dramatischen Form unter dem Einfluß der wiedererwachten antiken Komödie. Ausdrücklich erwähnt Renward Cysat, daß die Spiele in Luzern Trost und Erbauung brachten, »nitt alein den Catholischen sondern ouch den Uncatholischen, die dann ouch in guotter anzal dahin sich verfüegent vnd solches hoch schetzend vnd achtend...«

Auf katholischem Gebiet führten die Jesuiten vom Volksspiel zum Schultheater und weiter zum Theater der ›Gesellschaft‹, zum Hoftheater. Das Oberammergauer Spiel, in dem das alte Volkstheater bis in unsere Tage zu dauern scheint, wurde erst im Jahre 1634 ins Leben gerufen, nachdem die alten Passionsspiele schon verstummt waren; seine Bühne, die das Neben- und Nacheinander verbindet – Simultan- und Kulissenbühne –, gibt kein reines Bild des mittelalterlichen Theaterspiels.

Zweites Kapitel
Schultheater und Handwerkerspiele

Die antike Komödie des Terenz war im Mittelalter eifrig gelesen, im 10. Jahrhundert von der Nonne Hrotsvitha von Gandersheim nachgeahmt, aber nie gespielt worden. Man hatte keine Vorstellung des etwa möglichen Spiels, des Theaters, man las die Stücke und dachte sie sich auch vorgelesen. Erst um 1470 veranstaltete Pomponius Laetus in Rom Aufführungen römischer Komödien in italienischer Sprache auf einer Bühne, die man anschaulich Badezellenbühne genannt hat: ein Podium wurde von einer Reihe von Pfeilern begrenzt, zwischen denen Vorhänge gleichsam die Pforten zu den Häusern verschlossen, deren Bewohner in den Komödien auftraten. An Stelle der nebeneinanderliegenden Schauplätze des Passionsspiels, der Simultanbühne, mit dem sichtbaren Ablauf aller Ereignisse auf einem Platz mit den notwendigen Aufbauten als Standorten der immer gegenwärtigen Spieler trat hier das neutrale Spielfeld, zumeist im geschlossenen Raum, mit einer verhüllten zweiten Welt, von deren Leben das kunstvoll komponierte Drama Kunde gab.

Eine solche Bühne, wie sie sich in Bildern einer Terenz-Ausgabe als das geeignete Theatrum für dramatische Werke nach antikem Muster anbot, wurde nicht sogleich in die Praxis der Aufführung durch die deutschen Humanisten übernommen – sowenig wie Terenz selbst, denn den Anfang machten Werke der gelehrten Herren, denen noch ganz das abging, was man treffend Bühnenempfinden genannt hat. Als man dann seit 1500 Stücke von Terenz selbst dialogisch wiedergab, genügte auch da das einfache Klassenzimmer oder die Aula ohne szenische Zutat. Allmählich erst und in gewisser Wechselwirkung mit der ›ortlosen‹ Fastnachtsbühne und dem Handwerkerspiel kommt man zu einer Bühnenform, die dem Charakter der alten Komödie entspricht, kommt von der Klassen-Rezitation der Humanisten zum öffentlichen Schultheater, bei dem aber auch nicht immer mit einer Podium-Bühne zu rechnen ist: »das theatrum auf der erde und bencke herumb gemacht« – das war die einfachste Form; es dauerte geraume Zeit, bis man mit einiger Gewißheit die Benutzung jener Badezellenbühne annehmen kann: um 1530 ließ der Rektor Muschler im Leipziger Rathaus eine verdeutschte Terenz-Komödie auf solcher

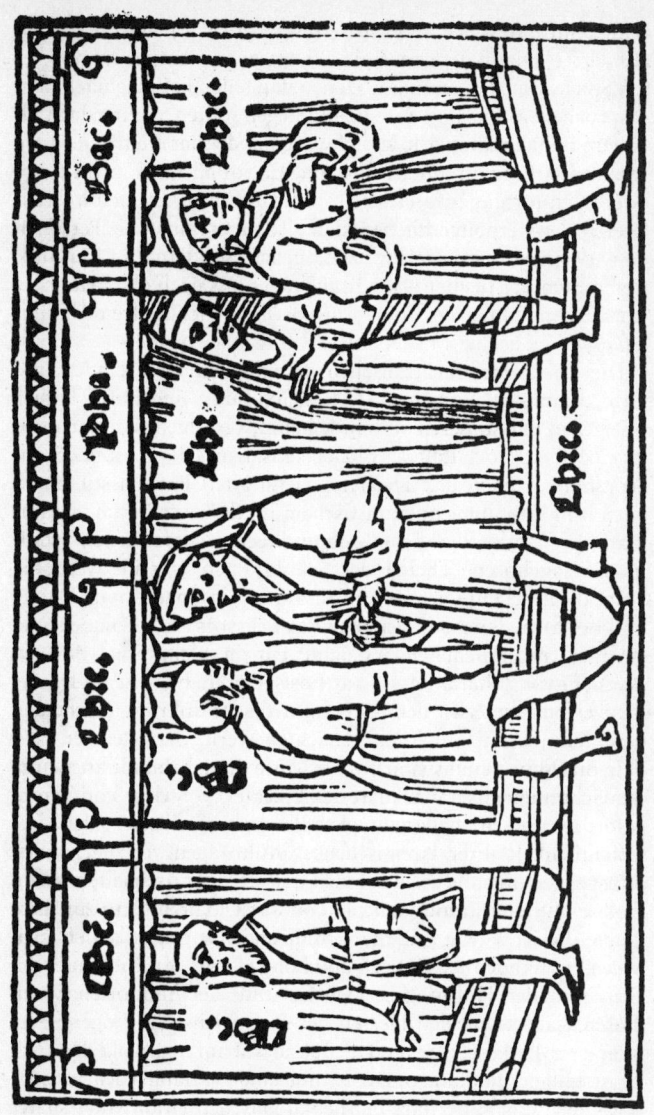

Die Badezellenbühne

Bühne aufführen. An anderen Orten beschränkte man sich nicht auf die Zellen mit dem neutralen Platz davor, sondern dehnte diesen Spielort aus, indem man Szenen darstellen ließ, die nach dem gesprochenen Text weit auseinanderliegen sollten, derart, daß sich Terenz-Bühne und simultanes Nebeneinander der alten Spielweise verbanden. Es war nur natürlich, daß da vor allem, wo man zuvor oder noch fortdauernd Passionsspiele aufführte, Elemente dieser älteren Form erhalten blieben, daß also nicht immer die Personen »aus der szen« und »in die szen« gehen, sondern »an iren ort« treten, sichtbar bleiben – ein Brauch, der uns nach den Erfahrungen auf den Bühnen des 20. Jahrhunderts gar nicht so fremd anmutet.

Die dramatisch-theatralischen Bemühungen der Schulen und Orte, die mit den Namen von Celtes, Sixt Birck, Reuchlin, Thomas Naogeorg und anderen verbunden sind, verfolgen wir hier nicht im einzelnen. Doch fällt der Blick ins Elsaß und dort besonders auf Straßburg. Neben das Theaterspiel im alten Passionsstil traten auch im Elsaß unter humanistischem Einfluß Aufführungen dramatischer Werke, die thematisch und technisch der neuen Schulbühne zugehören. Thema der Schuldramen war im weitesten Sinne die Bibel mit Lazarus und Susanna, Simson und Saul, Daniel und Belsazar, daneben aber auch das Lehrstück, das Knabenspiegel oder Kinderzucht heißen mochte. Für ein solches Spiel, die *Kinderzucht* von Johann Rasser aus Ensisheim, haben wir Bilder, die uns zeigen, wie etwa dem Illustrator die Aufführung erscheinen mochte.

In Straßburg, nun schon um die Mitte des Jahrhunderts, wurde das Schultheater zu einer Art Stadttheater, von den Stadtvätern gefördert und finanziert. Die Schüler hatten selbst eine größere Öffentlichkeit ihrer lateinischen Aufführungen verlangt, »inen selbst zur übung und auch zur kurzweil«. Seit 1565 spielte man im Hof des Gymnasiums, das 1567 von Kaiser Maximilian zur Akademie erklärt wurde, und die Aufführungen zogen mit einem größeren Publikum auch Fürsten und hohe Herren als Zuschauer an. Durch die den Hof umgebenden Gebäude der Auditorien waren diesen Gästen wie den Herren des Rats sozusagen Logenplätze über dem ›Parkett‹ bereitet. Die Bühne war anfangs wohl das auch sonst übliche Podium (›gerüst‹) mit einer variablen Rückwand, doch zeigt das Repertoire der neulateinischen Dramatiker später eine Erweiterung durch Hinterbühne und Oberbühne mit der Ent-

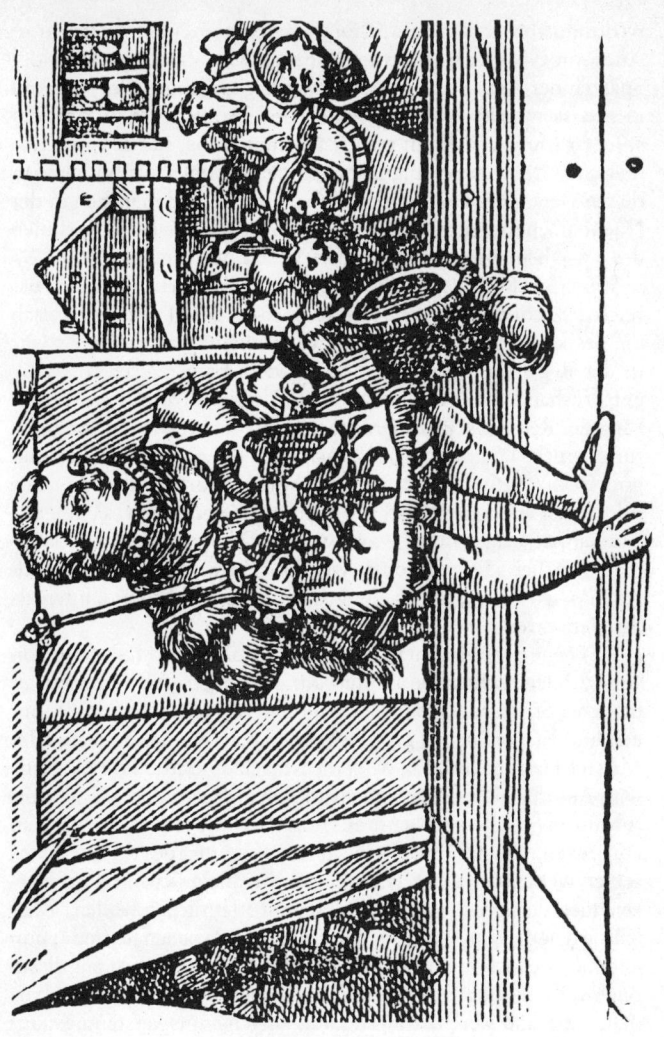

Johann Rasser, Kinderzucht

wicklung vom Drama als Schulübung zum eigentlichen Theaterstück mit größerer Ausstattung. Sie bestand – allerdings erst in der Spätzeit der Bühne bis zu ihrem Ausklang im Jahre 1622 – sowohl in gewissen Apparaturen für Flug- und Feuereffekte, in Versatzstücken wie vor allem in reicher Kostümierung, bei der man Römer und Griechen in echten, aber das heißt wohl à la mode gewandelten Gewändern erscheinen ließ. Damit befand man sich in der Nachbarschaft der glänzenden Aufführungen der Jesuitenschulen des 17. Jahrhunderts. Wir werden ihnen noch begegnen.

Wenn Straßburg eine Ausnahme und etwas Besonderes im Bereich der Schultheater war, zeigt es doch die Möglichkeiten – auch die des künftigen Studenten, der Komödiant wurde. Vorerst war in der Regel das Spiel dem Schüler, dem pädagogischen Zweck entsprechend, mehr Deklamation als Aktion: rhythmische Gliederung der Rede, klare Aussprache und nur als Ergänzung vor allem für die nicht lateinkundigen Zuschauer eine angemessene Mimik und Gestikulation wurden vom Schüler erwartet. Aber die Aufführungen wären wohl nicht so beliebt gewesen, wenn es immer so akademisch zugegangen wäre, wie die Schulordnungen verlangten; mancher Satz der hohen Visitationsbehörden über »schandbare Possen« zeigt, daß die jungen Leute bessere Komödianten als Schüler waren.

Das neue Schuldrama in der Nachfolge und Nachbarschaft von Terenz blieb nicht ohne Einfluß auf die Bürger und Handwerker mancher Stadt, zumal wenn sie schon durch geistliche Aufführungen und Fastnachtspiel geübt waren. Halten wir uns an ihrer aller Meister Hans Sachs, von dessen Fastnachtspielen schon die Rede war. Aus der Nürnberger Spieltradition gingen nun auch die Aufführungen von Komödien und Tragödien hervor, jenen Stücken, von denen manche Hans Sachs in der Widmung des dritten Buchs seiner Werke als »einen besondern lieben heimlichen schatz« bezeichnet, den er zunächst nicht habe veröffentlichen wollen, »weil ich sie den meisten theil selb hab agieren und spielen helffen«; nun aber heißt es schon im Titel, die Stücke seien »leichtlich aus diesem buch spilweis anzurichten, weil es so ordenlich alle Person, gebärden, wort und werck, außgeng und eingeng aufs verstendigst anzeigt«. Aus Bibel und Weltgeschichte, fremder Dichtung und Sage holte oder übersetzte er seine 208 Schauspiele, einen *Tristrant mit Isalde, Fortunatus, Die getreu fürstin Alcestis, Cleopatra*, um nur vertrauteste Stoffe zu nennen.

Hans Sachs gehörte zu den Meistersingern, und aus ihren Reihen mochten immer wieder auch gute Schauspieler hervorgehen, ganz unabhängig von ihren Singschul-Übungen, so daß es zwar keine Meistersingerbühne gab, wohl aber immer wieder »meistersinger und spilhalter« oder »meistersinger und comedianten« genannt werden, wenn es gilt, die nicht immer gewährte Spielerlaubnis einzuholen. Nicht Sachs allein schloß sich mit geeigneten Mitbürgern zu solcher Spielgruppe zusammen, es erscheinen andere Namen, es ist von »den zweien gesellschaften der comoedianten« die Rede, und schon das »selb hab agieren helffen« deutet darauf hin, daß auch andere seine Stücke aufführen konnten.

Gespielt wurde an verschiedenen Orten, in der Marthakirche, im Refektorium des Predigerklosters, im Hailsbrunner Hof. Was wir von Sachsens Bühne wissen, ist nicht viel; was wir erschließen können, sind die Möglichkeiten des Spiels ohne Podium in Stube oder Saal, wie bei den Fastnachtspielen mit gesprochener Dekoration, und die Podiumbühne (die ›pün‹) und damit dann auch das, was man sukzessive Verwandlungsbühne genannt hat – wobei nur nicht etwa an Verwandlung im heutigen Sinn zu denken ist, denn ein Bühnenbild solcher Art gab es nicht. Gemeint ist nichts anderes – und darin ging Reuchlin mit seinem *Henno* voraus, den Hans Sachs für sein Theater übertrug –, als daß die Bühne leer wird: die einen gehen ab, andere treten auf, und damit ist auch die Szene eine andere, ist verwandelt. Es gab keinen Vorhang. Da wir heute Verwandlung auf offener Bühne hinnehmen, ja nachgerade gewohnt sind, warum sollten die Nürnberger von 1560 empfindlicher gewesen sein, wenn man einen Tisch, einen Altar oder was sonst immer auf die ›pün‹ brachte oder wegtrug? Solche Requisiten konnten die im eigentlichen Sinn dekorationslose, vielleicht von Vorhängen oder Stellwänden begrenzte Bühne beleben: Stuhl, Tisch, Amboß, gelegentlich ein praktikabler Schiffswagen. Die Darsteller trugen das Gewand der Zeit, aber auch Ritterrüstung, türkische und spanische Tracht, dazu die Attribute der Rolle: der König Krone und Zepter, der Schiffer ein Ruder, der Bauer den Rechen. Das Spiel vollzog sich wohl mit der dem Dilettantentheater eigenen Steifheit, zeigte aber auch, neben einem den Fastnachtspielern gewohnten Realismus, eine bewußte Feierlichkeit, Stilisierung, die einem regelfreudigen Meistersinger nahelag – so in der Szene des *David* Sachsens, wo der Engel die Pest auf Jerusalem herabbeschwört und mit einem bloßen blutigen Schwert erscheint,

das er feierlich-fürchterlich aufhebt und viermal, in die vier Wind-
richtungen, niedersenkt.

Aber all diese theatralischen Übungen der Handwerker, die den
ersten Schritt zum Berufsschauspielertum auch insofern taten, als
sie Eintrittsgeld verlangten und vereinzelt schon Gastspielfahrten
in andere Orte unternahmen, wurden ebenso wie das Schultheater
durch zwei Elemente verdrängt, die vom Ausland her wirkten und
die Grundlage für das deutsche Theater im heutigen Sinne schufen: die mit der Oper aus Italien einziehende Kulissenbühne und
die Schauspielkunst der englischen Komödianten.

Drittes Kapitel
Barocktheater und Opernbühne

Den festlichen Aufführungen der alten Komödie in Italien konnte die durch Vorhänge nur angedeutete Häuserszenerie nicht lange genügen. Die großen Künstler der Renaissance, Architekten und Techniker in einer Person, fanden hier ein neues Wirkungsfeld. Sie schufen plastische Häuser: in Urbino sah man 1513 »einen achteckigen Tempel in Halbrelief ... wirkliche Straßen, Paläste, Kirchen und Türme ... alles in Relief, aber auch unterstützt durch die vortreffliche Malerei und eine wohlverstandene Perspektive« (Graf Castiglione). Diese perspektivische Malerei wurde bald das Hauptmittel der Bühnengestaltung. Bramante und Peruzzi waren die Schöpfer der neuen Illusionsbühne, die auf kleinem Raum, an der Schmalseite eines Festsaales, durch das Gemälde (Prospekt) hinter dem Bühnenpodium unermeßliche Tiefe vorzutäuschen wußte, gleichsam die Saalwand offen ließ und Ausblick auf eine Straße mit fern abschließendem Palast bot. Verstärkt wurde die Tiefenwirkung solcher gemalten Stadtansicht durch eine Reihe hintereinander gestaffelter plastischer Häuserecken auf beiden Seiten. Diese ganze Scheinarchitektur, auf Leinwandrahmen (Telari) gemalt, war anfangs noch unbeweglich und während des Spiels nicht verwandelbar. Um auch das zu erreichen, gab man den seitlichen Aufbauten dreiflächige Prismengestalt nach Art der antiken Periakten. Durch Drehen dieser auf allen Flächen anders bemalten Prismen konnte die Bühne im Nu verwandelt werden; der Prospekt teilte sich gleichzeitig und ließ das entsprechende neue Bild sehen. Schließlich übertrug man das Prinzip dieses teil- und schiebbaren Prospekts auch auf die Seitenabschlüsse, und so entstanden die Kulissen: bemalte ›Schieber‹, die leicht bewegt und ausgewechselt werden konnten und wenig Platz wegnahmen.

Diese Verwandlungsbühne eroberte sich bald alle Theater Europas. In Deutschland wurde auch die Prismen-Bühne bekannt. So baute Joseph Furttenbach 1640/41 in Ulm ein Theater, dessen Bühne auf jeder Seite fünf Prismen und als Abschluß vier teilbare Prospekte hatte; durch Maschinerie von Hebeln und Walzen konnte das ›Häusergebäu‹ in einem Augenblick in einen Lustgarten verwandelt werden. Dazu besaß die Bühne auch schon den ganzen Apparat der künftigen Opernhäuser: einen ›Graben‹ hinter

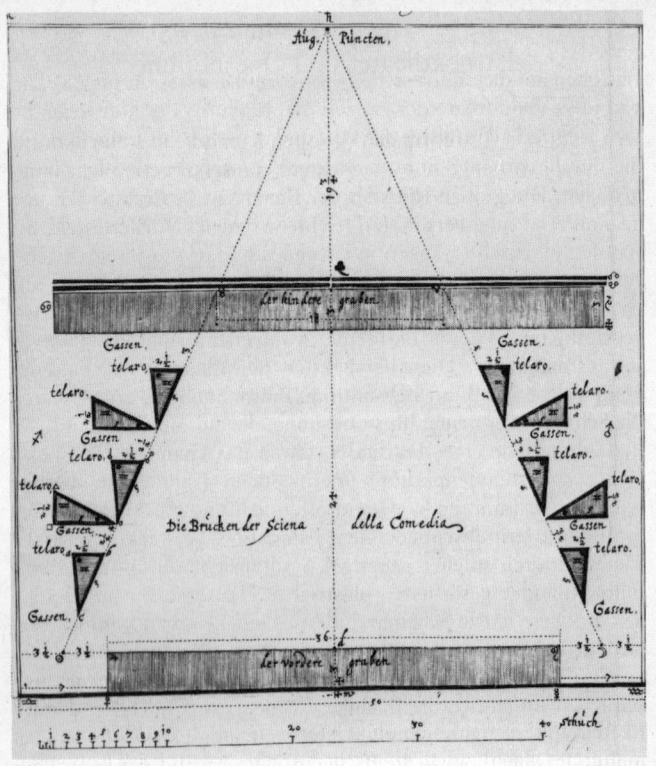

Joseph Furttenbach, Szenengrundriß

dem Prospekt, um Schiffe und Wagen vorüberziehen zu lassen, ferner die Oberbühne mit den Wolkensoffitten und der großen Flugmaschinerie. Aber auch in Deutschland wurden die schwerfälligen Prismen bald durch Kulissen abgelöst, die für die phantastischen Formen solcher Dekorationen besser taugten, wie sie die Oper forderte.

Die Anfänge des musikalischen Dramas – der Name ›Opera‹ wird erst nach 1639 gebraucht – liegen in den Komödienzwischenspielen, die sich an italienischen Höfen hoher Gunst erfreuten. Das erste Werk der neuen Gattung, die *Dafne* Ottavio Rinuccinis, komponiert von Jacopo Peri, 1594 in Florenz aufgeführt, zeigt bereits das Personal, das die Oper dann immer wieder in neuen Variationen auf die Bühne stellte: Götter und Schäfer. Apollo, Venus, Cupido – bald folgte der ganze Olymp, Plutos dunkles Reich tat sich auf, und alle Geister der Luft und des Meeres tummelten sich auf den Flugapparaten und Wellenmaschinen der Theatermeister über die Bühne.

Gleich Rinuccinis *Dafne* fand ihren Weg nach Deutschland, wurde von Martin Opitz übersetzt und mit der Musik des Dresdner Hofkapellmeisters Heinrich Schütz im Jahre 1627 bei einem fürstlichen Hochzeitsfest in Torgau aufgeführt. Damit war der Oper auch in Deutschland der Platz eingeräumt, den sie bis ins 19. Jahrhundert behauptete: das Hoftheater. Während die deutsche Oper, deren musikalische Entwicklung hier nicht dargestellt werden soll, besonders im Norden gepflegt wurde, entfaltete sich die italienische Oper am reichsten in Süddeutschland, vor allem in Wien. Am Kaiserhof, der durch verwandtschaftliche und geistige Beziehungen zu Italien für die neue Kunst besonders empfänglich war, hatten ihr schon die prunkvollen Hoffestlichkeiten, die ›Wirtschaften‹, Aufzüge und Ballette, und nicht zuletzt das Jesuitentheater den Boden bereitet.

Das war im Anfang deklamatorische Schulübung gewesen, wie es die Studienordnung vorsah; aber schon um die Mitte des 16. Jahrhunderts kam es in Schulen rheinischer Orte (Köln, Aachen u.a.), dann in der oberdeutschen Ordensprovinz mit München als Mittelpunkt, in Schlesien und Österreich zu echten Aufführungen mit immer wachsendem szenischen Apparat, wobei das Nebeneinander der Simultanbühne schließlich von der Kulissenbühne abgelöst wurde. Wenn auch das Belehrende immer wieder als Kern erscheint, fehlte es diesen Aufführungen nicht an äußerem Glanz, an technischen Überraschungen, an Musik und Tanz, so daß man von geistlichen Opern sprechen kann. Das vorherrschende allegorische Element führte ganz von selbst zu größerer Prachtentfaltung, deren Kosten fürstliche Gönner trugen. Das Schultheater wurde Hoftheater, die Majestäten versäumten selten eine der Festaufführungen, die in Wien anfangs noch im Freien, seit 1620 in der Aula und seit 1655 im eigenen Theatergebäude stattfanden. Hatte man in den Gärten von Laxenburg und Schönbrunn und im Augarten Wasserkünste zeigen und ganze Seetreffen liefern können, so durften die Bühneneffekte dahinter nicht zurückstehen. Selbstverständlich also war die Verwendung der Kulissenbühne, die man »öfftern alß 12 bis 13 mahl augenblicklich verendern« konnte. 1651 begann die Aufführung eines Franciscus-Xaverius-Dramas im »ganz verfinsterten Saale, den nur grell aufleuchtende Blitze und schwefelige Flammen mit ungewissem Lichte erhellten«; dumpf aufwühlende Musik und wehklagende Stimmen mehrten das Grauen, und dann enthüllte der Vorhang eine strahlend helle, erlösende Bühnenpracht. Dieses Theater, dessen Repertoire die berühmtesten Stoffe der Weltliteratur kannte: *Don Juan, Demetrius, Maria Stuart, Genoveva* und *Gyges' Ring,* bevorzugte alles Magische: Beschwörungen, Erscheinung Ermordeter, Traum- und Zauberszenen; und dem entsprach der große Apparat der Bühne. Die bis zum 18. Jahrhundert hin lateinischen Dramen hatten zuweilen 120 Sprechrollen. Nicolaus von Avancini, der fruchtbarste Wiener Jesuitendramatiker, dessen geschwollen-pomphafter Stil bald als ›Avancinismus‹ verschrien war, verlangte Tänze und Ballette, ja selbst Tierkämpfe als Einlagen in ernste Stücke. Die Zwischenspiele gaben auch zu komischen Szenen Raum, die Landessprache drang ein, und mit Johann Baptist Adolph kam im Ausgang des 17. Jahrhunderts ein »wirklicher Groteskkomiker« zu Wort, dessen Possen in manchen Zügen an die Wiener Stegreifkomödie erinnern.

Allegorie und Maschinerie der Oper waren hier schon vorweggenommen. Nur der trotz aller heidnisch-künstlerischen Verbrämung doch christlich-pädagogische Inhalt der Dramen und das Schülertum der Darsteller unterschied das Jesuitentheater Wiens von der Oper, die bei den Festen Leopolds I. der liebste Gast wurde. Die venezianischen Opern Monteverdis und Cavallis lösten Originalwerke ab, für die Amalteo, Minato, Zeno und Metastasio die Libretti schrieben. Italiens beste Textdichter und Musiker kamen nach Wien, das in diesem Jahrhundert zwischen 1640 und 1740 ganz in seinem Theater lebte – so daß Feldmarschall Rüdiger Graf Starhemberg den zornigen Seufzer ausstoßen konnte: »Es gilt einer, der eine Commedia agiert, mehr als einer, so eine Festung oder Battaglia erhalten hat.« Prinzen und adlige Damen und Herren wirkten selbst oft bei den Aufführungen mit, von denen eine einzige unter Karl VI. 60.000 Gulden verschlang. Bühne und Zuschauerraum waren ein Festsaal; auch das gleiche Gewand überbrückte hier die Rampe zwischen Bühne und Welt, hier einten die Zauber der Mode: auch Göttinnen, Schäferinnen und Nymphen trugen den spanischen Schnürleib oder das französische Dekolleté, Reifrock oder Schleppenkleid. Gesten und Aktionen waren entsprechend steif und pathetisch, im 18. Jahrhundert unter französischem Einfluß anmutig und leichter. Das Rokoko nahm dem federbuschumwallten Mars seine Grandezza und gab noch den Furien Grazie. Mehr als Musik und Wort galt die Ausstattung. Die Komponisten, unter ihnen Bertali, Cesti, Draghi, seit 1698 der Hofkompositeur Johann Joseph Fux, dessen *Elisa* Karl VI. selbst dirigierte, bis hin zu dem großen Erneuerer Christoph Willibald Gluck – sie traten doch zurück hinter die Architekten und Theatralingenieure, deren Namen auch auf den Text- und Programmheften nicht fehlen durften: Giovanni und Ludovico Burnacini, die 1652 und 1666 Opernhäuser errichteten, und die Mitglieder der Familie Galli-Bibiena, deren Werke, Theaterbauten und Dekorationen, die Barocktheaterkunst krönten.

Nachdem bereits Francesco Galli-Bibiena in Wien für Joseph I. ein Hoftheater erbaut hatte, kam 1712 sein Bruder Ferdinando ebenfalls nach Wien und führte hier mit seinem genialen Sohn Giuseppe eine neue Dekorationskunst ein. Bisher hatte das Bild der Kulissenbühne *einen* Blickpunkt, hinter der Mitte des Prospekts, gehabt, so daß eine gewisse einförmige Gradlinigkeit und Symmetrie entstanden war. Die neuen Meister der Perspektive verschoben und brachen diese Längsachse, ließen die Gebäude nicht mehr parallel zur Rampe, sondern übereck stehend erscheinen, verbanden die Kulissen zu ›Bögen‹ und gaben so dem Bild einen überwältigenden Reichtum der Linien und Profile. Das Auge war nicht mehr auf einen Mittelpunkt gebannt, sondern wurde hier durch eine aufstrebende Treppenarchitektur emporgezogen, dort in die schrankenlose Weite einer Säulenhalle gelockt. Die Unruhe und überquellende Fülle des Barock und seiner rauschenden Theaterfeste fanden in diesen grandiosen, durch den Bühnenrahmen nur scheinbar begrenzten Bildern ihren wahren Ausdruck.

Ferdinandos ältester Sohn Allessandro entwarf das Opernhaus für Mannheim (1742), dessen jüngster Bruder Antonio war am Bau des alten Burgtheaters in Wien (1741) beteiligt. Beide überragte Giuseppe, der mit seinen prächtigeren Bauten, kühneren szenischen Entwürfen selbst den Ruhm seines Vaters verdunkelte. Er erbaute 1723 das offene Gartentheater in Prag, schuf gemeinsam mit seinem Sohn Carlo die Innenarchitektur des noch erhaltenen Theaters in Bayreuth, gab Dekorationsentwürfe für Wien und

München, Graz und Linz, siedelte 1747 nach Dresden über, wo er das von Pöppelmann und Mauro errichtete Opernhaus erweiterte und mit seinen Dekorationskünsten höchste Triumphe feierte, und kam schließlich 1754 an den Hof Friedrichs des Großen, für dessen (von Knobelsdorff 1742 erbautes) Berliner Opernhaus er bereits vorher Dekorationsentwürfe geliefert hatte. Vor und neben den Galli-Bibiena wirkten italienische Künstler an fast allen deutschen Höfen im Dienst der italienischen Oper; in München Francesco Santurini und mehrere Glieder der Familie Mauro, die auch in Dresden tätig waren. Deutsche Meister übten sich gleichfalls mit Erfolg in der Dekorationskunst: in Dresden und Braunschweig Johann Oswald Harms, »der in Theatrimahlen keinen seinesgleichen in Teutschland gehabt«, in München Nikolaus Gottfried Stuber, der 1716 bis 1748 fast alle Dekorationen dort schuf. Als im 18. Jahrhundert Pariser Oper und Versailler Geschmack vorherrschten, kamen auch französische Theaterarchitekten: nach Dresden Giovanni Servandoni, nach München François Cuvilliés, der 1753 ein neues Opernhaus, das spätere Residenztheater, baute.

Um 1700 hieß die Oper in Deutschland das »galanteste Stück der Poesie, so man heutzutage zu ästimieren pflegt«. Die fesselnde Geschichte der zahlreichen Schloßtheater im 17. und 18. Jahrhundert gibt Zeugnis von der Beliebtheit der Oper und dem für sie gemachten Aufwand. Aber nicht die Fürsten allein opferten ihr Riesensummen, richteten ihre Politik nach den Launen der Primadonnen und ließen ganze Regimenter über die Bühne marschieren – auch die Städte fanden Vergnügen an den singenden Götterliebchen und den Kostümkünsten der Ballettschneider. Eine Zeitlang schien es, als wolle das bürgerliche Publikum die deutsche Oper bevorzugen. Leipzig hatte von 1693 bis 1729 eine Opernbühne mit deutschem Spielplan, und in Hamburg erreichte die deutsche Oper der Zeit ihre stolzeste Höhe: 1678 wurde ein mit allen technischen Neuerungen ausgestattetes Opernhaus eröffnet, deutsche Musiker, Franck, Kusser, Keiser, wirkten hier, Lokalstoffe (Störtebecker) wurden behandelt, Ansätze zu einer komischen Volksoper waren vorhanden – dann siegte auch in Hamburg die italienische Oper.

Die deutsche Oper wurde zunächst durch das Singspiel ersetzt, das in England als Parodie der Opern-Unnatur entstanden war und mit dem beliebtesten Stück, *Der Teufel ist los* von Coffey,

1743 seinen Einzug in Deutschland hielt, seinen vollen Sieg aber erst errang, als die gleiche Operette in neuer Übertragung durch Christian Felix Weiße mit der Musik von Johann Adam Hiller 1766 in Leipzig erschien. Dieselben Verfasser lieferten dann noch viele Singspiele gleicher Art, die mit ihren leicht sich einschmeichelnden Melodien und dem flotten Spiel das Publikum begeisterten. Unter den Textdichtern waren neben anderen Goethe und Wieland, unter den Komponisten Benda, Dittersdorf, Wenzel Müller. Gekrönt wurde die Entwicklung des deutschen Singspiels durch Mozarts *Entführung aus dem Serail* (1782).

Die Darsteller des Singspiels waren nicht die ›Operisten‹, sondern die deutschen Schauspieler, die in dieser Zeit ihren Platz neben der höfischen Oper und französischen und italienischen Komödiantentruppen zu behaupten begannen.

Viertes Kapitel
Die englischen Komödianten

Auch das deutsche Schauspiel wurde vom Süden her beeinflußt. Die Commedia dell'arte, die sich in Italien im Gegensatz zur Commedia erudita, der Terenz-Nachfolgerin gelehrter Dichter, als das eigentliche Schauspielerstück entwickelte, das Stegreifspiel ihres typischen Personals: Pantalone und Doktor, Capitano und Zanne, Pulcinella und Arlecchino – sie fanden auch in Deutschland, zumal im Süden, ihr beifallsfrohes Publikum. Viel wichtiger aber wurde das Erscheinen der englischen Komödianten.

In England, genauer: in London hatte sich im Zusammenwirken volkstümlichen Gauklertums, gelehrter Dichtung und großstädtischen Lebens eine reiche Theaterkunst entfaltet. Schon 1464 gab es hier, aus den Darstellern der geistlichen Spiele hervorgegangen, Berufsschauspieler, Typen und Rollenfächer waren früh ausgebildet, und aus den Wirtshaushöfen, in denen man gern spielte, entstanden selbständige Theatergebäude: offene Sommertheater, die dem großen Publikum in Parterre und mehreren Galerien reichlichen Platz boten. Später spielte man auch in geschlossenen Sälen, Wintertheatern, vor einem kleineren Kreis, dem Hof, der Gesellschaft. Die Bühne war ein vorspringendes Podium, hinter ihm befand sich eine durch Vorhänge verhüllte innere Bühne, die als Zimmer mit Thron, Bett oder dergleichen verwendet werden konnte, darüber noch eine Oberbühne für Balkon- und Turmszenen, sonst auch den Musikanten oder Zuschauern eingeräumt. Dekorationen hatte man nicht, auch nicht die oft zitierte Tafel, auf der angeblich geschrieben stand, wo die Szene spielte – und die den vorherrschenden Analphabeten auch wenig geholfen hätte! Um so lebendiger war das Spiel der natürlich reich kostümierten Schauspieler, und diese Schauspielkunst war es, die in Deutschland so großen Beifall fand, obschon die Truppen, die seit 1585 nach dem Festland kamen, nur einen matten Abglanz Londoner Theaterspiels boten.

Es war die ›Aktion‹, das mimische Urelement, das hier, in Verbindung mit »herrlicher, guter Musika« und den nach deutschen Begriffen »köstlichen« Kleidern, bewundert wurde. Das deutsche ›Theater‹ hatte vorzüglich das Wort gepflegt: der Schüler war Diener des Wortes, und selbst das Handwerkertheater strebte im natürlichen Drang nach Angleichung an die Formen der ›Gebildeten‹ zum Literaturtheater hin: vom Fastnachtspiel zur Tragödie. Doppelt neu und erfrischend war daher das Spiel der Engländer, die notgedrungen auf die Wirkung durchs Wort verzichten mußten. Das, was man sich am Ende des 18. Jahrhunderts zur Erziehung der Schauspieler wünschte: »Stücke, wo die meiste Wirkung allein auf dem Spiel beruht« – das war hier durch die Sprachverhältnisse gegeben. Im Grunde freilich war es doch eine Not, die zur Tugend wurde, eine Not, der abgeholfen werden mußte, wenn aus der Pantomime Schauspiel werden sollte. So hatte denn auch eine Truppe, die im November 1599 in Münster spielte, einen »schalkes naren« bei sich, »so in duescher sprache vielle bötze und geckerie machede under den ageren, wenn sie einen neuen actum wollten anfangen und sich umbkledden, darmidt ehr das volck lachent machede«. Der Spaßmacher, diese ewige Figur des Welttheaters, mußte ja vor allem, wenn sein Wortwitz Lacher finden sollte, die Landessprache brauchen. Um die Jahrhundertwende verstummte das Englische, man spielte in deutscher Sprache. Damit hatte die Verwandlung der englischen ›Springer‹ in »hochteutsche Comedianten« begonnen; sie wurde in den nächsten Jahrzehnten durch Rekrutierung der Truppen aus deutschen Spielern fortgesetzt, und um 1650 gab es ausschließlich deutsche Schauspieler, wenn sie sich auch oft noch »Englische Comödianten« nannten, um sich von schauspielernden Handwerkern zu unterscheiden und von dem Ruhm, der mit dem Namen der Engländer verbunden war, ihren Nutzen zu ziehen.

Die Wanderfahrten der Truppen führten durch ganz Deutschland. Man richtete sich nach Spielgelegenheiten; Hoffeste lockten, Messen versprachen Gewinn, der Danziger Dominiksmarkt, die Frankfurter und Leipziger Messe, die Kölner ›Freiheit‹, der Kieler ›Umschlag‹, die ›Laurentii Messe‹ in Braunschweig. Während die Höfe ihnen bereitwillig Gehör schenkten, ihr Spiel honorierten und sie obendrein mit wertvollen Empfehlungsschreiben und wohl auch dem Titel fürstlicher ›Hofkomödianten‹ ziehen ließen, mußten sie in den Städten manche Widerstände überwinden und bald auch, als die Stadtväter den Zulauf des Publikums wahrnahmen, ihre Einlaßgelder kontrollieren lassen, Abgaben zahlen und dem Magistrat Freiplätze einräumen oder ihm eine ›Ratskomödie‹ spielen. Das blieb bei den Wandertruppen bis zum Ende des 18. Jahrhunderts so.

Die Aufführungen an den Höfen fanden in der Regel wohl in einem Saal des Schlosses statt; in den Städten spielten sie in eigenen, schnell aufgeschlagenen Buden oder in den öffentlichen, vom Rat gemieteten Gebäuden: Rathaus, Ballhaus, Fechtschule. Gelegentlich öffneten sich ihnen auch, wie den Schüler- und Handwerkerkomödianten, reiche Privathäuser. Die Bühne war ein Podium, dessen Abschlüsse durch Vorhänge (›Teppiche‹) nach hinten und an den Seiten den gegebenen Lokalitäten angepaßt waren. Hatte man freie Hand, so baute man wohl die Bühne nach englischem Muster. Einfluß gewann ferner die holländische Bühne, wie sie Jacob van Kampen 1638 in Amsterdam eingerichtet hatte: eine Bühne, die durch einen Vorhang in zwei Spielfelder geteilt wurde und dadurch das Spiel auf neutraler Vorderbühne mit anschließender Enthüllung eines Bühnenbildes auf der Hinterbühne, mithin eine gewisse Verwandlungsfähigkeit gestattete. Später benutzte man die bequemere Kulissenbühne, wenn auch nicht mit dem Dekorationsaufwand der Oper, der sich bei den geringen Mitteln mancher Truppe von selbst verbot. Doch darf man sich diese Aufführungen keineswegs armselig und farblos denken: manche fürstliche Kleiderkammer tat sich ihnen auf, und wo die Komödianten – wie etwa 1608 in Graz – in Wettstreit mit den Jesuitenzöglingen traten, die doch immer mit reichsten Mitteln für ›Ausstattung‹ sorgten, da durften die Engländer nicht zurückstehen.

Ihr Repertoire enthielt Stücke, deren Stoffe und Titel die Autorschaft der zeitgenössischen englischen Dichter – Greene, Marlowe, Shakespeare – erkennen oder vermuten lassen. Aber das, was die wesentliche, künstlerische Leistung der Dichter ausmachte: die Gestaltung der Stoffe, die poetische Form, war auf dem Weg von London nach Deutschland, aus englischem Vers in deutsche Prosa, völlig verlorengegangen. Aus den Kunstwerken, die nur als Gedächtnisgut mitwanderten, schufen sich die Schauspieler selbst ihre Spieltexte in einer deutschen Prosa, die sich zuweilen an Eingaben für Ratsbehörden gebildet zu haben scheint, die in Zoten ausartet, wo sie Witz geben sollte, im Kanzleistil einherstelzt, wenn Feierlichkeit gefordert war. Doch bestanden auch hier Unterschiede: die Komödianten, die in Graz vor Erzherzögen spielten, befleißigten sich einer Rede, die stellenweise der rhythmischen Verssprache nahekam. Neben englischen Dramen gelangten auch, im Lauf des 17. Jahrhunderts, Stücke nach deutschen, französischen, holländischen, italienischen und spanischen Originalen zur Aufführung. In jedem Fall waren es Spieltexte, deren Gestalt, in szenischer Komposition und im Wortlaut, durch den schauspielerischen Effekt bestimmt war. Der beschwörende Zauberer, der mit großer Geste Tote erweckte, brauchte starke Worte, um auch die Lebenden vor der Bühne erschaudern zu lassen, der Liebhaber, der vor seiner Angebeteten niedersank, ergoß den ganzen Schwall galanter Phrasen, die der deutschen Sprache schon zu Gebote standen, der Narr endlich war unermüdlich darin, das noch mit Witzen zu unterstreichen, was seine frechen Handgriffe schon mehr als deutlich machten. ›Springer‹ hießen die Engländer, Bewegung war ihr Grundelement, die Geste herrschte. Und keiner war beweglicher als Pickelhering, Stockfisch, Jean Potage, Hans Supp, Hanswurst, diese vielnamige Hauptperson. Noch ehe er erschien, machte er sich irgendwie bemerkbar, dann kam er auf irgendeine überraschende Art, oft in unmöglichstem Zustand, auf die Bühne und hatte sogleich die Lacher auf seiner Seite. Er war der Schauspieler schlechthin, unendlich verwandlungsfähig, beherrschte das Theater, drängte sich in die ernsten Haupt- und Staatsaktionen – so hießen seit etwa 1700 die von den Engländern eingeführten Schauspielerdramen, die mehraktigen, unter Königen und Standespersonen spielenden Hauptstücke der Vorstellungen – und hatte seine eigenen Harlekins-Nach- und Zwischenspiele.

Deutlichkeit war die oberste Regel des Spiels, alles Geistige wurde materialisiert. Sprach man vom Donner, so grollte er auch in der Stimme des Komödianten, wurde einer erstochen, so mußte das Blut hoch aufspritzen, wie denn alles Grausige und Blutige, Mord, Köpfen, Zungenausreißen, besonders beliebt war und durch technische Mittel (blutgefüllte Blasen unter Hut oder Wams) unterstützt wurde. Aber dieses Spiel, so roh es war, hatte doch auch, wennschon auf einem anderen Niveau als die Oper, etwas von dem großartigen barocken Übermaß der Zeit, es bot andrerseits auch eine feinere mimische Charakteristik als das Spiel der Handwerker und hatte vor diesem und den Deklamationen der Schüler den Vorzug größerer Lebendigkeit.

Die Musik war bei den Aufführungen der englischen ›Instrumentisten‹, als welche sie am Anfang in Deutschland auftauchten, stark beteiligt. Man spielte in den Zwischenakten, begleitete stumme Szenen durch Musik, sprach unter Instrumentalbegleitung gelegentlich einen Monolog. Als Zwischenspiele oder selbständig wurden auch Singspiele aufgeführt, die in England ›Jigs‹ genannten, strophisch gegliederten Possen voll derber Erotik, bei deren Darstellung Mimik und Tanz mehr als Musik und Gesangstext betont wurden.

Fünftes Kapitel
Die deutschen Wandertruppen

1. Von Velten zu Schröder

Unter den Deutschen, die vielfach schon bei englischen Prinzipalen spielten, befanden sich häufig Studenten. Das kann nicht wundernehmen: das Schuldrama stand noch in voller Blüte, ja die Schulbühnen waren es, auf denen das deutsche Kunstdrama der Zeit, die Werke des Andreas Gryphius, Caspers von Lohenstein, Hallmanns u. a. aufgeführt wurden. Es brauchten nur natürliche Begabung, Abenteuerlust und vielleicht noch die Verführung durch eine reisende Bande zusammenzuwirken, um aus dem Musensohn einen »hochteutschen Comedianten« zu machen. Von allen, die diesen Schritt taten, ist allein der Magister Johannes Velten berühmt geworden. Es traf sich glücklich, daß er zur besten Truppe stieß, deren Prinzipal, Carl Andreas Paulsen, außer den Stücken der englischen Komödianten auch schon Molière im Spielplan hatte. Velten wurde sein Schwiegersohn, erhielt bald führenden Einfluß auf die Truppe und gab ihr durch seinen Magisterrang, seine gelehrte Bildung, vielleicht auch durch persönliche Vorzüge ein größeres Ansehen, als die Banden gemeinhin noch genießen konnten. Vorwiegend in Mittel- und Norddeutschland, aber auch in Kopenhagen, Schweden und Riga spielte er, in den großen Handelsplätzen zur Messezeit, oft an den Höfen. 1685 trat die Truppe, nach Paulsens Tod von Velten geführt, in kurfürstlich sächsische Dienste.

Weit verzweigt ist der Stammbaum der Wanderkomödianten, der in der Paulsen-Veltenschen Truppe wurzelt. Der eine Hauptzweig führt von Veltens Schauspieler Andreas Elenson über die Elenson-Haack-Hoffmannsche Truppe, die im ersten Viertel des 18. Jahrhunderts spielte, zu Johann Neuber und seiner berühmteren Frau. Der andere Zweig von Veltens Witwe über Schönemann zu Ackermann, Ekhof und Schröder, zu Döbbelin und Seyler, dem Direktor des Mannheimer Hoftheaters, und damit auch zu Iffland, dem Generaldirektor des Berliner Hof- und Nationaltheaters. Viele andere kleine Truppen konnten sich ihrer Herkunft aus der berühmten Bande Veltens rühmen, den wenigsten aber gab die Leistung ein Recht dazu. Das dramatische Gut des Spielplans wurde schlecht verwaltet und kaum gemehrt. Um so freier konnte Hanswurst seine Späße treiben.

Am lebendigsten war er in Wien. Joseph Stranitzky, als Schriftsteller, Schauspieler und Unternehmer gleich geschickt, mit der italienischen Commedia dell'arte und ihren typischen Gestalten vertraut, gab dem Hanswurst die Maske des Salzburger Bauern mit hohem grünen Spitzhut; und der pfiffige Dummkopf, der den Wienern die Wahrheit auf Salzburgisch sagen durfte, war schnell der Liebling einer Stadt, die wie keine andere in Deutschland den Mimen und seine Stegreifkunst zu schätzen wußte. Im Jahre 1710 hielt Stranitzky im Theater am Kärntnertor Einzug, in dem nach ihm Prehauser, Kurz und Hafner sein Erbe antraten, und das sich dem *Götz* und den *Räubern* eher öffnete als das kaiserliche Burgtheater. Derb genug ging es bei den Hanswurstiaden zu; aber der alte ewige Mimus hat niemals nach der Gunst einer Lady Montague gefragt – sie rümpfte die Nase am Kärntnertor, weil die Hanswurste sich den alten Spaß machten, die Hosen fallen zu lassen – und auch nicht nach dem Lob der Gottschede beiderlei Geschlechts. Als Prehauser, den selbst der Leipziger Diktator achtete, im Jahre 1769 starb, triumphierte sein literarischer Hauptgegner im Hanswurststreit, Joseph Sonnenfels: »Er ist tot, der große Plan!« Aber er lebte, in Nestroy, in Raimund, noch im nächsten Jahrhundert.

Im Reich freilich fehlte fast überall das Wiener Theaterblut, das die Existenz der Stegreifposse rechtfertigt. Darum durfte und mußte der klassizistische Gärtner in Leipzig all die barocken Seitentriebe wegschneiden, die hier auf falschem Boden als Unkraut wucherten. Wo bisher zeitgenössisches Drama im Spielplan der Komödianten erschienen war, hatten die Spieler selbst es aufgegriffen und das Gewand auf ihre ungefügen Leiber zugeschnitten – so den *Papinian* des Gryphius. Jetzt trat die Literatur an das Theater heran, Gottsched zeigte den Weg, und das Drama wurde von nun an das umstrittenste Stück der Poesie. Was er selbst und die Seinen mit Hilfe der mißverstandenen ›Regeln‹ des Aristoteles und nach dem Muster der Franzosen an Tragödien hervorbrachten, war zwar kein deutsches Nationaldrama von dauerndem Wert; aber es war, zusammen mit den zahlreichen Übersetzungen vorwiegend französischer Dramen, gutes Lehrmaterial für Schauspieler, die keinen Vers sprechen konnten und bei denen ein minder pedantisch gestaltetes Drama als der Fünfakter mit Einheit von

Handlung, Ort und Zeit, ein freierer Vers als der peinlich skandierte Alexandriner leicht dem alten Schlendrian der hemmungslosen Hauptaktionen-Prosa verfallen wäre. Das geschah ohnehin, wenn bei den Schauspielern der Wille zur ›Literatur‹ nicht so mächtig war wie in Gottscheds Helferin Karoline Neuber.

Dem Beispiel Italiens, Frankreichs und Hollands folgend, waren in Deutschland seit der Mitte des 17. Jahrhunderts Frauen als Schauspielerinnen aufgetreten. Bei Velten war die Besetzung der weiblichen Rollen durch Frauen bereits üblich, seine Witwe führte die Truppe nach seinem Tode weiter, und auch die Elenson-Haack-Hoffmannsche Gesellschaft, aus der die Neubersche hervorging, war eine Zeitlang unter Leitung einer Frau, der Sophie Elenson, gewandert. Frauen kannte auch das Operntheater; vor allem die italienische Bühne, an deren Himmel schon 1604 mit Isabella Andreini ein erster Stern verblichen war, hatte ebenso wie die französische an den Fürstenhöfen Deutschlands der Schauspielerin bewundernde Gönner verschafft. Um so größer war das Lob für die deutsche Komödiantin, die in Dresden 1724 so gut spielte, »daß ihr jedermann das Zeugnis gegeben, sie habe es allen Italienerinnen und Französinnen weit zuvor getan«. Im nächsten Jahr entzückte den gleichen Kritiker das »viermal verkleidete Frauenzimmer« in der Hosenrolle, in der sie vier verschiedene Studenten vortrefflich zu charakterisieren wußte. Der Kritiker war Gottsched, die Schauspielerin Karoline Neuber. Die Reichenbacher Advokatentochter war die geistige Führerin der von Johann Neuber übernommenen Truppe, die sich am Beispiel französischer Komödianten geschult hatte und, so schon vorbereitet im Sinne der auf französischer Theorie ruhenden Anschauungen Gottscheds, der Reform dienen konnte. Die Haupt- und Staatsaktionen konnte man freilich nicht entbehren, weil es an Dramen des neuen Stils fehlte und weil man das Publikum nicht nur mit der feierlichen Alexandriner-Deklamation langweilen durfte. Der Harlekin wurde in Leipzig verbannt – nicht, wie die Fama will, verbrannt! Vermutlich wurden er und sein aus Italien eingewanderter großsprecherischer Kumpan Skaramuz ihrer bunten Fetzen entkleidet und mit den Gewändern der Komödie und Tragödie geschmückt, wie es bei einer ähnlichen symbolischen Aktion in Braunschweig geschah. Der Verbannte kehrte bald zurück, auch in Neubers Truppe; aber er hatte seine alte Kraft verloren: das Gewissen der Schauspieler, mehr als das des Publikums, war geschärft, man wollte nicht länger der mißachtete Komödiant sein, wurde sich seines Künstlertums bewußt, fühlte sich der Literatur verpflichtet; und wie stark Gottscheds Regelwerk nachwirkte, bewies Ackermann, der bei einer Aufführung von Lessings *Miß Sara Sampson* in Frankfurt am Main 1757 in einer anpreisenden Notiz des Theaterzettels, sich und den Dichter gleichsam entschuldigend, sagen zu müssen glaubte: »Es weicht wenig von den Regeln der Zeit ab, und die Einheit des Orts ist, wo nicht ganz, doch wahrscheinlich beachtet.«

Mit der Literatur gehen – das war die Parole der ehrgeizigen Prinzipale in der Folgezeit. Johann Friedrich Schönemann, der sich mit Ackermann, Ekhof und Sophie Schröder 1739 von der Neuberin getrennt und im folgenden Jahr mit elf Leuten in Lüneburg seine Vorstellungen begonnen hatte, fand Gottscheds Beifall, als er 1741 – die Neuberin war in Petersburg – die Leipziger Messe besuchte. Im gleichen Jahr eroberte er sich Hamburg, wo er Holberg, Molière und das erfolgreiche Lokalstück *Der Bookesbeutel*, daneben auch Harlekinaden, Staatsaktionen und Schäferstücke spielte. Das Ansehen der Truppe wuchs, so daß er an ein stehendes Theater mit Jahresabonnement dachte. Der Plan scheiterte, und so begannen 1742, nach dem Ausscheiden Ackermanns und Sophie Schröders, mit Ekhof und den Getreuen die Wanderfahrten. Berlin, Breslau, Braunschweig – Mitteldeutschland wurde durchstreift. 1749 schlug er in Leipzig die Neuberin aus dem Feld – sie mußte im nächsten Jahr ihre Truppe auflösen und starb 1760 im Elend –, unterlag dann aber selbst im Kampf um das Leipziger Privileg gegen Heinrich Gottfried Koch, der – ein guter Molière-Spieler – kurze Zeit bei Schönemann gewesen war und nun nach dem Ausscheiden der Neuberin das sächsische Privileg erworben hatte. Er sollte später auch das Erbe Schönemanns antreten. Dieser wandte sich inzwischen dem Norden zu: 1751 wurde die Truppe in Schwerin als Hofkomödianten mit festem Gehalt angestellt, behielt aber die Freiheit, vier Monate zu reisen. In Hamburg, dem Ziel mancher Gastspielreise, führte man Destouches, Marivaux und Molière, Gellert und den jung verstorbenen Johann Christian Krüger auf, der als Theaterdichter der Truppe angehört und »Talent zum Niedrig-Komischen« (Lessing) bewiesen hatte; sein Lustspiel *Herzog Michel* ging über alle Bühnen – Goethe spielte in einer Liebhaberaufführung die Titelrolle neben Käthchen Schönkopf. 1753 erschien im Repertoire das erste englische ›bürgerliche Trauerspiel‹, Lillos *Kaufmann von London*, 1756 folgte das deutsche Seitenstück, Lessings *Miß Sara Sampson*. Aber auch die verpönten Nachspiele und Ballette kehrten wieder, ein gewisser Schlendrian riß ein und führte nach dem Tode des Schweriner ›Theaterherzogs‹ Christian Ludwig bald zur Auflösung. Ekhofs 1753 begründete ›Akademie‹ konnte diesem Niedergang nicht steuern. Nicht eine ›deutsche Schauspielerakademie‹ war es – von so hochfliegenden Plänen träumte der kluge Praktiker nicht: »Akademie der Schöne-mannischen Gesellschaft«, der Titel wies deutlich auf das Ziel hin: dem eigenen Ensemble zu dienen, wenn auch mit dem Wunsch, das Ansehen des Schauspielers überhaupt durch ein solches Bei-spiel zu heben. Der Schauspieler sollte sich der Gesetze seiner Kunst bewußt werden und an ihrer strengen Erfüllung zum Nut-zen des Ganzen arbeiten. Alle 14 Tage versammelten sich die Mit-glieder, Stücke wurden gelesen und durchgesprochen, Aufführun-gen kritisiert. Durch regelmäßige Beiträge und Strafgelder sollte »notleidenden Schauspielern, die es würdig sind«, geholfen wer-den. Nur Ekhofs heiliger Ernst, wie er aus seinen Akademiereden spricht, konnte die ungleichen Elemente einer Wandertruppe bei solchem Unternehmen zusammenhalten. Man machte sich wohl über den »Grammatiker der Schauspielkunst« lustig, aber man hatte Respekt. Da jedoch nicht er, sondern der immer gleichgülti-ger werdende Schönemann Führer war, so war seine Arbeit, für den Augenblick wenigstens, umsonst. Ein Jahr bestand die Akade-mie, dann verließ Ekhof die Truppe, kurz ehe Schönemann sie auf-geben mußte.

Sein Nachfolger, Koch, kehrte 1764 auf sein sächsisches Spiel-feld zurück. Er eröffnete am 10. Oktober 1766 ein neues Schau-spielhaus (das spätere Alte Theater) in Leipzig mit Johann Elias Schlegels *Hermann*, der nun freilich, schreibt Goethe, »ungeachtet aller Tierhäute und anderer animalischer Attribute sehr trocken ablief.« Koch kam dann über Weimar nach Berlin. Hier hatte ne-ben den französischen Hofschauspielern der berühmte Hanswurst Franz Schuch seine Harlekinaden aufgeführt und ein eigenes Schauspielhaus in der Behrenstraße erbaut. Dann hatte Theophil Döbbelin, der Weimarer Theaterleiter vom Winter 1756/57, von Lessings Freund, dem Literaturprofessor Ramler, beraten, das Haupt- und Staatsaktionenunwesen eingedämmt und im März 1768 Lessings *Minna von Barnhelm* mit größtem Erfolg – 19 Auf-führungen in 6 Wochen – gespielt. Aber erst Koch, der im Juni

1771 mit der beliebten *Miß Sara Sampson* begann und bald mit seinen Singspielen großen Beifall erntete, schuf ein ständiges Theater in Berlin. Nach seinem Tode 1775 war Döbbelin Alleinherrscher in der preußischen Hauptstadt, wo er 1783 Lessings *Nathan* zur Uraufführung brachte.

Ekhof war inzwischen 1764 in die in Hannover spielende Truppe Konrad Ackermanns eingetreten. Dieser ausgezeichnete Charakterspieler, berühmter Wachtmeister der *Minna*, hatte auf seinen Wanderfahrten im Juli 1755 in Frankfurt an der Oder als erster die nun schon oft genannte *Miß Sara Sampson* Lessings zur Aufführung gebracht – das erste Werk der neuen Richtung, die mit ihrem Realismus auf den Darstellungsstil nachhaltig einwirkte. Eine zweite Uraufführung, Wielands *Johanna Gray* in Winterthur 1758, hatte gezeigt, daß man auch – besonders die gefeierte Prinzipalin Sophie Ackermann, des großen Schröder Mutter – die Jambensprache zu meistern wußte. Als Ekhof zur Truppe kam, fand er hier die umschwärmte jugendliche Liebhaberin Karoline Schulze-Kummerfeld und Friederike Hensel, die erste deutsche Tragödin, unter dem männlichen Personal den gewandten Michael Boek, der später als erster den Karl Moor spielte, und den jungen Friedrich Ludwig Schröder, der sie in Zukunft alle überflügeln sollte, vorerst aber in derbkomischen Rollen auftrat und seine Lust und seine Fähigkeiten zum Ballett zeigte. Hinzu kam noch der geniale Borchers, der selbst Ekhof den Rang streitig machte. Ackermann ließ sich von Ekhof nach Hamburg ziehen und eröffnete hier 1765 ein eigenes neues Theater. Seine nicht üblen Aussichten auf dauernden Erfolg vereitelte die intrigante Madam Hensel im Verein mit ihrem Galan Abel Seyler und dem Schriftsteller Löwen, der seine persönliche Feindschaft gegen Ackermann hinter dem idealen Ziel seines Ehrgeizes verbergen konnte: ein ständiges Theater zu gründen, dessen Leiter nicht direkt am Kassenerfolg interessiert, nicht durch ihn in seinen Plänen und Leistungen beeinflußt sein sollte. Ein Konsortium, vertreten durch die Kaufleute Seyler, Tillemann und Bubbers, pachtete das Theater von Ackermann; die Schauspieler blieben zum größten Teil bei dem neuen Unternehmen, das sich stolz ›Nationaltheater‹ nannte und keinen Geringeren als Lessing sich zum Dramaturgen bestellte. Den großen Versprechungen folgten keine Taten, und sie konnten, was den Spielplan anlangt, gar nicht folgen: man hatte zwar ein Nationaltheater (dem Namen nach!), aber das große nationale Drama fehlte. Das eine Ereignis, die Uraufführung der *Minna von Barnhelm*, fiel schon in die Zeit der Auflösung. Die Kunst eines Ekhof und Borchers, die Grazie der Soubrette Susanne Mecour konnten den Erfolg nicht zwingen. Man schmuggelte das Ballett wieder ein, aber da ihm die versagenden Geldmittel nicht den Glanz der Ackermannschen Tanzpantomimen erlaubten, lockte auch dieses das Publikum nicht lange. Zwei Jahre nach der Eröffnung, im März 1769, wurde die Bühne der ›Hamburger Entreprise‹ geschlossen. Das Ergebnis war – Lessings Dramaturgie, ein Gewinn für die Zukunft. »Die Dramaturgie wird das Beste sein, was wir dabei erbeuten«, hatte Herder schon im Oktober 1767 vom Nationaltheater gesagt.

Dem alten Ackermann, der das Kommando wieder übernahm, wurde sehr bald abermals hart zugesetzt. Seyler und seine Geliebte wußten Ekhof und die Ehepaare Boek und Brandes zum Verlassen Ackermanns zu bestimmen. Eine neue Truppe bildete sich, die nach unruhigen Wanderfahrten im September 1771 von Anna Amalia nach Weimar gerufen wurde und 1775 unter Ekhofs Leitung in gothaische Dienste trat. Bei Ackermann waren Borchers und Susanne Mecour geblieben, vor allem aber auch Schröder und seine Stiefschwestern Dorothea und Charlotte, die das künstlerische Erbe der Mutter treulich verwalteten. Dorothea, vorbildlich in ihrer reifen Natürlichkeit, und Charlotte, mit der elementaren Frische der genialen Komödiantin, wurden auch die wertvollsten Helferinnen für Schröder, als er nach Ackermanns Tod 1771 die Leitung der Truppe übernahm und die Hamburger Bühne in kurzer Zeit zu einer idealen Pflegestätte dramatischer Kunst machte. Auch er, wie vorher die Neuberin und Schönemann, suchte und fand Beziehung zur Literatur der Zeit. Der Übersetzer Bode, der Freund Herders und Lessings, war sein kluger Berater in Hamburg, Gotter in Gotha, obschon Verehrer des französischen Stils, sein vertrauter Freund, den er vergebens für Hamburg und seine Bühne zu gewinnen suchte. Schröder hatte das Glück, einer jungen Dichtergeneration dienen zu können: Goethes *Clavigo* und *Götz* spielte er 1774, er wagte zwei Jahre später die Aufführung der *Stella*, die rasch verboten wurde, setzte sich – wenn auch ohne Erfolg – für Klingers *Zwillinge* und für den *Hofmeister* von Lenz ein. Er suchte, im Bewußtsein seiner großen Aufgabe, zu fördern, zu ermuntern: als erster Prinzipal bot und zahlte er den Dramatikern Honorar. Aber diese ›Ankündigung‹ von 1775 führte nicht zu dem ersehnten Zuwachs für sein literarisches Repertoire, nicht zu neuen großen Rollen für Schröder, dessen Harpagon in Molières *Geizigem* die ersten erschütternden Züge seiner künftigen tragischen Gestalten trug, und vor allem für Brockmann, der sich in Schröders Schule vom Intriganten und Chargenspieler zum virtuosen tragischen Helden und Liebhaber entwickelte. Die deutschen Dichter seiner Tage schwiegen; so weckte Schröder den großen Toten: Shakespeare. Nicht mit jenen frühen Shakespeare-Variationen der englischen Komödianten, nicht mit Wielands Verschmelzung von *Sturm* und *Sommernachtstraum* für die Biberacher Handwerkerbühne, selbst mit der regulären *Hamlet*-Aufführung in Wien 1773 war Shakespeare nicht der deutschen Bühne erobert. Das wurde Schröders Werk. Der ersten Aufführung des *Hamlet* vom 20. September 1776 folgten bis zum Sommer 1779 sieben Shakespeare-Premieren: *Othello*, *Kaufmann von Venedig*, *Maß für Maß*, *König Lear*, *Richard II.*, *Heinrich IV.* und *Macbeth*. Noch immer bot die deutsche Bühne nicht den Text der Dichtungen, wie wir ihn kennen: Hamlet und Cordelia blieben am Leben, Akte wurden gekürzt, umgestellt oder ganz gestrichen, alle Texte waren in Prosa übertragen. Die einschneidendsten Änderungen waren durch die Rücksicht auf das Publikum bedingt. Man ließ sich gern zu Tränen rühren, aber den tiefen Erschütterungen des großen Tragikers war man nicht gewachsen. Der Nürnberger Rat hatte in den Tagen des, wie wir annehmen, starknervigen Publikums Hans Sachsens wohl gewußt, warum er eine *Enthauptung Johannis* verbot: »Weils den schwangern Weibern und andern abscheulich zu sehen.« Als Schröder jetzt seinen Hamburgern den *Othello* allzu originalgetreu spielte, erfolgten »Ohnmachten auf Ohnmachten. Die Logentüren klappten auf und zu, man ging davon oder ward notfalls davongetragen, und (beglaubigten Nachrichten zufolge) war die frühzeitige Niederkunft dieser oder jener namhaften Hamburgerin Folge der Ansicht und Anhörung des übertragischen Trauerspiels«. So mußte Schröder mildern und glätten, wenn er den Theaterbesucher etwas von dem Geist spüren lassen wollte, dem die Besten der Zeit huldigten: Lessing, Wieland, Herder und Goethe. Und Goethe gab dem Bearbeiter Schröder recht. Das Publikum aber bejubelte Brockmann, dessen geistreicher Hamlet, nach dem Vorbild des Engländers Garrick gestaltet, bald auch in Berlin und Wien begeisterte, bis ihn Schröder selbst mit seiner tieferen Auffassung der Rolle überschattete. Schröder war auch der erste Shylock, Lear, Falstaff und Macbeth.

Im März 1780 gaben Schröder und seine immer noch die Geschäfte führende Mutter das Hamburger Theater auf. Schröder feierte auf einer Reise in Berlin, Wien, München und Mannheim Triumphe, besuchte auch Paris, um französische Schauspielkunst kennenzulernen, und trat 1781 in den Verband des Wiener Nationaltheaters ein. Als er nach vier Jahren zurückkehrte und das Hamburger Theater bis 1798 leitete, erreichte er nicht mehr ganz die großen Gesamtleistungen, durch die er im Zeichen Shakespeares wegweisend für das ganze deutsche Theater gewirkt hatte. Mannheim, Weimar, Berlin lösten Hamburg ab, eine sicherere Organisation des Theaters trat an Stelle der Prinzipalschaften, dem neuen Drama Schillers dienten junge Kräfte, glückliche Erben der oft hart um Gut und Gunst ringenden Wanderkomödianten, Erben auch der Kunst ihres genialen Vorbilds: Schröders, des letzten großen Prinzipals.

2. Das Theaterwesen

In den zwei Jahrhunderten vom Auftreten der englischen Komödianten Shakespeares bis zur deutschen Shakespeare-Renaissance Schröders erhielt das Schauspielwesen in Deutschland seine in wesentlichen Zügen noch bis in die Gegenwart unveränderte Form.

Der Prinzipal, der in der Regel aus einem älteren Ensemble einige Hauptdarsteller zu seiner neuen Truppe herüberbrachte, brauchte 16 bis 18 Schauspieler, um alle ›Fächer‹ zu besetzen. Die um 1775 aufkommenden personenreichen Dramen (Shakespeare, Goethes *Götz* u.a.) ließen sich bei Doppelbesetzung auch noch ohne Personalvermehrung spielen. Ein Ensemble von 43 Leuten, wie es Döbbelin 1780 in Berlin beschäftigte, war jedenfalls ungewöhnlich, dem Bühnenetat auch unzuträglich. Der Begriff des ›Faches‹ hatte sich bei den Berufsschauspielern klar ausgebildet, den gleichförmig wiederkehrenden Anforderungen der Stücke und dem besonderen Temperament des Schauspielers entsprechend. Zum Narren, dem am frühesten erkennbaren ›Fach‹, kamen andere: in Veltens Truppe war 1680 »von den besten einer, so einen Tyrannen wohl repräsentieren kann«, ein anderer, »so auch gut, und den König wohl repräsentieren soll«. Bis tief ins 18. Jahrhundert kannte und nannte man ›Königs-‹ und ›Tyrannenagenten‹. Unter französischem Einfluß kamen dann andere Bezeichnungen in Gebrauch. Als Brandes 1779 ein Ensemble für Mannheim zusammenstellen sollte, nannte er 16 Personen nach ihren Rollenfächern: Zärtlicher und komischer Alter, Räsoneur, erster und zweiter Liebhaber, Petitmaitre (spielte die lächerlichen Stutzer und Höflinge), erster und zweiter Bedienter, Charakterrolle; zärtliche und komische Mutter, erste Charakterliebhaberin, zweite Liebhaberin, dritte Liebhaberin zu naiven Rollen, erste und zweite Soubrette. Eine Prinzipalin konnte freilich die unterschiedlichsten Fächer an sich reißen, um zu glänzen, und Ekhofs Größe bewahrte ihn nicht vor Rollensucht: er spielte noch im Alter Liebhaber, spielte sogar an einem Abend im gleichen Stück einen Greis und einen Liebhaber. Bei fehlendem Personal machte man (in Breslau 1724) ohne Skrupel aus einer Amme Hetina einen Pflegevater Hetino. Die Schauspieler waren in der Regel verpflichtet, auch die Gesangspartien in Opern und Singspielen zu übernehmen: der große Schröder war Dr. Bartolo, Brockmann Almaviva. Gelegentlich wurde dafür ein besonderes Spielhonorar gezahlt. Die Gagen waren klein: Ekhof erhielt bei Schönemann im Anfang wöchentlich 1 Taler 18 Groschen – zur gleichen Zeit kosteten ein Paar Schuhe für den Prinzipal 1 Tlr. 4 Gr.! Schröder bezog noch 1780 ein Wochengehalt von 16 Tlrn. Bei Anfängern wurde die Gage oft nach dem Grad des Beifalls beim Debüt festgesetzt, manchmal auch erst nach einer Probezeit.

Spiellokale blieben, wie zu Zeiten der Engländer, noch über die Mitte des 18. Jahrhunderts hinaus die vom Magistrat gebotenen Räume. Öffentliche oder private Säle waren stets als Spielort begehrt, »sich mit einer Bude einzulassen« war weniger erwünscht. Ackermann hatte noch 1758 in Frankfurt am Main eine Bude auf dem Roßmarkt, für Sebastiani wurde 1769 in Mannheim auf dem Marktplatz eine »Comödien-Hütte« binnen drei Wochen aus Holz errichtet; sie war 30 Meter lang, 12 Meter breit und, bis an das Dachwerk, 9 Meter hoch. Günstiger waren die Verhältnisse beim Spiel an den Höfen. Bei wachsendem Ansehen der Truppen öffneten sich ihnen die großen, mit allen technischen Hilfsmitteln ausgestatteten Opernhäuser: die Neuberin durfte 1735 im Braunschweiger Opernhaus »unter lauter angezündeten Wachslichtern« Gottscheds *Cato* spielen.

Der Aufführung ging die Ankündigung voraus. Der Theaterzettel hatte, nach vereinzelten Vorläufern, am Ende des 17. Jahrhunderts das Ausrufen verdrängt, wenn auch die Einladung durch

Umzug der Komödianten unter Trommelwirbel noch lange bei kleinen Truppen üblich blieb. Der Zettel nannte die Personen des Stückes, vielfach mit weitläufiger Charakteristik, aber nicht die Namen der Darsteller. Auch der Autor blieb lange Zeit ungenannt. Dagegen gab man umständliche Erläuterungen zum Titel oder ganze Inhaltsangaben, ferner marktschreierische Hinweise auf die zu erwartenden Dekorationskünste und Feuerwerkseffekte. Am Schluß las man Vorstellungsbeginn und Einlaßpreise, seit etwa 1736 auch Vorverkaufstellen (im Theater selbst, bei Weinschenken, in der Wohnung des Prinzipals usw.). Der schon von Schönemann mehrfach vergeblich gemachte Versuch eines Abonnements mißlang auch Schröder noch 1776 in Hamburg. Als er aber zehn Jahre später in Hannover spielte, war das große Haus schon durch Abonnenten fast ausverkauft.

Während im 17. Jahrhundert die Aufführungen im Hinblick auf das Spiel bei Tageslicht (vereinzelt aber auch schon unter Benutzung künstlichen Lichtes) um 2 oder 3 Uhr begonnen hatten, wurde später durchschnittlich um 5 Uhr angefangen. Bei einer *Lear*-Aufführung Schröders in Hannover war schon um 3 Uhr das Haus voll besetzt, bei seinem Gastspiel in Hamburg 1784 nahm das Publikum sogar Plätze auf der Bühne ein – eine in Frankreich lange Zeit geübte Sitte der Kavaliere, die sich in Deutschland nicht einbürgerte.

Im Spielplan herrschte das Lustspiel vor. Die Truppe der Hamburger Entreprise spielte in den Jahren 1767 bis 1769 in 106 Aufführungen 24 Trauerspiele, an 30 Abenden 4 ›Dramen‹ (die neue Gattung des Schauspiels im Stil des Diderotschen *Hausvaters*) und in 371 Aufführungen 87 Lustspiele, darunter allerdings 26 Einakter, die als Nachspiele dem ernsten oder heiteren Hauptstück folgten. Noch in Goethes Weimarer Spielplan waren unter 600 Stücken 249 Lustspiele, 135 Opern und Singspiele. Kam man auch in der Regel dem Geschmack des Publikums entgegen, so ist doch schon bei Velten, vor allem aber seit der Neuberin, bewußte Gestaltung des Repertoires nach höheren Gesichtspunkten zu spüren.

Ein Prolog oder Vorspiel eröffnete die Vorstellung, um Stimmung zu machen, das Publikum zu belehren, auf einen besonderen Anlaß zur Aufführung hinzuweisen. Der Vorhang wurde zunächst nur bei Beginn des Stückes, später bei jedem neuen Akt gezogen; Verwandlungen innerhalb des Aktes erfolgten bei offener Bühne.

An die Stelle der Possen, Gesangsstücke und Tänze zwischen den Akten trat eine dem Charakter des Stückes gemäße Zwischenaktsmusik, zuerst bei der Neuberin in Hamburg 1738. Musik konnte auch über die Verwandlungen innerhalb des Aktes hinweghelfen. Zu einem regelrechten ›Theaterabend‹ des 18. Jahrhunderts gehörte das Nachspiel, die Domäne der lustigen Person. Dann folgte noch die Abdankung, der Dank an das Publikum, verbunden mit der bis ins 19. Jahrhundert üblichen Ankündigung des Stückes für den nächsten Abend.

Das Bühnenbild war durch den Stil der Dramen mitbestimmt. Kormart verlangte in seinem *Polyeuct* von 1669: »Die Verwandlung ist der Wald, Landschaften und das Meer. Im Aufziehen spielen die Fische und gehen die Schiffe auf der See …« Gottsched dagegen war strenger noch als seine französischen Muster, die mit Corneille nur die Verwandlung innerhalb des Aktes scheuten; sein *Cato* kennt nur den »einen Saal des festen Schlosses in Utica«, mit Bett und Tisch im Hintergrund, die durch einen »inneren Vorhang« verhüllt werden können. Entschlossen sich ›literarische‹ Prinzipale zu solcher szenischen Armut, so mußten sie, im Wettbewerb mit der prächtigen Oper, wenigstens im Nachspiel der Schaulust Dekorationsüberraschungen bieten, auf die der Zettel schon neugierig machte. Das Vergnügen des Publikums an schönen Bühnenbildern äußerte sich auch durch Beifall: zur Aufführung der *Emilia Galotti* in Hamburg 1772, bei der Schröder zum erstenmal den Marinelli spielte, hatte man »ein treffliches modernes Staatszimmer verfertigt, das, als der Vorhang aufrollte, mit Händeklatschen bebeifallt wurde« – ein nicht ganz ungewöhnlicher Fall, der in unserer Zeit noch sein Gegenstück fand: als Karl Walser 1904 für Reinhardts Neues Theater zu Nestroys Posse *Einen Jux will er sich machen* die Bühnenbilder schuf, empfand man sie als selbständiges Kunstwerk genug, um »nach der Verwandlung im zweiten Akt das bloße Bühnenbild, noch vor Beginn des Spiels, mit rauschendem Beifall zu begrüßen«. Übrigens war Schröder überhaupt um eine würdige Szene für seine großen schauspielerischen Leistungen bemüht; für die erste *Hamlet*-Aufführung hatte er einen königlichen Saal nach Bibienascher Zeichnung herstellen lassen.

Saal, Galerie, bürgerliche Zimmer, Wirtsstube, Kerker; Dorf, Straße, Hügel und Gebüsch – das waren die notwendigen Dekorationen der Schauspielbühne. Der Szenenwechsel erfolgte, wie erwähnt, bei offener Bühne, und Gemmingen schickte seinem *Deutschen Hausvater* eine Anmerkung voraus, die sehr drastisch das noch lange im 19. Jahrhundert übliche Verwandlungsverfahren schildert: »Es hat mir mannigmal sehr wehe getan, wenn oft im rührendsten Augenblick eine laute Pfeife eine Theater-Veränderung ankündigte, und dann Türen mit Menschenfüßen ankamen, Tische aus dem Theater wie lebendig heraussprangen und Bäume im Boden wieder zurückkrochen ...« Stühle kamen zuweilen mitten im Spiel »wie Gespenster angeschlichen«, so daß ein kritischer Betrachter forderte, das Einschieben der Stühle möchte doch wenigstens mit der Veränderung der Kulissen zugleich erfolgen. Außer den Stühlen, die in Gesprächen oder bei Ohnmachten gebraucht wurden, benutzte man nur selten plastische Dekorationsstücke; in der Regel waren sie auf Prospekt und Kulisse aufgemalt. Eine reichere Milieugestaltung kam mit dem bürgerlichen Schauspiel in Gebrauch.

Die Beleuchtung erfolgte durch Kerzen, später durch Öllampen. Es war üblich – und wurde von Mylius im Hinblick auf die »Wahrscheinlichkeit der Vorstellung« getadelt –, daß immer auf den Tischen Kerzen brannten, gleichgültig, ob es Tag oder Nacht auf der Szene sein sollte. Üblich war ferner die Bühnenbeleuchtung durch Kronleuchter, die während der Verwandlung (bei offener Bühne) zum Putzen der Kerzen heruntergelassen wurden. Kein Wunder, daß die Studenten im Publikum mit diesen desillusionierenden Lichtputzern gern ihre Scherze trieben. Kerzen oder Lampen waren ferner hinter den Kulissen und an der Rampe angebracht.

Die Aufführungen, die sich im Rahmen dieser Bühne abspielten, waren durch Proben vorbereitet, denen bei den Prinzipalschaften keine allzu große Sorgfalt gewidmet wurde. Ekhof führte die Leseprobe ein, doch in der Form, daß ein einzelner das ganze Stück vorlas, um alle Mitspieler mit Sinn und Verlauf des Ganzen vertraut zu machen. Als Karoline Schulze-Kummerfeld bei Ackermann in der Titelrolle von Racines *Iphigenia* debütierte, kannte sie ihre Rolle nur leidlich, hatte das Drama weder je ganz gesehen noch gelesen – gleichwohl wurde ihre Bitte um eine Probe verweigert, selbst das Souffleurbuch lieh man ihr nicht. Das Verfahren entsprach der Tradition einer Schauspielkunst, die vom Stegreifspiel herkam: hier war es möglich, daß der Schauspieler auf die Bühne trat, ohne mehr als das Gerippe der Handlung zu kennen, und ganz seiner Geistesgegenwart und dem Geschick seines Partners vertraute.

Die Aufführung ruhte noch ganz auf der Leistung des einzelnen Darstellers. Regieführung in unserem Sinn und Ensembleleistung, das, was Ekhof »Konzertierung des Spiels« nannte, kannten die Prinzipale nicht. Erst im letzten Viertel des 18. Jahrhunderts wurde man sich der Bedeutung des ›Ganzen‹ bewußt. Das schließt nicht aus, daß auch vorher gute Gesamtleistungen bei einer eingespielten Truppe routinierter Komödianten zustande kamen, so wie auch das Stegreifspiel geschickter Mimen durch das blitzschnelle Fangballspiel der Worte eine Einheit erzielen konnte, reizvoll für den Zuhörer, der die unterschiedlichen, oft genug selbst den Partner überraschenden Variationen des gleichen Textes zu beobachten wußte. Ganz regellos und willkürlich war das Zusammenspiel nicht; man bemühte sich um geschlossene Gruppenbilder, wie sie die Praxis vielfach selbst ergab (der Halbkreis der Nebenpersonen um die Hauptdarsteller, die untereinander ebenfalls »im halben Zirkel« stehen sollten) und wie sie auch die aufkommende Theorie gebot. Auch die Oper mit ihren malerischen, rhythmisch bewegten Gruppen und großartigen Bühnenbildern wirkte ein. Der Hauptakzent aber lag auf dem Spiel des einzelnen – auch das dem Schauspiel angeschlossene Ballett lebte mehr von der pantomimischen Kunst des einzelnen Springers als vom Ensembletanz.

Das Spiel der Komödianten im 17. Jahrhundert war ganz auf äußere grobe Wirkung gestellt, entsprach dem Bedürfnis eines Publikums, das nicht seelische Erschütterung, sondern sensationelle Unterhaltung suchte. Als Erben der englischen Springer, Kinder einer (in dem für jede Kunst verhängnisvollen Sinn) gottlosen Zeit, dienten sie keiner Dichtung, nur ihrem Handwerk in den selbstgefertigten Haupt- und Staatsaktionen. Wenn in solch einem Stück, von Veltens Pickelhering Janetzky verfaßt, der Sohn seinen Vater anredet: »O Nektar quellender Ursprung meines glücksüßenden Lebens«, so konnte das nicht schlicht und mit Wärme gesprochen werden, sondern verlangte eine kunstfertige, im Grunde handwerksmäßige, angelernte Suada, die von einer ebenso äußerlichen großartigen Geste begleitet sein mußte. Mechanisierung der Dramensprache und des Vortrags bedingten sich wechselseitig – und beide sind nur Zeichen der Entseelung dieses Jahrhunderts. In der Komödie stellte sich wohl von selbst größere Natürlichkeit ein;

denn das Lustspiel, sofern es nicht phantastisch, sondern Sittenstück ist, bleibt dem realen Leben immer näher als die hohe Tragödie. Und so mögen bei den Molière-Aufführungen der Paulsen-Veltenschen Truppe Ansätze zu feinerer Charakterisierung vorhanden gewesen sein.

Gegenüber der Komödianten-Unnatur erschien das Spiel der Neuberin natürlich; tatsächlich war nicht nur der Grad der Unnatur verringert, das ganze Spiel war auch bewußt künstlerischer, einheitlicher, es hatte Stil. Ihre Lehrmeister waren die Franzosen, doch nicht die Pariser ihrer Zeit, die bereits ein möglichst wirklichkeitsgetreues Spiel anstrebten, sondern die französischen Truppen in Deutschland, die noch den älteren deklamatorischen Stil bewahrten, wie er auch in der Oper herrschte. Dieser höfischen Kunst näherte man sich. Der Vortrag der gereimten Alexandriner hielt sich streng an das (den meisten Komödianten ungewohnte) Versmaß und wurde dadurch leicht zu monotonem Singsang. Die Gebärden kamen denen der älteren Spieler noch sehr nahe, denen Hamlets Wort umsonst gesprochen war: »Sägt auch nicht zuviel mit den Händen durch die Luft« – nur daß die Bewegungen jetzt rhythmischer, abgezirkelter waren und ebenfalls den Einfluß höfischer Kunst, des Balletts, verrieten. Besonders bei den Schauspielerinnen blieb lange beliebt, was Lessing in der Dramaturgie tadelte: »Bald mit der rechten, bald mit der linken Hand die Hälfte einer krieplichten Achte, abwärts vom Körper, beschreiben oder mit beiden Händen zugleich die Luft von sich wegrudern, heißt ihnen Aktion haben; und wer es mit einer gewissen Tanzmeistergrazie zu tun geübt ist, oh! der glaubt, uns bezaubern zu können.« Dem neuen Stil entsprach das Kostüm, das bei den älteren Truppen ohne sonderliche Sorgfalt der Charakterisierung behandelt worden war und in einer je nach Vermögen phantastisch ausgestalteten Variation des üblichen ›spanischen Kleides‹ bestanden hatte. Jetzt trug man sich höfisch-französisch. Cato erschien mit Puderperücke und in Samthosen und Schnallenschuhen, und die griechischen Heldinnen im Reifrock ließen ihr Schnupftüchlein wehen – das beliebteste Requisit, das Goethe ausdrücklich von der Bühne verbannen mußte. Der Fortschritt bei alledem lag in der bewußt kunstmäßigen Ausgestaltung des Spieles, da doch früher nur eine handwerksmäßige Konvention dem Darsteller Regeln gegeben hatte. Aber Regeln waren es auch jetzt, die zur Manier führten und das Spiel der ›Leipziger Schule‹ lächerlich werden ließen, als die liebenswürdige Grazie der Neuberin vom Schauplatz verschwand und als eine jüngere Generation das deutsche Lustspiel an die Stelle der französierenden Tragödie ins Repertoire setzte.

Ekhof, Ackermann, Schröder – die Namen bezeichnen Etappen auf dem Weg zum realistischeren Spiel. Ekhof, in der Truppe Schönemanns, der bei dem ›steifen Air‹ der Neuber-Schule verblieb, stand anfangs selbst dieser Spielweise noch nahe; nur daß er, klein und durch Mißbildung der Schulter gehemmt, alles körperliche Pathos meiden mußte und darum fast ausschließlich durch die Sprache zu wirken suchte. Dem starren Alexandriner gab er Leben, indem er sinngemäß sprach. Seine Rede war nicht Deklamation eines Gelernten; er schien im Reden selbst erst Worte und Sätze zu bilden und ließ so »auf seinem Angesicht die Gedankenfolge vor dem Hörer entstehen«. Dieser Kunst zu vermenschlichen, kam das neue Drama realistischer Prägung entgegen; er war Mellefont, Tellheim, vor allem Odoardo Galotti, als welcher er alle Register seines machtvollen Organs spielen ließ und die innere Bewegung durch feinste Nuancen im Spiel der Hände unterstrich. Bisweilen ging er freilich im Charakterisieren zu weit, wurde sogar lächerlich. Innerhalb der Schönemannschen Truppe blieb die Wirkung seines Spieles gering. Viel stärker trat der realistische Zug in Ackermanns Truppe hervor, wenn auch die Deklamation, schon mit Rücksicht auf den älteren Teil des Spielplans, nicht fehlen konnte. Aber alles Schulmäßig-Steife blieb fern, und Lustspiel und bürgerliches Trauerspiel, die bald vorherrschten, führten zu natürlicher Rede und Gebärde. Ackermann selbst, eine frische, kräftige Natur, spielte am besten komische Rollen, Biederleute und gutmütig-polternde Wachtmeister. Darin gab er sich ohne Übertreibung und wurde vorbildlich für Schröder. Auf diesen wirkte aber auch Ekhofs vergeistigteres Spiel, und aus den beiden Wurzeln, dem Sprecher des Odoardo und dem Spieler des Wachtmeisters Werner, erstand die Idealgestalt des Schauspielers, die Schröder zu verwirklichen suchte.

Schröder hatte seinen Körper durch die ›rhythmische Gymnastik‹ des Balletts geschmeidig gemacht, hatte in Stegreifrollen und als komischer Bedienter ein natürliches Spiel erzielt. So geschult, wuchs er in die großen tragischen Rollen hinein, und was bei den älteren Schauspielern Typ ihres Faches geblieben war, wurde bei ihm zum Menschen, zum Charakter, der sich auch von Gestalten der gleichen Gattung durch eigentümliche Züge unterschied. Ein

Mensch, dem kein Gefühl zwischen Liebe und Haß, kein Erlebnis zwischen gemeinem Verbrechen und edelster Hingabe fremd war, ein im Grunde unbändiger Mensch hatte sich als Schauspieler so ganz in der Gewalt, daß er jeden dieser Menschen, die er in sich vereinigte, herausstellen, darstellen konnte. »Ich glaube«, bekennt er, »alles ausdrücken zu können, was der Dichter, wenn er der Natur treu geblieben ist, hat durch Worte und Handlungen seiner Personen ausdrücken wollen.« Er ist die erste überragende Schauspieler-Persönlichkeit, die jenseits eines Stils steht, die nicht schimmert und scheint, sondern ausfüllt und ist. Das, was gleichwohl als sein besonderer ›Stil‹ erschien, war »kunstgebildete Natur«, wie er selbst es nannte. »Zwei Finger breit über das Natürliche«, hatte der Theoretiker Francesco Riccoboni gefordert. Schröder beherrschte den ›gehaltenen‹ Ton, der, von Alltagsrede und pathetischer Deklamation gleich weit entfernt, als natürliche Sprache der Bühne wirkt. Darin war Schröder vorbildlich, damit gab er der Darstellung ein neues Gepräge. Denn auch das Gebärdenspiel, die ganze Aktion, paßten sich diesem neuen Ton an.

Aber dieses (hier nur andeutbare) Spiel eines Größten konnte nicht sogleich in die Breite wirken. Auch wurde da, wo die große Persönlichkeit fehlte, aus dem natürlichen Spiel ein wüster Naturalismus, aus der gehobenen Alltagssprache ein ›Konversationston‹, bei dem man, wie der Schauspieler J.H.F. Müller klagte, »auf der dritten Bank von der Bühne oft von manchem nicht hört, was er vorträgt«. Der Durchschnittsdarsteller stieß noch immer, wie sein engelländischer Ahne, in höchster Erregung und Verzweiflung den Kopf an die Wand, mancher Tyrannenagent liebäugelte noch mit der Blutblase für seinen großen Mord, und die ganze handwerksmäßige Art der Geste schildert 1782 Schiller: »Dem Stolz fehlt das Kopfdrehen auf eine Achsel und das Anstemmen der Ellbogen selten. Der Zorn sitzt in einer geballten Faust und im Knirschen der Zähne … Die Traurigkeit der Theaterheldinnen retiriert sich hinter ein weißgewaschenes Schnupftuch …«, und alle diese für jede Art Leidenschaft »aparten Leibesbewegungen« wisse man mit einer Fertigkeit an den Mann zu bringen, »die zuweilen gar – dem Affekte vorspringt«. Auch den »sägenden Armen« aus dem *Hamlet* begegnete man immer wieder, wie sie der Maler Ferdinand Kobell 1781 in einem Brief an Dalberg über die Medea der berühmten Charlotte Esther Brandes in Mannheim nachzeichnete:

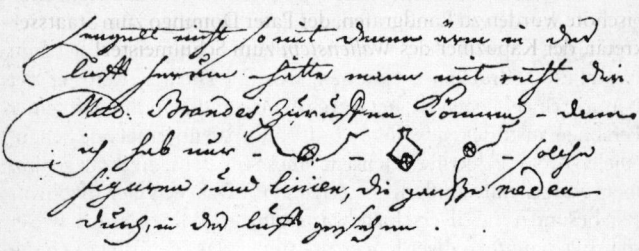

Neben solchen gelegentlichen Kritiken finden sich seit der Mitte des 18. Jahrhunderts auch regelrechte Besprechungen von Aufführungen in den Theaterjournalen, die jetzt ans Licht traten, und in zahlreichen Broschüren. Sie zeigen, daß man in literarischen Kreisen das Theater ernst zu nehmen beginnt. Daß man nun aber auch beim Publikum mit einer allgemeineren Teilnahme an der einzelnen Aufführung und wohl auch am Spiel des einen und anderen Schauspielers rechnen konnte, dafür spricht das Erscheinen von Theaterkritiken in den ›moralischen Wochenschriften‹, so in Waasberghes *Freydenker* in Danzig 1741 bis 1743 oder in Schwabes *Belustigungen des Verstandes und des Witzes* in Leipzig 1741 bis 1745. Doch erst die Entwicklung des Zeitungswesens im 19. Jahrhundert brachte die regelmäßige Theaterkritik in der Tagespresse.

Für die Äußerungen des Beifalls oder auch des Mißfallens beim Publikum entwickeln sich im 18. Jahrhundert schon die uns geläufigen Formen. Ein Hervorruf des Schauspielers widerfährt zuerst Brockmann. In Hamburg wird Schröder 1781 herausgerufen. In Wien ruft man ihn, obwohl dort ein kaiserliches Verbot gegen den Hervorruf bestand. Mißfallen äußert man durch Pfeifen, auch durch Pochen: eine Zeitschrift von 1785 spricht von der Artigkeit des Weimarer Publikums: »klatscht gern, wenn etwas zu beklatschen ist, pochen aber nicht, wenn etwas zu bepochen wäre«.

Auch die ›behördliche Kritik‹ in Gestalt der Zensur fehlte nicht. Der Einfluß der Geistlichkeit auf die Exekutivgewalt führte besonders in Wien bald zu dem – noch in Hebbels Zeit geltenden – Verbot der Worte ›Gott, beten, Kruzifix‹ usw. auf dem Theater; das Auftreten geistlicher Personen war an vielen Orten verboten: Erzbischöfe wurden zu Landgrafen, der Pater Domingo zum Staatssekretär, der Kapuziner des *Wallenstein* zum Schulmeister!

Sechstes Kapitel
Die stehenden Theater

Das Theater, erst seit wenigen Jahrzehnten von den Gebildeten geachtet, wird gegen Ende des 18. Jahrhunderts Mittelpunkt des gesellschaftlichen Lebens. Neben die Oper, die Kunst der Höfe, des Absolutismus, für die nun auch das Bürgertum eigene Häuser baut, tritt das Schauspiel, die Kunst der ›Nation‹, der Bildung. Sie erreicht um die Jahrhundertwende in der Vereinigung einer hochentwickelten Darstellungskunst mit der dramatischen Dichtung Schillers ihren Gipfel. Der weitere Weg zeigt die Auswirkung der schöpferischen Leistungen jener Jahre. Die durch das Wachstum der Nation und die fortschreitende Literarisierung bedingte Zunahme der Theater und die Vergrößerung des einzelnen Theaterapparates führen zu neuen Organisationsformen und ergeben, zusammen mit den mannigfachen Wechselwirkungen zwischen dem Theater und dem Wirtschaftsleben hier, der Bühne und der dramatischen, musikalischen, bildenden Kunst dort, ein reiches, in allen Einzelheiten kaum faßbares Bild. Theaterbau und Bühne werden technisch vervollkommnet und im Wandel der Kunstrichtungen um- und ausgebildet. Die Aufführungen selbst endlich werden trotz des vorübergehend siegreichen Virtuosentums durch die stärkere Herrschaft der Regie bestimmt, die den einzelnen Darsteller im Ensemble hält und zugleich seine Leistungen durch organische Verbindung mit dem Bühnenbild steigert.

1. Äußere Geschichte der Theater

Das immer kräftiger nach Ausdruck verlangende Nationalgefühl, der Wille zum nationalen Drama und vor allem auch die wachsende Achtung vor dem Schauspieler, der nicht mehr als Handwerker, sondern als Künstler angesehen, dessen Kunst als notwendige Erfüllerin dramatischer Formen gewertet wurde – das alles wirkte zusammen, um in vielen Köpfen und Herzen den Wunsch nach einer würdigen deutschen Bühne, einem ›Nationaltheater‹ zu wekken. »Das Theater müßte auf öffentliche Kosten erhalten werden«, schrieb Gellert 1751 in jenem Brief, in dem er so warm für die Schauspieler plädierte; die Komödianten sollten eine ansehnliche Besoldung, aber auch einen »geschickten und edelgesinnten Aufseher« erhalten, die Autoren durch Gewinnbeteiligung zu guter Arbeit ermuntert werden, auch für gute Musik sei Sorge zu tragen, und: »Diese Anstalten sind alle leicht auszuführen, wenn sie von einer hohen Hand oder von einer ganzen und reichen Stadt unterstützt werden.« Hoftheater und Stadttheater, die beiden Formen, die im Theaterwesen des 19. Jahrhunderts vorherrschen sollten, sind hier vorgezeichnet, freilich in einer Idealgestalt, wie sie keine Stadt und kaum ein Fürst verwirklichen konnte – auch zum Theater Anna Amalias in Weimar hatte man nur für kurze Zeit dreimal wöchentlich freien Zutritt. Eine völlige Beseitigung des Geschäftsbetriebes war nicht möglich; es kam nur darauf an, die Theaterkunst von der Theaterkasse unabhängiger zu machen und damit auch den aus materiellen Gründen notwendigen Wanderfahrten ein Ende zu bereiten: stehende Theater auf sicherer wirtschaftlicher Grundlage – das war das Ziel. Eine kulturelle Angelegenheit also, der es sinnvoll entsprochen hätte, wenn die Theater den Ministerien für Kunst und Wissenschaft unterstellt worden wären. Es blieb aber trotz Vorschlägen in dieser Richtung dabei, daß auch die ›stehenden‹ Theater dem ambulanten Gewerbe gleichgestellt waren, daß für sie die Polizei zuständig war und seit der Gewerbeordnung von 1845 die Gewerbepolizei Konzessionen für die Theater zu erteilen hatte. Das Wort ›Nationaltheater‹, das seit der Hamburger Entreprise nicht mehr verstummte, bezeichnete in erster Linie nicht die Organisationsform, sondern die ideellen, künstlerischen Bestrebungen der Bühnen. Der nationalen Kunst versprachen sie zu dienen, die Nation sollte in diesen neuen Tempeln sich selbst finden.

Gellert hatte in seinem Brief von der Stellung der Schaubühne »in der Republik« gesprochen. Aber wo war diese res publica? Der Staat – das waren vorerst noch die Fürsten. Sie mußten, wenn sie für die Forderungen der Zeit nicht taub waren, ihre »hohe Hand« öffnen. Und es entstanden jetzt Hoftheater, die nicht mehr, wie zumeist die alte Hofoper, der festlichen Unterhaltung der Hofgesellschaft dienten, sondern sich mit ernstem und heiterem Schauspiel an die Gesamtheit des Volkes wandten.

»Zur Verbreitung des guten Geschmackes, zur Veredelung der Sitten!« Mit diesen Worten erhob Kaiser Joseph II. im Jahre 1776 das Wiener Hoftheater zum »Nationaltheater nächst der Burg«. Schon Maria Theresia hatte dem Unternehmertum zu steuern versucht, indem sie die Bühne unter Aufsicht des Magistrats gestellt, dann als Kaiserliche Bühne unter der Generaldirektion von Hofkavalieren fortgeführt hatte. Als die erhoffte Wirkung, Hebung des künstlerischen Niveaus, ausgeblieben war, hatte man das Theater wieder verpachtet. Joseph II. unterstellte es wirtschaftlich dem Oberkammeramte, während er den Schauspielern die Freiheit künstlerischer Selbstregierung gab. Diese Verfassung, nach der die ›Versammlung‹ der nach Rang und Alter berufenen Bühnenangehörigen durch Abstimmung über Repertoire, Rollenbesetzung usw. wöchentlich zu entscheiden hatte, erwies sich bald als unhaltbar und wurde 1779 geändert: ein jährlich vom Personal gewählter ›Ausschuß‹ von fünf ›Inspizienten‹ bestimmte Repertoire, Besetzung, Kostümfragen, und jeder Inspizient führte einen Monat lang Regie. Die übrigen männlichen Mitglieder versahen wechselweise das Amt des ›Wöchners‹, dem die Bühnenaufsicht bei der Aufführung oblag, die Tätigkeit des heutigen Inspizienten also. 1789 trat abermals ein Wandel ein: an Stelle des vielköpfigen Ausschusses ließ der Kaiser vom Personal einen Direktor wählen, aber drei Jahre später wurde der Ausschuß wiederhergestellt, man experimentierte mit Wahlsystem und Verpachtung – erst 1817 wurde die ›Burg‹ wieder in eigene Regie des Hofes übernommen, die künstlerische Leitung lag in Zukunft in *einer* Hand, die sich freilich gegen einige höhere Direktorialgewalten wehren mußte. Und jetzt erst fand das Burgtheater seinen wahren, geistigen Begründer, Joseph Schreyvogel, der als Dramaturg von 1814 bis 1832 das klassische Repertoire der Bühne schuf und vortreffliche Darsteller, Sophie Schröder, Heinrich Anschütz, Karl Fichtner, unter seinem klugen Regiment vereinte. Als er gehen mußte, weil der Glanz seines Ruhmes die unbedeutende Figur seines Intendanten, Graf Czernin, verdunkelte, kamen zunächst zwei für die hohe Oberleitung minder gefährliche Männer ans Ruder: Deinhardstein und Holbein, der eine liederlich, der andere gewissenhaft, aber beide unfähig, das Erbe Schreyvogels würdig zu verwalten. Erst nach dem Sturm von 1848 fuhr ein neuer Geist in das ›Komtessentheater‹: Heinrich Laube zwang durch den fanatisch nüchternen Ernst seiner Arbeit an und mit den Schauspielern, ja zuweilen gegen sie, ganz Wien in den Bann des Theaters, das für die ›Gesellschaft‹ wurde, was einst das Wiener Barocktheater für das ganze Volk gewesen war: geistiger Mittelpunkt, Symbol österreichischen Lebens. Als Laube 1867 zurücktrat, fehlte der Bühne des – in doppeltem Sinne – guten Tons nur eins: das Malerische, Dekorative. Ihm wandte Franz Dingelstedt 1870 bis 1881 seine ganze Aufmerksamkeit zu, und wenn unter Laube Wien sein Ohr für den feinen Dialog guter Sprecher schärfen mußte, so konnte sich nun sein Auge an den prunkvollen Bildern der Königsdramen Shakespeares berauschen. Die nachher kamen, der Schauspieler August Förster, der Schriftsteller Adolf Wilbrandt, der Jurist Max Burckhardt, der Kritiker Paul Schlenther, der Universitätsprofessor Alfred Freiherr von Berger, der über eine zehnjährige Praxis als Leiter des Hamburger Deutschen Schauspielhauses nach Wien zurückkehrte – sie alle blieben trotz großer Leistungen im Schatten der beiden Meister der Regie; das Burgtheater behauptete sich als eine immer geschmackvolle, oft ein wenig langweilig-konventionelle Bühne. Die Wiener Oper aber stand seit ihrer Leitung durch den genialen Gustav Mahler (1897-1907) mit ihren künstlerischen Aufführungen an erster Stelle.

Das Wahlsystem Josephs II. fand vielfach Beachtung. Es wurde in veränderter Form in Mannheim erprobt, mit gutem Erfolg, der doch nicht so sehr dem System als den aus Gotha übernommenen Schauspielern und der Persönlichkeit des Theaterleiters, des Freiherrn von Dalberg, zu danken war. Nach Gotha war, wie früher erwähnt wurde, die Seylersche Truppe mit Ekhof im Jahre 1774 gekommen, als der Schloßbrand in Weimar die Komödianten von dort vertrieben hatte. Ein Jahr später wurde das Gothaische Hoftheater begründet, die erste Bühne, bei der die Schauspieler in unmittelbares Engagementsverhältnis zum Hof traten. Die Oberdirektion hatte ein Hofherr, Verwaltungsdirektor war der Bibliothekar Reichard, Schauspieldirektor Ekhof, Kapellmeister der fruchtbare Opernkomponist Anton Schweitzer. Mit aller Umsicht wurde das Theater eingerichtet, man schuf unter anderem auch eine Pensionskasse für die Schauspieler – Ekhof sah seine Ideen aus der Zeit der Schönemannschen Akademie verwirklicht. In den jungen Schauspielern Beck, Beil und Iffland fand er vortreffliches Material für seine Schulung. Aber er selbst war alt und verbraucht, schon im Jahre 1778 starb er, und die Bühne, die ohnehin in dem kleinen Gotha nicht ohne unverhältnismäßig hohe Zuschüsse bestehen konnte, wurde aufgelöst. Mannheim trat das Erbe an, die drei genannten Schauspieler waren die würdigen Verwalter seiner Kunst der ›Menschendarstellung‹.

Das 1776 gegründete Mannheimer Nationaltheater wurde bei

der Übersiedlung des Kurfürsten nach München der Aufsicht des Freiherrn Heribert von Dalberg unterstellt und durch einen beträchtlichen jährlichen Beitrag aus Kammermitteln gesichert. Dalberg war ein vornehmer Mensch mit gutem Geschmack, mit dem Theater durch dramatische Schriftstellerei vertraut, den Schauspielern gegenüber alles andere als ein Beamter im Stil künftiger Hoftheaterintendanten. Er überließ zunächst die Schauspieldirektion Abel Seyler, der nach seinem Abgang von Gotha über Leipzig, Dresden und Mainz nach Mannheim gekommen war. 1781 übernahm Dalberg selbst die künstlerische Direktion, ließ aber die Schauspieler an der Leitung teilhaben, indem er einen von ihnen (an Stelle des Wiener Fünferausschusses) zum Regisseur wählen ließ, der volle Verantwortung für die Aufführung hatte. In viertel-, später halbjährlichem Wechsel unterstützte den Regisseur einer von den vier oder fünf Schauspielern, die den von Dalberg alle 14 Tage versammelten Ausschuß bildeten. In diesen Sitzungen wurden, in vollkommenerer Art als in Ekhofs Akademie, Stücke und Aufführungen besprochen, aber auch dramaturgische und allgemeine Kunstfragen erörtert. So bildete sich Dalberg ein vorzügliches Ensemble heran, in dem vor allen Iffland glänzte. 1782 wagte Dalberg die Uraufführung der *Räuber*, 1784 die des *Fiesko*. Im Jahre 1790 erwirkte er, der schon durch seinen persönlichen Umgang mit den Schauspielern ihr Ansehen hob, die lebenslängliche Anstellung der besten Kräfte mit Zusicherung der Hälfte ihres Gehaltes als Pension. Das Mannheimer Theater galt mit Recht wegen seiner Verwaltung als Musterbühne. Seit 1817 beteiligte sich neben der Staatskasse die Stadt an den Unterstützungen, und 1839 übernahm der Magistrat das Theater ganz auf eigene Rechnung; die Bezeichnung ›Hof- und Nationaltheater‹ wurde beibehalten.

Unter den anderen Hoftheatern beanspruchte Weimar einen besonderen Platz, denn hier hatte Goethe, zunächst ohne sonderliche Neigung für die »mechanischste aller Wissenschaften«, 1791 die Leitung des aus der Bellomoschen Gesellschaft hervorgegangenen Hofschauspiels übernommen. Aber eben die nüchterne Sachlichkeit, mit der er die Dinge angriff, half schnell vorwärts. Die Oper wurde vor allem gepflegt, das modische Schauspiel Kotzebues in weitestem Umfang geduldet, weil beide das Publikum anzogen und so die materielle Grundlage für die ernste Arbeit im ›rezitierenden‹ Schauspiel schufen. Gastspiele in Erfurt, Rudolstadt, Halle und die jährliche ›Sommersaison‹ in Bad Lauchstädt kamen gleichfalls der von Goethes wackerem Helfer Franz Kirms betreuten Kasse zugute. Künstlerisch fruchtbar wurde besonders die gemeinsame Arbeit Goethes und Schillers, dessen spätere Meisterwerke mit Ausnahme der *Jungfrau von Orleans* in Weimar ihre erste Aufführung erlebten. Goethe scheute aber auch vor literarischen Experimenten nicht zurück und durfte es wagen, dem Publikum ›seines‹ Theaters ein diktatorisches »Man lache nicht« entgegenzudonnern. Bei so strengem Regiment – er ließ widerspenstige Schauspieler zur Wache abführen und gab den Damen Hausarrest – fehlte es nicht an Gegnern, die bei fortschreitender Willkür Goethes, seinem oft teilnahmslosen Zuschauen und dann wieder schroffen Eingreifen, leichtes Spiel gegen ihn bei Hofe hatten, zumal da Caroline Jagemann, Sängerin und Schauspielerin, die gegen ihn intrigierte, als Geliebte des Großherzogs großen Einfluß hatte. 1816 wurde eine Hoftheaterintendanz eingesetzt, im nächsten Jahr Goethes Rücktritt herausgefordert: gegen seinen Willen und sein Theatergesetz spielte man den *Hund des Aubry*, in dem ein gelehriger Pudel der Held war. Erst in der Mitte des Jahrhunderts erhob Franz Dingelstedt das Weimarer Schauspiel wieder zur alten Würde, während Franz Liszt dem neuen Musikdrama Einlaß gab: Hebbels *Nibelungen* und Wagners *Lohengrin* wurden hier zuerst (1861 bzw. 1850) aufgeführt; 1864 sah man einen Zyklus von sieben Königsdramen Shakespeares.

Auch das Berliner Hoftheater zeigt nach Jahren charaktervoller künstlerischer Leitung den raschen Verfall unter dilettierender Beamtenherrschaft. Die konventionelle Hochachtung Friedrichs des Großen vor der Kultur französischer Komödie und sein Vorurteil gegen deutsche Dichtung hatten die Entwicklung des Berliner Theaters zunächst gehemmt. Friedrich Wilhelm II. aber räumte dem Döbbelinschen Ensemble das französische Komödienhaus am Gendarmenmarkt ein, förderte die nunmehr ›Nationaltheater‹ benannte Bühne durch einen jährlichen Zuschuß und durch die Erlaubnis zur Mitbenutzung der Dekorationen und Kostüme seiner italienischen Hofoper und setzte eine Generaldirektion ein, der neben einem Finanzrat die Professoren Engel und Ramler als künstlerische Leiter angehörten. 1790 wurde die Bühne nach Döbbelins Scheiden durch Ankauf des ganzen Inventars ›Königliches Nationaltheater‹. Noch blieb die Oberleitung in Künstlerhand, ja sie wurde 1796 wieder einem Schauspieler übertragen, der auch als Regisseur zu den besten seiner Zeit gehörte: Iffland. Unter ihm blühte das Theater schnell auf. Neben das elegante Lustspiel und das modern-bürgerliche Drama brachte er, in prunkvollen Inszenierungen, die Tragödien Schillers auf die Bühne. Johann Friedrich Fleck, der große Heldenspieler, und die »anmutig seelenreiche« Friederike Bethmann-Unzelmann ergänzten aufs glücklichste seine eigene Kunst einer berechneteren Charakteristik. Im Jahre 1808 forderte ein Memorandum die Gleichstellung des Nationaltheaters mit der Akademie der Wissenschaften, das Theater sollte, als Anstalt zur Förderung der allgemeinen Bildung, dem Kultusministerium überwiesen werden. Es kam nicht dazu; vielmehr wurden die Theater zwei Jahre später als »öffentliche Anstalten zur Bequemlichkeit und zum Vergnügen« der Polizeiaufsicht unterstellt, mit Ausnahme der Hoftheater. Iffland selbst hatte jenem Memorandum widersprochen. Wehrte sich der Künstler gegen die Bevormundung durch das Beamtentum? Fürchtete er, der vom Hof mit zahlreichen Ehrungen bedacht, von der Presse und dem skandalfreudigen Publikum oft angefeindet wurde, für seine Stellung? Jedenfalls trug er wider Willen dazu bei, daß das Nationaltheater nicht Staatstheater wurde, sondern Hoftheater blieb, daß zwar nicht das Büro des Kultusministeriums das Theater beeinflussen konnte, die Beamtenherrschaft aber in der viel verhängnisvolleren Form der Hoftheaterintendanz Einzug hielt. Denn nach Ifflands Tod wurde 1815 kein Mann vom Bau, sondern der Kammerherr Graf Brühl zum Generalintendanten der ›Königlichen Schauspiele‹ ernannt. Verwaltungsgeschäfte und künstlerische Leitung lagen nun in einer Hand. Wenn er auch das Theater dank der reichen Mittel und der Kunst eines Ludwig Devrient und des Ehepaares Pius Alexander und Amalie Wolff im Stil Ifflands weiterführen konnte, wenn auch unter der Schauspieldirektion von Theodor Küstner (1842-51) auf Tiecks Anregung manche gute Aufführung antiker und Shakespearescher Dramen gelang, wenn auch bedeutende Schauspieler wie Karl Seydelmann, später Adalbert Matkowsky hier wirkten und die Bühne aus dem Dämmerzustand der Mittelmäßigkeit weckten – die führende Stellung eines Nationaltheaters hat die Berliner Hofbühne nicht mehr eingenommen. Der Glanz, den man hier entfaltete, strahlte bestenfalls dem ehrlichen Pathos der Wildenbruchschen Historien, häufiger aber dem Ausstattungsstück und der Oper. Von den Intendanten, mochten sie nun Botho von Hülsen (seit 1851), Bolko von Hochberg (seit 1886) oder wieder Hülsen heißen, war eine intensive

Arbeit auf der Bühne neben der Verwaltung des immer umfangreicheren Apparates nicht zu erwarten, zumal als 1903 dem neuen
Generalintendanten Georg von Hülsen-Haeseler auch die Hoftheater von Hannover, Kassel und Wiesbaden unterstellt wurden.
Aber bei etwas mehr Selbstverleugnung, etwas mehr Rückgrat gegenüber dem »Sic volo« der Majestät wäre es wohl möglich gewesen, das Schauspiel durch fähige Dramaturgen zu fördern. Max
Grube wagte es zwar, das *Hannele* des ›revolutionär-sozialdemo-
kratischen‹ Hauptmann auf die kaiserliche Bühne zu bringen, war
im übrigen aber ein viel zu guter Meininger, um sich die Möglichkeit entgehen zu lassen, mit den großen Mitteln der Bühne dem
Hang des Hofes zu Pracht und Pomp zu dienen.

Das Intendantenregiment in Berlin war um so verhängnisvoller,
als man an anderen Hoftheatern dem Beispiel nur zu getreu folgte.
Das deutsche Hoftheater des 19. und beginnenden 20. Jahrhunderts – im Jahre 1910 waren es 21 – hatte fast immer einen ›stan-
desfremden‹ Intendanten. Die kulturelle Bedeutung dieser Bühnen, die auf sicherer wirtschaftlicher Basis ohne allzu ängstliche
Rücksicht auf den Kassenerfolg literarische Experimente wagen
konnten – und, zumal in kleineren Residenzen, auch wagten –,
wurde durch bürokratische Bevormundung und despotischen Einfluß auf die künstlerische Leitung nur zu oft gemindert.

Daß freilich »die Theater von der Freigebigkeit kunstfreund-
licher Fürsten immerhin noch mehr zu erwarten hatten als von
der sparsamen Kleinbürgergesinnung der neuen Landtage«
(Treitschke), zeigte sich in Stuttgart: hier wurde die bisher königli-
che Bühne 1818 als Nationaltheater dem Staatshaushalt überwiesen; aber sogleich klagten die Landstände über Verschwendung,
und schon 1820 mußte der König sein Hoftheater wieder auf die
Zivilliste übernehmen. Karl Seydelmann wirkte von 1829 bis
1838 in Stuttgart, als Schauspieler einer der bedeutendsten der
Zeit, von der Art Ifflands, grüblerisch, ingeniös mehr als genial,
darum aber als Regisseur um so mehr auf Zusammenspiel bedacht. Nach dem haltlosen Baron Gall, unter dem aber die Oper
eifrig gepflegt wurde, und dem allzu akademischen Feodor Wehl
kam 1892 in Baron zu Putlitz ein tatkräftiger und geschickter Intendant an die Leitung: er bewies, wie gleichzeitig Graf Seebach in
Dresden, daß persönliche Befähigung die Schwierigkeiten einer In-
tendantenstellung überwinden und ihre Vorteile für die Kunst nut-
zen konnte.

Bedingung dafür war eine gewisse Liberalität des Fürsten. Sie fehlte in Braunschweig, wo August Klingemann mit Hilfe eines Aktienvereins 1818 ein Nationaltheater gegründet hatte. 1827 übernahm der Hof die zuvor schon subventionierte Bühne, ein Oberstallmeister wurde als Intendant eingesetzt, und wenn auch Klingemann als Generaldirektor wirken und unter anderem 1829 als erster Goethes *Faust* auf die Bühne bringen konnte, so machte ihm doch der Herzog selbst mit seiner Mätressenwirtschaft beim Theater eine gedeihliche Weiterführung des mit Energie und schönem Erfolg eingeleiteten Werks unmöglich.

In München war die Intendanz nicht fähig, das von dem Ritterdramen-Dichter Babo auf leidliche Höhe geführte Hoftheater gegen die Konkurrenz des ebenfalls königlichen Isartortheaters siegreich zu behaupten. Grund genug, die von einem Schauspieler als echtes Volkstheater geleitete Bühne zu beseitigen. Erst Franz Dingelstedt, im Jahre 1851 zum Intendanten berufen, lenkte die Aufmerksamkeit auf das Münchner Theater, das im Jahre 1854 während der Industrie-Ausstellung, für die der Glaspalast geschaffen worden war, sorgfältig vorbereitete Aufführungen klassischer Dramen mit berühmten Gästen (Anschütz, Devrient, Döring, Julie Rettich) bot. 1880 wurde abermals ein derartiges Gesamtgastspiel unter Perfall und Possart veranstaltet, bei dem wiederum die ersten Darsteller deutscher Bühnen mitwirkten.

Zwei Dichter suchten für kurze Zeit Einfluß auf das Dresdner Hoftheater zu gewinnen. Ludwig Tieck, als Kritiker seit Jahren mit der Dresdner Bühne und als berühmter Vorleser mit den rhetorischen Mitteln der Schauspielkunst vertraut, wurde 1825 zum Dramaturgen bestellt – auf jenen Posten also, dessen Existenz in der Theorie immer wieder vortrefflich zu begründen ist, der aber in der Praxis immer wieder alle Hoffnungen theaterfroher Dichter bitter enttäuscht hat, weil in der Regel ein Kampf nach zwei Seiten zu führen ist: gegen die Oberleitung des leicht verletzten Intendanten und sein allmächtiges Büro hier und gegen den ungern vom ›Literaten‹ belehrten Schauspieler dort. Der Romantiker war nicht der Mann, diesen Zweifrontenkrieg lange zu führen. Seine besondere Liebe galt der möglichst ungekürzten Darstellung Shakespearescher Dramen; auch Goethes *Faust* brachte er, bald nach Klingemann, auf die Bühne. Im übrigen war er, gewiß oft gegen den Willen der Schauspieler, ein starker Anreger, jedoch kein gestaltender Bühnenleiter. Karl Gutzkow, der 1847 den gleichen Po-

1. Geistliches Schauspiel. Die drei Marien am Grabe

2. *Geistliches Schauspiel. Höllenrachen und Teufel*

3. *Geistliches Schauspiel. Simultanbühne auf Podium*

Auffzug der Prima Scena,

4. Joseph Furttenbach: Entwurf für die Prismenbühne

5. *Szenenbild zu »Catharina von Georgien« von Andreas Gryphius*

Pietatis
& Castitatis Theatrum
sive
Terentius Christianus.

6. *Bild aus dem Christlichen Terenz von Cornelius Schonaeus*

7. Szenenbild zu »Il Fuoco eterno« von Ludovico Burnacini

8. *Francesco Galli-Bibiena: Opernhaus in der Wiener Hofburg*

COUPE ET PROFIL PRES
DANS LES SOUTERRAINS SE VOIT
ELEVE LE PARTERRE AU
DIFFERENS DES LOGES · LEUR
LA FACE LATERALLE · LE
LOGE ELECTORALE · AU
QUI FORME LENTREE
DU THEATRE

SUR LA LONGUEUR
ENFERMÉE LA MACHINE QUI
NIVEAU DU THEATRE NIVEAUX
DECORATION DANS TOUTE
SALLON QUI PRECEDE LA
DESSOUS LA BELLE VOÛTE
DU PARTERRE PARTIE

9. *François Cuvilliés: Münchner Residenztheater 1753*

10. *Mathias Siller: Pantomimenszene Salzburg 1764*

11. *Kulissenbühne 1655. Szene aus Corneilles »Cid«*

Ferdinandt Englis
Paulisen

12. Schauspielertypen des 17. und 18. Jahrhunderts

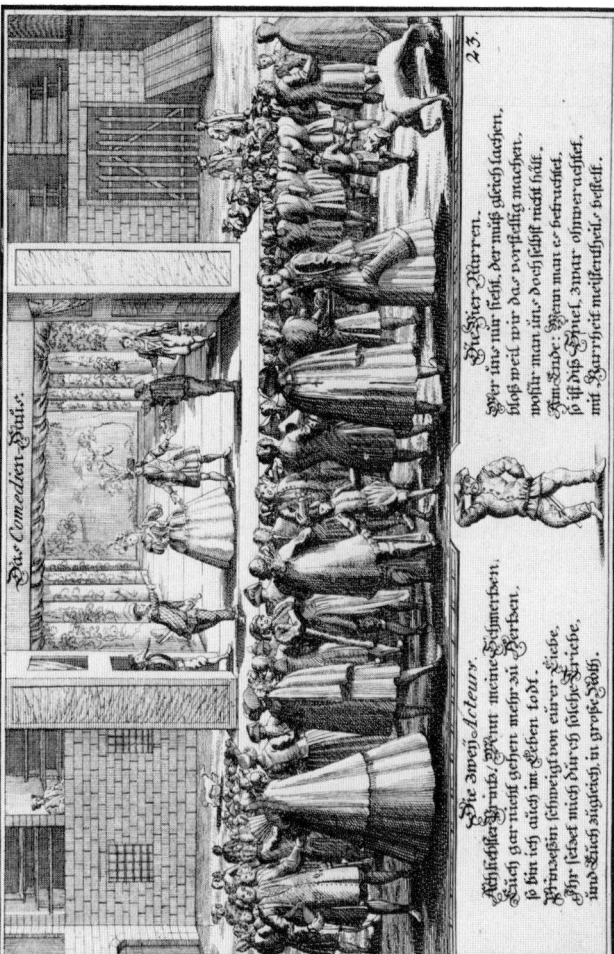

13. *Das Komödienhaus in Nürnberg um 1730*

14. *Karoline Neuber*

CONRAD ECKHOF.

Etenim Roſcius, *cum* artifex *ejusmodi ſit,*
ut ſolus dignus videatur eſse, qui in ſcena ſpectetur:
tum vir *ejusmodi eſt, ut ſolus dignus videatur,*
qui eo non accedat. Cicero, Orat. pro P. Quint. 78.

15. Konrad Ekhof (Eckhof)

FRIDRICH LUDEWIG SCHRÖDER.

ODOARDO AVS EMILIA GALOTTI.

*Wenn sie's nicht werth wäre,
was ich für sie thun will;*
Act.5 Scen.6

16. *Friedrich Ludwig Schröder*

17. *Prospekt zu Schillers »Räubern«, Mannheim 1782*

18. *Friedrich Schinkel: Entwurf zu Mozarts »Zauberflöte«*

19. *Joseph Hoffmann: Entwurf zur »Walküre«, Bayreuth 1876*

20. *Herzog Georg von Meiningen: Entwurf zu Schillers »Maria Stuart«*

21. *Eduard Gordon Craig: Entwurf für die Stil-Bühne*

22. Emil Orlik: Entwurf zu Shakespeares »Wintermärchen«, 1906

23. Fritz Erler: Hamlet-Szene für das Münchener Künstler-Theater

24. *Ludwig Sievert: Entwurf zu Hasenclevers »Sohn«, 1916*

sten einnahm, konnte gegen den virtuosen Emil Devrient, der damals die Dresdner Bühne tyrannisierte, wenig ausrichten. Was das Schauspiel verlor, gewann die deutsche Oper, die Carl Maria von Weber seit 1817 im Wettstreit mit der bestehenden italienischen Oper zu hohem Ansehen brachte. Hier bezauberte die dramatische Leidenschaft im Gesang der Wilhelmine Schröder-Devrient und Joseph Tichatscheks, des ersten Rienzi und Tannhäuser. Hier erlebten die drei großen Frühwerke Wagners, *Rienzi, Holländer, Tannhäuser,* in den Jahren 1842 bis 1845 ihre Uraufführung; ihr Komponist war Hofkapellmeister. Auch später, seit 1873 unter Ernst Schuch, blühte die Oper: *Feuersnot, Salome, Elektra* und *Rosenkavalier* von Richard Strauss wurden hier zuerst aufgeführt. Das Schauspiel hob Graf Seebach, der 1894 die Führung übernahm, sich selbst für die junge Kunst einsetzte und mit dem 1901 berufenen Karl Zeiß eine völlige Reformierung der Dresdner Schauspielbühne einleitete.

Gutzkow war von Eduard Devrient, der als Regisseur und Schauspieler in Dresden wirkte, dem Theater zugeführt worden. Devrient selbst, bekannt vor allem durch seine *Geschichte der deutschen Schauspielkunst,* übernahm 1852 die Leitung des Karlsruher Hoftheaters. Er ließ sich in den 17 Jahren seines Regiments besonders die Pflege der Mozartschen Oper angelegen sein und brachte fast das ganze Werk Shakespeares auf die Bühne. Vieles von dem, was die Meininger berühmt gemacht hat, war schon auf Devrients Karlsruher Bühne erprobt.

In Meiningen, das erst spät eine stehende Hofbühne erhielt, erzog sich Herzog Georg, unterstützt durch seinen Regisseur Ludwig Chronegk, ein zunächst mittelmäßiges Schauspielerpersonal in kurzer Zeit zu einem vortrefflichen Ensemble, mit dem er Gastspielreisen in die deutschen Großstädte und ins Ausland unternahm. Die Einheitlichkeit des Spiels, die ›Echtheit‹ der Inszenierung, das frische Leben im ganzen überraschten allgemein, da sich eben damals das Virtuosentum überall vordrängte. Neben den Klassikern wurden auch Björnson und Ibsen aufgeführt. Das ganze deutsche Theaterleben wurde durch die Fahrten des ›Theaterherzogs‹, die in den Jahren 1874 bis 1890 in 37 Städte führten, neu belebt.

Herzog Georg hatte, um sich ganz dem Schauspiel widmen zu können, die Oper abgeschafft. An anderen Hofbühnen fand gerade sie sorgsame Pflege. Die Begeisterung für Wagners Musikdramen brachte selbst in kleinen Residenzen, in Dessau etwa unter Herzog Friedrich II., eine Blüte der Oper, der ja nach wie vor die größere Liebe des Publikums gehörte.

Die Organisation der Stadttheater, die im 19. Jahrhundert entstanden, ist ungleich: die Stadt erteilt, sofern sie überhaupt mehr als den Titel herleiht, in manchen Fällen lediglich ein Theaterprivilegium an einen Privatmann, wie das schon den Wanderprinzipalen gegenüber geschah; oder sie verpachtet ein vorhandenes städtisches Theatergebäude an einen Direktor, behält sich dabei aber zumeist weitgehenden Einfluß auf Kassenwesen und Theatergesetze, ja sogar auf Spielplan und Besetzung vor, was für den Pächter um so unangenehmer ist, als nicht immer zwischen den Theaterdeputierten und der ganzen Ratsversammlung einheitliche Meinung herrscht. Die letzte, seltenste Form schließlich ist die, daß die Stadt das Theater auf eigene Rechnung und in eigener Regie führt. Nur wenige Städte folgten dem bereits 1839 in Mannheim gegebenen Beispiel einer solchen opferfreudigen Praxis, die allein der Leitung, Direktoren oder Intendanten, die Möglichkeit zu wertvoller künstlerischer Leistung bietet. In den meisten Fällen ist das Theater verpachtet. Um 1900 hatte fast jede größere Stadt ihr Theater; 1910 waren es rund 200, von denen etwa der vierte Teil in den Händen von Privatunternehmern war, der Rest aber, bis auf die wenigen in eigener Regie geführten Bühnen, Pachttheater.

Die Geschichte aller Stadttheater kann hier nicht gegeben werden; doch richtet sich der Blick auf einzelne Theaterstädte, auf Hamburg zunächst, das eine so große Schauspielvergangenheit hatte und dessen Oper jahrzehntelang führend gewesen war (Telemann). Bis zur Mitte des Jahrhunderts verwaltete im Stadttheater der wackere Direktor Friedrich Ludwig Schmidt das Erbe des großen Schröder. Ihm erwuchs ein gefährlicher Rivale in dem unternehmungslustigen, durch keine literarischen Bedenken gehemmten Chéri Maurice, der 1843 das Thalia-Theater begründete und zweiundvierzig Jahre leitete; er wußte sein Publikum zu fesseln, sei es mit Affen und Kamelen, sei es aber auch durch große Virtuosen der Schauspielkunst im hohen Drama, für das er durch einen Regisseur wie Heinrich Marr – er war 1829 in Braunschweig der erste Mephisto gewesen – ein gutes Ensemble bereitzustellen wußte. Manches junge Talent ging durch die Schule des Thalia-Theaters, das künftig immer im Wettbewerb mit dem Stadttheater eine für das Theaterleben Hamburgs wichtige wirkende Kraft blieb. In der Oper stand von 1891 bis 1897 Gustav Mahler am Pult. Leipzig, die andere große Theaterstadt, hatte zunächst in Theodor Küstner einen Direktor, der trotz der schwierigen Pachtverhältnisse seiner Neigung für das »höhere poetische Drama« nicht untreu wurde. In der Oper wirkten Marschner und Lortzing als Kapellmeister günstig auf das Repertoire. Die kurze Theaterleitung Laubes (1869/70) war im Gesamtschaffen Laubes, aber nicht für das Leipziger Schauspiel von Bedeutung, das erst später wieder freie künstlerische Arbeit zeigt. Doch war Leipzig im 19. Jahrhundert die Pflegestätte der romantischen und biedermeierlichen Spieloper, Werke von Weber, Marschner, Lortzing fanden hier ihre Uraufführung. In Frankfurt, dem westlichen Vorort deutscher Theaterkunst, leitete von 1879 bis 1912 der Laube-Schüler Emil Claar das Schauspiel.

In anderen Städten gab es manche hoffnungsvolle Episode, die mit dem Namen eines Spielleiters oder Schauspielers verknüpft ist. Eine solche Episode, wohl die an künstlerischen Taten reichste, ist die Theaterleitung Karl Immermanns in Düsseldorf. Das frische Leben in den Kreisen der Gesellschaft und der bildenden Künstler ermunterte ihn, 1832 einen Theaterverein zu begründen und mit den Schauspielern der Derossischen Truppe Musteraufführungen von Lessings *Emilia Galotti*, Calderons *Standhaftem Prinzen*, Kleists *Prinzen von Homburg* u. a. zu veranstalten. Aber wie sehr er sich auch um die Ökonomie der Bühne durch Wahl beliebter Unterhaltungsstücke neben jenen literarisch wertvollen Werken und durch Gastspielreisen nach Elberfeld und Bonn bemühte – im März 1837 mußte das ›Stadttheater auf Aktien‹ geschlossen werden; es fehlte eine jährliche Unterstützung von 4000 Talern, und die war für eine ›Musterbühne‹ nirgends zu haben. Düsseldorf erhielt erst 1905 durch die Direktion Dumont-Lindemann wieder ein Theater von hohem künstlerischen Rang.

In Prag, wo schon 1737 ein ›Opera-Haus‹ von der Stadt geschaffen worden war, ließ ein Theaterliebhaber, Graf Nostitz, ein neues Theater bauen, das 1783 mit Lessings *Emilia Galotti* eröffnet wurde. Es ist das von den böhmischen Landständen übernommene Nationaltheater, in dem 1787 Mozarts *Don Giovanni* uraufgeführt wurde. Hier wirkte 1813 bis 1816 Carl Maria von Weber. Seine große Theaterzeit hatte Prag, als Angelo Neumann 1885 die Leitung übernahm und 1887 das Neue Deutsche Theater eröffnet wurde. Hier waren Männer wie Carl Muck, Gustav Mahler,

Otto Klemperer und Leo Blech als Dirigenten tätig. Nach Neumanns Tod 1910 war Alexander von Zemlinsky Opernchef.

Dem privaten Unternehmertum waren zu Beginn des 19. Jahrhunderts zunächst noch durch die Gewerbegesetze die Hände gefesselt. Dem ›Bedürfnis‹ schien in den Residenzen durch die Hoftheater genügt. Die Theaterlust der Wiener freilich konnte das Burgtheater allein nicht befriedigen, um so weniger, als diese Bühne in bewußter Gegnerschaft zum alten Wiener Volkstheater entstanden war und in diesem Geist auch geleitet wurde. Wiener Lokalwitz, Zauberposse und Spektakelstück fanden in dem 1781 neu eröffneten Leopoldstädtischen Theater, seit 1788 auch im Josephstädter Theater ihre Stätte. Ein drittes Privatunternehmen, das Theater an der Wien, von Emanuel Schikaneder geleitet, wurde durch Mozarts *Zauberflöte* 1791 aus anfänglicher Misere gerettet und sah die ersten Aufführungen von Beethovens *Fidelio* (1805), Kleists *Käthchen von Heilbronn* (1810) und Grillparzers *Ahnfrau* (1817). Das durch Laubes Leitung bekannt gewordene Stadttheater (seit 1872) war ebenfalls eine private Aktiengründung. Wenn auch im Laufe des 19. Jahrhunderts die Bühnen, von geschäftigen Spekulanten hin und her verschachert, nicht immer mit gleicher Treue der Kunst dienten, so setzten sie doch die alte Tradition fort und fanden zuweilen – in Raimund, in Nestroy – geniale Schauspieler-Dichter, die das Band zwischen Theater und Wiener Volk neu knüpften. Das gelang nach 1870 vor allem auch der Operette, die in Franz von Suppé, Johann Strauß (*Die Fledermaus* 1874) und Karl Millöcker ihre Meisterkomponisten und zwischen Marie Geistinger und Alexander Girardi viele vortreffliche Darsteller fand. Leider verklang allzu schnell der Ton musikalischer Parodie, wie er von dem großen Vorbild, Jacques Offenbach, in den Pariser Gesellschaftssatiren angeschlagen war; und es wäre doch leicht gewesen, an die Tradition des Altwiener parodistischen Singspiels anzuknüpfen. Statt dessen wurde die Operette immer mehr zum bloßen Ausstattungsstück, in dem der Tanz und das Tableau bald den Gesang ganz verdrängten.

1910 hatte Wien neben den Hofbühnen 18 Theater. Aber Berlin hatte zur selben Zeit doppelt so viele! Spät und langsam hatte hier die Entwicklung begonnen. Erst im Jahre 1824 trat neben die Königlichen Schauspiele eine Gründung des ehemaligen Pferdehändlers Cerf, das Königstädtische Theater, für die Lokalposse berechnet, die in Fritz Beckmann ihren besten Darsteller fand. Aber die

Aktiengesellschaft, die das Theater pachtete, beschränkte sich nicht auf die rasch aufblühende Vaudevillekunst Angelys und Holteis; man wollte auch in der Oper mit der Hofbühne konkurrieren. Doch obschon Henriette Sontag mit ihrem Koloratursopran alle Welt bezauberte, konnte sich die Gesellschaft nicht halten. Cerf selbst übernahm die Bühne, die bald aller Eigenart entbehrte. Nach 1848 öffneten mehrere Theater ihre Pforten: das Friedrich-Wilhelmstädtische Theater, die Bühne bei Kroll, die ihren Hausdichter in dem lustigen Mediziner Eduard Jacobson fand, und vor allem das Wallner-Theater, das, an die Anfänge des Berliner Lokalstückes anknüpfend, mit den Possen David Kalischs und dem Komikerterzett Carl Helmerding, Theodor Reusche und Amalie Wollrabe, später mit Anna Schramm und August Neumann große Erfolge hatte. Seit 1868 war Theodor Lebrun Pächter des Theaters, in dem 1885 Emil Thomas der erste Theaterdirektor Striese im *Raub der Sabinerinnen* von Franz und Paul von Schönthan war – eine komische Paraderolle noch bis zu Albert Bassermann.

Die Gewerbefreiheit von 1869 brachte neue Gründungen, aber auch manchen Theaterkrach und ein Schauspieler-Proletariat. Man spricht sehr bald von den Schattenseiten der Theaterfreiheit: »In dem dicken Tabaksqualm der ›Nikotinbühnen‹ erstickten allmählich die Hoffnungen der Sanguiniker, welche von der Theaterfreiheit ein goldenes Zeitalter der dramatischen Volksdichtung erträumt hatten« (Blumenthal). Ein ernsthafter Rivale für die Hofbühne Botho von Hülsens erstand erst im Deutschen Theater, das 1883 mit *Kabale und Liebe* eröffnet wurde. Es war ein Gesellschaftsunternehmen nach dem Muster der Pariser Comédie Française. Mit dem Schauspieler Siegwart Friedmann und dem Lustspielautor Adolph L'Arronge vereinigten sich drei Virtuosen: Ludwig Barnay, Friedrich Haase, Ernst Possart, und der in Laubes Schule gebildete August Förster, der vorher die Leipziger Stadttheater geleitet hatte. Josef Kainz, schon von den Fahrten der Meininger bekannt, Agnes Sorma und Hedwig Niemann waren die jungen, mitreißenden Kräfte; die Virtuosen-Sozietäre schieden sehr bald aus. Der Erfolg dieser Pivatbühne weckte Nacheiferung: Oskar Blumenthal eröffnete 1888 mit Lessings *Nathan* das Lessingtheater, Ludwig Barnay zog Kainz und die Sorma an das im gleichen Jahr begründete Berliner Theater, und im Residenztheater, in dem Emil Claar einige Jahre lang den Laubeschen Konversationston für die kecken Dialoge Pariser Sittenstücke abgeschliffen hatte, wagten Anno und Lautenburg Aufführungen der *Gespenster,* des *Volksfeinds* und *Rosmersholms* von Ibsen.

Dann kam, abermals nach Pariser Vorbild, der junge Sturm der Freien Bühne. Das Théâtre libre des André Antoine regte Maximilian Harden an und fand in Theodor Wolff einen beredten Anwalt. Otto Brahm, als Kritiker schon beachtet, wurde Leiter der Gesellschaft, die am 29. September 1889 Ibsens *Gespenster,* am 20. Oktober den Erstling Gerhart Hauptmanns, *Vor Sonnenaufgang,* spielen ließ. Holz und Schlaf, Strindberg, Tolstoi und Zola folgten, in Aufführungen, die mit einem jeweils aus besten Kräften zusammengestellten Ensemble zunächst zu ungewohnter Vormittagsstunde stattfanden. Nach zwei Jahren hatte die Freie Bühne ihre Aufgabe der Einführung des neuen Dramas erfüllt; die Theater nahmen ihre Autoren auf. Das Deutsche Theater erhielt unter Otto Brahm 1894 wieder die Führung. Seine charaktervolle Einseitigkeit zeigte sich in der Gestaltung des Spielplans, der dem modernen realistischen Drama, den Werken von Hauptmann, Dreyer, Hirschfeld, Schnitzler, Sudermann auf Kosten der Klassiker Raum gab. Hier wirkten Rudolf Rittner, der Ibsen-Spieler Emanuel Reicher, Oskar Sauer, Louise Dumont und das »köstliche Naturprodukt« Else Lehmann. Als Brahm 1904 das Lessingtheater übernahm, trat, nach einem kurzen Interregnum Paul Lindaus, 1905 Max Reinhardt an die Spitze des Deutschen Theaters.

Er hatte unter Brahm Charakterrollen gespielt, sich des von Ernst von Wolzogen veredelten ›Überbrettls‹ angenommen und 1902 die bunte Bühne ›Schall und Rauch‹ in das Kleine Theater verwandelt. Mit Reicher, Rosa Bertens und Gertrud Eysoldt waren hier Gorki, Strindberg, Wedekind und Wilde aufgeführt worden. 1903 hatte er im größeren Haus des Neuen Theaters seine szenische Erneuerung der Klassiker mit Lessings *Minna von Barnhelm* erfolgreich begonnen und mit dem mehr als 200 mal in einem Jahr gespielten *Sommernachtstraum* gekrönt. Im Deutschen Theater setzte er die Praxis der Serienspiele mit dem *Kaufmann von Venedig, Was ihr wollt,* Nestroys *Revolution in Krähwinkel* fort. Daneben diente seit 1906 das intimere Haus der Kammerspiele für die Aufführung moderner Schauspiele. Immer gehörte seine Liebe Shakespeare, dessen Hauptwerke er 1913/14 im Zyklus vorführte, trefflich unterstützt von Albert Bassermann (Shylock, Lear, Othello), Alexander Moissi (Hamlet, Romeo), Else Heims (Porzia,

Desdemona). Gleichzeitig wurde in den Kammerspielen ein Wedekind-Zyklus veranstaltet. In den Jahren 1915 bis 1918 spielte Reinhardt auch in der neu erbauten Volksbühne am Bülowplatz, 1918 gliederte er das Kleine Schauspielhaus seinen Theatern an, und 1919 endlich eröffnete er mit der *Orestie* des Aischylos das Große Schauspielhaus, das er schon für Aufführungen benutzt hatte, als es noch Zirkus war.

Es erfüllte sich in gewissem Maße das, was Goethe 1826 vorausgesagt hatte: »Ich sehe die Zeit kommen, wo ein gescheiter, der Sache gewachsener Kopf vier Theater zugleich übernehmen und sie hin und her mit Gastrollen versehen wird, und ich bin gewiß, daß er sich besser bei diesen vieren stehen wird, als wenn er nur ein einziges hätte.« Auch andere Berliner Bühnenleiter, die den Wettkampf mit Reinhardt aufnahmen, vereinigten mehrere Bühnen: Viktor Barnowsky, der nach Brahms Tod 1912 das Lessingtheater leitete, nahm später das Deutsche Künstlertheater hinzu, Meinhard und Bernauer herrschten über drei Bühnen, die Brüder Rotter, um einige schlüpfrige Stufen tiefer, koppelten Residenz- und Trianontheater zusammen und spielten gleichzeitig in der Provinz. Und doch wollte sich der zweite Teil jener Prophezeiung Goethes nicht erfüllen: Reinhardt streckte schließlich gegenüber den wirtschaftlichen Schwierigkeiten die Waffen und überließ seinen treuen Helfern die Theater, in denen er mit redlichem Bemühen der Kunst gedient, wenn ihn auch zuweilen Geschäft und Mode auf falsche Wege führten.

Abseits vom reinen Geschäftstheaterbetrieb steht das Gemeinschaftstheater, die Volksbühne, Schöpfung der starken sozialen Bewegung der neunziger Jahre, mit der die zur ›Freien Bühne‹ führende literarische Revolution eng zusammenhing. Das Wesentliche dieser Theaterform ist nicht der Spielapparat, sondern die Zuschauerorganisation. Die Mitglieder des Vereins haben Anrecht auf eine gewisse Zahl von Vorstellungen, deren Charakter sie durch den jährlich gewählten Ausschuß mitbestimmen. Das Ziel ist, »den Mitgliedern erhebende und befreiende Kunstwerke vorzuführen«, mit einem Schlagwort: die Kunst dem Volk zu geben. 1890 wurde in Berlin auf Anregung Bruno Willes die ›Freie Volksbühne‹ begründet und mit Ibsens *Stützen der Gesellschaft* die Reihe der Aufführungen eröffnet. Schon 1892 kam es zu einer Spaltung des Vereins, da der eine Teil die sozialistische Tendenz schärfer betonte, als es dem anderen im Dienste für die Kunst erlaubt erschien. Nachdem beide Vereine jahrelang wertvolle Arbeit geleistet hatten, der alte Verein unter Franz Mehring und Conrad Schmidt, die ›Neue freie Volksbühne‹ besonders durch Gustav Landauer und Josef Ettlinger gefördert, vereinigten sie sich 1913 wieder und zählten nunmehr nahezu 70000 Mitglieder. Ihnen erstand das 1914 eröffnete neue Haus am Bülowplatz. Beide Vereine haben mit den Klassikern auch die junge Literatur gepflegt: neben Büchners *Danton* fanden Hauptmanns *Weber* begeisterte Aufnahme; auch an so diffizile Werke wie Hebbels *Julia* und Goethes *Stella* wagte man sich.

Während die Volksbühne vorwiegend mit der Arbeiterschaft rechnete, kam das von Raphael Löwenfeld 1894 begründete Schillertheater den Bedürfnissen des Kleinbürgers entgegen. Bei niedrigen Eintrittspreisen spielte er zunächst im Wallner-Theater, dann auch im Friedrich-Wilhelmstädtischen Theater in der Chausseestraße die Klassiker und bot daneben anständige Unterhaltung. Im Jahre 1907 konnte das eigene Schillertheater in der Bismarckstraße eröffnet werden. Auch in anderen Städten entstanden im Zusammenhang mit den Bildungsbestrebungen der Arbeiterschaft Volksbühnenvereine, die manchenorts eigene Theater gründeten. Besser war oft der Arbeiterschaft mit bloßen Vereinsvorstellungen gedient, die nach Wahl der Berufsorganisationen im Rahmen der bestehenden Theater stattfanden.

Gemeinsam ist den Theatern der verschiedenen Art – Hof-, Stadt-, Privattheater – das regelmäßige Spiel; denn auch die Volksbühnenbewegung führte dahin, nachdem man zuerst nur an einzelnen Tagen, meistens am Sonntagnachmittag, Aufführungen veranstaltet hatte. Aber schon bald, nachdem man im Laufe des 19. Jahrhunderts vom mehrmaligen Spiel der Woche zu allabendlichen Vorstellungen übergegangen war, wurden kritische Stimmen laut, die dem Theater als täglicher Unterhaltung das seltene, festliche, erhebende Theaterspiel entgegensetzten. Immermann und Tieck, die Dichter unter den Theaterleitern, sahen ihre Aufgabe nicht in der Arbeit am Alltagsstück und seiner Aufführung, sondern in der Verwirklichung des Festspielgedankens, der auch in Dingelstedts Münchner Gastspielen zum Ausdruck kam. Aber diese Veranstaltungen waren doch noch gehemmt durch das Alltagstheater, das sie umgab. Sollte wirklich festliche Stimmung sich einstellen, so mußte man dem geschäftigen Treiben der Städte und ihren Theatern, die heute die Posse, morgen die Tragödie beherbergten, entfliehen: im eigenen Festspielhaus, dem Werktag entrückt, an wenigen Tagen nur sollte das neue Mysterienspiel eine andächtige Gemeinde finden. Die Erfüllung solcher Wünsche brachte Bayreuth – denen wenigstens, die in Wagners Musikdramen das krönende Kunstwerk fanden. Schon seit früher Zeit hatte Wagner in seinen Schriften für die Umgestaltung des Theaters und für den Festspielgedanken gestritten. Aber erst nach 1870 wurden durch werbende Freunde Wagnervereine ins Leben gerufen, die das Festspielhaus finanzieren sollten. 1872 wurde der Grundstein gelegt, und nach vier Jahren, die noch von mancherlei Kämpfen um die Mittel zur Vollendung des Werkes erfüllt waren, konnte zum erstenmal *Der Ring des Nibelungen* in drei Zyklen aufgeführt werden. Abermalige wirtschaftliche Schwierigkeiten schlossen das Haus. 1882 erst folgte wieder eine Aufführung: *Parsifal.* Ein neuer Patronatsverein sicherte dann die regelmäßige Wiederholung der Festspiele nach Wagners Tod. Mit ihm wich aber der reine Idealismus vom Weihehügel und machte einem Geschäftsbetrieb Platz, der vielleicht notwendig war, um den Spielen Gäste zuzuführen, der damit aber den Anachronismus des Festspielgedankens in der kapitalistischen Gesellschaft recht deutlich machte. Volkstheater, Kultstätte gar, die in irgendeinem Betracht den oft ausgesprochenen Vergleich mit dem attischen Theater erlaubte, wurde das Bayreuther Haus so wenig wie das nach seinem Vorbild entstandene Prinzregententheater in München, das ebenfalls Festaufführungen von Musikdramen veranstaltete.

Die große Wirkung Wagners auf die breiten Massen ging nicht von Bayreuth aus, sondern von den stehenden Theatern, die seine Musikdramen aufführten. 1882 unternahm es Angelo Neumann, mit einem Opernensemble in 58 Städten Deutschlands und des Auslands den *Ring des Nibelungen* zu spielen. Auch andere Gastspieltruppen belebten in jenen Jahren das Theaterwesen mancher Stadt. Neben den Meiningern sind die Münchner unter Max Hofpauer zu nennen. Ihr Spielplan enthielt volkstümliche Stücke wie *Almenrausch und Edelweiß, Herrgottsschnitzer, Meineidbauer, Pfarrer von Kirchfeld*. Ein Ibsen-Ensemble, aus der 1896 in Leipzig gegründeten ›Literarischen Gesellschaft‹ hervorgegangen, wurde von Carl Heine durch ganz Europa geführt. Auch aus dem Ausland kamen, neben zahlreichen einzelnen Künstlern, unter denen vor allen die ›Seelenschauspielerin‹ Eleonora Duse zu nennen ist, ganze Gesellschaften zu Gast: dem Théâtre libre Antoines, das

1887 in Berlin spielte, folgte 1906 das Moskauer Künstlertheater. Die leidenschaftliche Hingabe dieser Schauspieler und die feinen Schattierungen ihres Spiels hatten starken Einfluß auf den Stil der deutschen Künstler.

Aber die Schauspieler blieben auch von dem verschärften Lebenskampf des Jahrhunderts nicht unberührt, der Drang nach fester Organisation wird in dem lebhaften Hin und Her zwischen Bühnenvereinen, Genossenschaften, ›Prominenten‹ und Schauspieler-Sezessionen sichtbar.

Die Zeit des Goetheschen Theaterimperativs war endgültig dahin! Auf seiten der Bühnenleiter regte schon Klingemann 1818 die Gründung eines »festen Vereins aller Theaterdirektoren« an, um dem Kontraktbruch durch Ausschluß der davongelaufenen Mimen zu begegnen. Theodor Küstner wirkte, zunächst ebenfalls ohne Erfolg, in gleicher Richtung, und 1846 kam der Kartellverein von 32 Bühnen zustande. 1920 zählte der Bühnenverein 356 Mitglieder. Die alte, bei Ekhof auftauchende Idee einer Pensionskasse wurde im 19. Jahrhundert an manchen Theatern verwirklicht; sie führte 1857 zur Bildung einer allgemeinen Theater-Pensionsanstalt, der »Perseverantia«, die sich aber bald wieder auflöste. 1871 wurde in Weimar die »Genossenschaft deutscher Bühnenangehöriger« begründet, ein Werk vornehmlich der werbenden Kraft Ludwig Barnays. Sie vertritt die wirtschaftlichen und Standesrechte des Schauspielers, der lange Zeit noch, obschon sich seine gesellschaftliche Stellung seit der Neuberin gebessert hatte, unter unwürdigen Gagenverhältnissen leiden mußte. Auch andere Interessengemeinschaften bildeten sich: 1908 der »Verband deutscher Bühnenschriftsteller«, der den Vertrieb von Bühnenwerken vermittelte und damit indirekt auch auf die künstlerischen Leistungen der Theater wirkte, 1911 die »Vereinigung künstlerischer Bühnenvorstände«, die die Regisseure in ihren wirtschaftlichen Rechten, aber auch im Bewußtsein ihrer künstlerischen Pflichten durch gemeinsame Arbeit zu stärken suchte. Daß sich schließlich auch das Publikum organisierte, wurde bei der Volksbühnenbewegung schon angedeutet; und diese Organisation des Publikums war bei der schwierigen wirtschaftlichen Lage für den Bestand der Theater außerordentlich wichtig. Theaterkulturverband, Volksbühnenbund, Theatergemeinde – das waren neue Faktoren im Theaterleben, deren Bedeutung alsbald erkennbar wurde.

2. Theaterbau und Bühnenbild

Die Entwicklung der Theaterbauten, ihrer äußeren Gestalt, der Architektur und schmückenden Ausstattung der Säle, behandelt die Kunstgeschichte. Seit den ersten festen Theaterbauten blieben in der Regel die Opernhäuser, als Teil oder Dependance fürstlicher Schlösser und als Rahmen eines umfangreicheren Apparates, prächtiger und größer als die Schauspielhäuser. Für die Wirkung des gesprochenen Wortes waren überdies kleinere Räume weit günstiger: nur zu bald empfanden die Schauspieldirektoren da, wo sie im Wechsel mit der Oper im gleichen Haus spielten (wie etwa Laube im Neuen Theater in Leipzig), die Nachteile großer Räume für die Darstellung jedes Dramas mit Kammerton.

Für die Gestaltung des Zuschauerraumes war die Form des höfischen Rangtheaters maßgebend. Hinter einem zumeist etwas ansteigenden Parterre mit Bankreihen parallel zur Bühne befand sich die fürstliche Loge, die ihren besonderen Zugang, vielfach unmittelbar aus dem Schloß, hatte. Sie wurde durch Verbindung mit zwei Bühnenlogen zum Rang erweitert. Die einfachste Form des Rangtheaters zeigt Lauchstädt: Parterre und ein Rang mit Logen. »Man sitzt, sieht und hört gut und findet, für sein Geld, immer noch einen Platz. Mit fünf- bis sechstehalbhundert Menschen kann sich niemand über Unbequemlichkeit beschweren« (Goethe). Größeren Anforderungen, zumal gesellschaftlicher Art, entsprachen die leicht in Tanz- und Redoutensäle verwandelbaren großen Opernhäuser mit mehreren Rängen, die nach italienisch-französischem Muster (Turin 1740: sechs Ränge) gebaut wurden.

Diese Form blieb auch für Privat- und Stadttheater Vorbild, obwohl hier das Zeremoniell, dem sie ihre Entstehung verdankt, fortfiel. Die Scheidung der Ränge und Logen wurde beibehalten; und wenn es bei den Festlichkeiten der Hoftheater noch Sinn gehabt hatte, daß man, infolge der schlechten Anordnung der Logen, sich selbst zwar sehr wohl sehen lassen, von der Bühne aber wenig oder nichts sehen konnte, so wurde diese Bauweise sinnlos, als aus dem Zuschauerraum aller höfische Festesglanz schwand und dem bürgerlichen Straßenkleid Platz machte und als obendrein der ganze Raum verdunkelt wurde. Das große Gepränge der Hofopern hatte strahlende Beleuchtung verlangt. Später ließ man bei manchen Bühnen den Hauptbeleuchtungskörper, einen in der Mitte schwebenden Kronleuchter, bei Beginn jedes Aktes durch die Deckenöffnung emporziehen, teils um den oberen Logen freien Blick nach der Bühne zu schaffen, teils aber auch schon mit der Absicht, die Aufmerksamkeit ausschließlich auf die hellere Bühne und das Kunstwerk zu lenken.

Und dies: dem Kunstwerk Andacht schaffen, die reale Welt versinken lassen und in den Zauber der Götterwelt bannen – das wollte die Verdunkelung im Bayreuther Festspielhaus, das in diesem und manchem anderen Brauch für die Praxis des modernen deutschen Theaters vorbildlich wurde. An Stelle des Rangtheaters trat die amphitheatralische Form des Zuschauerraums. Diese Form, die ihr großes Beispiel im antiken Theater hatte, war den Theoretikern nie ganz aus dem Auge geschwunden. Ja, in der Mitte des 18. Jahrhunderts hatte man in Leipzig auf Gottscheds Anregung das Theater in Quandts Hof »einigermaßen nach dem Muster der alten Griechen und Römer« eingerichtet; und Gottsched rühmte dieser halbkreisförmigen Anordnung der Sitzplätze mit zwei Logenreihen nach, daß man auf jedem Platz dem Bühnenmittelpunkt gleich nahe sei und überall den Schauplatz gut übersehe. Da das ganze Theater nur sehr klein war, kam die Neuerung nicht recht zur Geltung und blieb ohne Nachwirkung auf die Theaterbauten jener Zeit. In Bayreuth aber wurde diese Form, und nunmehr in großen Maßen, mit bestem Erfolg erneuert. 31 Sitzreihen steigen, von der Bühne her sich verbreiternd, empor zu einer krönenden Logenreihe. Jeder Platz gestattet nahezu den gleichen Ausblick über den »mystischen Abgrund« des versenkten Orchesters auf die Bühne, keine Seitenlogen stören die Andacht in dem völlig verdunkelten Raum. Der Gleichheit der Plätze entsprach auch der gleiche Platzpreis.

Das im August 1901 eröffnete Prinzregenten-Theater in München wurde nach dem Bayreuther Vorbild gebaut; nur daß hier dem in Bayreuth unbefriedigten Wunsch nach ›gesellschaftlicher Zerstreuung‹ in den Pausen durch umfangreiche Erfrischungs- und Wandelhallen wieder stattgegeben wurde. Bei neueren Theaterbauten wurden Rang- und Amphitheaterform in der Weise vereinigt, daß man das Parkett stark ansteigen ließ, darüber im Halbrund Ränge und Galerie mit Hilfe von Eisenbeton-Konstruktionen so anordnete, daß sie ohne störende Stützpfeiler weit übereinander und über das Parterre vorsprangen. So wurde die Zahl der Plätze, was für das Geschäftstheater wichtig war, unter bester Raumausnutzung gegenüber den reinen Amphitheatern vermehrt, die gleichfalls amphitheatralisch angeordneten Plätze in Rang und Galerie gegenüber denen des alten Rangtheaters wesentlich verbessert.

Während man im 19. Jahrhundert möglichst große Theater baute (Leipzig 1868: 1900 Plätze; Köln 1872: 1600), wirkte das moderne Drama der achtziger und neunziger Jahre, das wieder mehr Wert auf das gesprochene Wort legte, durch die Benutzung intimer Räume (Kleines Theater, Berlin 1901: 400 Plätze; Kammerspiele 1906: 300). Bei den großen Theaterbauten nahm man auf die Oper Rücksicht. Das Ideal ist das Nebeneinander zweier Häuser, wie sie in Leipzig (Altes und Neues Theater) und, in sinnvollerer Verwertung, in München bestanden: hier waren sie nicht als Opern- und Schauspielhaus getrennt, man spielte vielmehr im großen Haus die große Oper und das Schauspiel mit Massenszenen, Historiendrama usw., im kleineren Residenztheater Spieloper, Kammer- und Lustspiel. In Stuttgart erfüllten seit 1912 zwei neue Häuser in gleicher Art ihre Aufgaben. In Berlin suchte Reinhardt ebenfalls jedem Drama den ihm angemessenen Raum zu geben: Deutsches Theater oder Kammerspiele, Kleines Schauspielhaus oder – Zirkus.

Das Große Schauspielhaus Reinhardts zeigte die Form des Zirkus Schumann, aus dem es durch den Umbau Hans Poelzigs entstanden war. Das Amphitheater der Zuschauertribünen faßte über 3000 Menschen. Spielplatz ist: die Arena in der Mitte des Theaters, in drei Teilen verstellbar, die dahinter aufsteigende Vorbühne, die in 6 Teilen gehoben und gesenkt werden kann, und die 35 m breite Oberbühne (Drehbühne), die durch Vorhänge verschlossen werden kann. Die Arena ist außer von der Bühne durch drei Zugänge im Amphitheater zu erreichen. Das Ziel Reinhardts war es, den Schauspieler mitten unter die schauenden, die Dichtung mitlebenden Menschen zu stellen und so die Trennung von Zuschauern und Schauspielern aufzuheben. Ob dies ein wünschbares Ziel ist, kann bezweifelt werden; gewiß ist, daß es nur da erreicht wurde, wo der Stil der Dichtung diesem Theater des großen Pathos und der Massen entsprach, sofern nicht auch da des Zuschauers neugierige Spannung dem Technischen der Regieleistung gehörte, statt daß ihn das Ethos der Tragödie erschütterte. Zog sich aber vollends das Spiel auf die Oberbühne zurück, so war die alte Scheidung wieder da.

Die Trennung von Zuschauerraum und Bühne in unseren üblichen Theatern kommt schon äußerlich in der größeren Höhe des Bühnenhauses zum Ausdruck. Dieser Aufbau enthält die Obermaschinerie (Schnürboden), seine Höhe wird durch die Notwendigkeit bedingt, die Kulissen ungeknickt dem Blick des Zuschauers nach oben entführen zu können. Das Bühnenpodium stieg bei den älteren Bühnen ziemlich stark (¹/₁₅ der Gesamttiefe) nach hinten an. In dem Maße aber, in dem die Parkettplätze gestaffelt wurden, konnte die Neigung des Podiums schwinden. Auch die Größenverhältnisse haben sich naturgemäß verändert. Im Lauchstädter Theater von 1802 war bei einer Gesamtlänge von etwa 40 Metern die Bühne 9 Meter tief, 11,5 Meter breit (Bühnenöffnung: 7 Meter). Die Lauchstädter Maße entsprachen denen der Weimarer Bühne, damit die Weimarer Dekorationen auch hier benutzt werden konnten. Es ist für die richtige Vorstellung damaliger Aufführungen und die Bewertung ihrer Regiekünste wichtig, sich diese Maße zu vergegenwärtigen. Auf so kleinem Bühnenfeld wurden *Wallenstein* und *Oberon*, *Wilhelm Tell* und *Zauberflöte* – die ganzen Meisterwerke jener Epoche gespielt! Die Bühne des neuen, im Jahre 1908 eröffneten Weimarer Theaters ist 22 Meter tief, 24 Meter breit (Bühnenöffnung 12 Meter).

Hinter dem Bühnenrahmen mit Haupt- und Zwischenvorhängen sowie dem feuersicher abschließenden eisernen Vorhang befindet sich der ›Mantel‹, Draperie oder feste Abschlußstücke, die je nach der gewünschten Bühnenbildgröße enger oder weiter gestellt werden können. Und dahinter wiederum baut sich der ganze höchst komplizierte Bühnenapparat auf: Kulissen mit Kulissenwagen und ›Freifahrten‹ (Schlitze im Bühnenboden, in denen die Kulissen und Dekorationsstücke beliebig quer über die Bühne bewegt werden können), Prospekte und Soffitten, Bögen und Panoramen; dazu der ganze große Beleuchtungsapparat, die Versenkungen usw. Für die vielfachen Veränderungen, die das Bühnenwesen immer wieder erfahren hat (und erfährt), waren zwei Gesichtspunkte maßgebend: man wünschte die Veränderung der Szene zu beschleunigen und den Bildeindruck zu erhöhen. Das eine war eine Frage der Technik, das zweite, wenn auch durch die technische Entwicklung bedingt, Frage der jeweiligen Kunstrichtung.

Das Kulissensystem herrschte auch im 19. Jahrhundert vor. Durch Schieben, Drehen oder Aufziehen war ein verhältnismäßig schneller Wechsel möglich, wie ihn die Verwandlung bei offener Szene forderte. Diese war noch bis in die zweite Hälfte des Jahrhunderts üblich, trotz Einführung des Zwischenaktvorhangs, dessen Benutzung Männer wie Dingelstedt, Freytag und Laube nur auf ›Bilder‹ und ›Tableaustücke‹ beschränkt wissen wollten. Im Drama zerstöre er die organische Form, schreibt Laube, er wirke wie ein Aktschluß, zerstücke den Akt und sei »die blanke Zerstreuung«. Die im 18. Jahrhundert vorwiegend in der Oper gebräuchlichen ›Bögen‹, die Seitenkulissen und Deckensoffitten vereinigen, wurden weiterhin, auch im Schauspiel, verwandt. Daneben kam die in Deutschland 1794 von Schröder eingeführte ›Panoramabühne‹ in Aufnahme: geschlossene Seitenwände und ebene Decke gestatteten größte Treue in der Wiedergabe von Innenräumen; sie hatte aber den Nachteil, daß die Beleuchtung durch die Kulissengassen wegfallen mußte; auch ließ sie sich nicht schnell verwandeln. Möbelstücke, soweit sie nicht vom Schauspieler benutzt werden mußten, waren auf Kulissen oder Wände aufgemalt. Erst die ›Echtheit‹ der Meininger und der Naturalismus führten zu allgemeiner Verwendung plastischer Möbel- und Versatzstücke.

Um die zahllosen Verwandlungen im Drama Shakespearescher Struktur zu vermeiden, versuchte man immer wieder, ältere Bühnenformen zu erneuern. Die Experimente blieben ohne anhaltende Wirkung, gaben aber Anlaß zu intensiverer Beschäftigung mit Bühnenproblemen überhaupt. So suchten Tieck und Immermann die alte Shakespeare-Bühne zu beleben und durch den Wechsel von Vorder- und Hinterbühne das Spiel zu vereinfachen. Eine »symbolische Andeutung des Ortes«, wie sie Schinkel 1817 gefordert hatte, sollte die Dichtung auf dieser Bühne um so reiner zur Geltung kommen lassen. Angeregt durch Rudolph Genée griff der Münchner Intendant, Karl von Perfall, die Idee auf: 1889 ließ er auf seiner mit Jocza Savits und Karl Lautenschläger geschaffenen Shakespeare-Bühne den *König Lear* spielen. Dadurch, daß hier die Bühne nach vorn erweitert war, so daß man das Spiel bei geschlossenem Hauptvorhang fortsetzen konnte, hatte man drei Bühnenfelder geschaffen. Vorder- und Hinterbühne trennte ein Palastprospekt. Die erhöhte Hinterbühne schloß eine Wandeldekoration ab. Schneller Szenenwechsel war hier in der Tat möglich, aber es war doch keine völlige Veränderung: der immer gleiche Architekturrahmen um das Bild der Hinterbühne wirkte ermüdend, und für Landschaftsszenen mußte man ohnehin zum alten Kulissensystem greifen und einen Fels- oder Laubbogen vor die Palastfront setzen.

Mit einer anderen alten Bühnenform hatte schon 1875 Otto Devrient in Weimar experimentiert: mit der dreistöckigen Mysterienbühne, die es freilich im Mittelalter nicht gegeben hat. Er inszenierte den *Faust* so, daß auf der Bühne alle Schauplätze eines Aktes über- und nebeneinander angeordnet waren: Straße, Gretchens Haus, Brunnen, Marthes Garten, Mater dolorosa, Domeingang waren gleichzeitig aufgebaut. Neutrale Vorhänge und Wolkendekoration konnten die nichtbenutzten Plätze verdecken. Aber die Zerstückelung des Bühnenraumes in so viele kleine Felder hemmte die freie Entwicklung des Spieles. Nach Aufführungen in Köln und Berlin verschwand die Bühne wieder. Das Prinzip des ›Nebeneinander‹ ist später wiederaufgenommen worden, nachdem inzwischen die neuen Beleuchtungseffekte eine stärkere Konzentrierung der Aufmerksamkeit auf ein bestimmtes Feld ermöglicht hatten. 1922 baute das Theater in der Königgrätzer Straße in Berlin für die Inszenierung des Stückes *Die wundersamen Geschichten des Kapellmeisters Kreisler* sechs Bühnenräume neben- und übereinander; durch grelle Scheinwerferbeleuchtung wurden die Szenen herausgehoben, während die nichtbenutzten Bühnenorte durch schwarzgekleidete Arbeiter umgebaut wurden.

Henri van de Veldes Theater auf der Werkbund-Ausstellung in Köln 1914 entsprach im Prinzip der Breitengliederung einem von den Jesuiten benutzten Typ, von dem noch jetzt Oberammergau eine Variation zeigt. Hinter einem neutralen Proszenium lagen drei durch Pfeiler getrennte Bühnenräume, die abwechselnd benutzt wurden. Künstlerisch befriedigte der Typ nicht. Schließlich hat 1921 Emil Pirchan in Berlin auch die alte Telari-Bühne neu aufgestellt, bei der, wie früher erwähnt wurde, statt der Kulissen dreiseitige Prismen benutzt und durch deren rasche Drehung eine plötzliche Verwandlung der Szene ermöglicht wurde.

Alle diese Versuche mit alten Bühnenformen und -maschinen blieben – Versuche. Nichts davon hatte Bestand. Folgenreicher war die Einführung des Rundhorizonts oder ›Ewigen Prospekts‹. Bei Verwendung dieser U-förmig um die ganze Bühne gespannten ›Luft‹-Leinwand (zuerst in München 1869) konnten Prospekte und Kulissen fortfallen, die Illusion wurde nicht mehr durch den Blick ›hinter die Kulissen‹ gestört, und bloße Versatzstücke genügten, um auf der so (später auch nach oben) begrenzten Bühne einfache und doch groß wirkende Bilder zu stellen. Die Aufgabe blieb nun, vor diesem ewigen Himmel die vergängliche Erde, das Bühnenfeld, schnell zu verwandeln.

Karl Lautenschläger erreichte das durch die Drehbühne zum erstenmal im Münchner Residenztheater 1896. Auf den Segmenten einer um ihre Achse drehbaren kreisförmigen Scheibe wurden die einzelnen Schauplätze aufgebaut, so daß beim Szenenwechsel durch Drehung der nächste Bühnenort nach vorn gebracht und hier ohne Pause weitergespielt werden konnte, während man inzwischen hinten umbaute. Die Drehbühne wurde an zahlreichen Theatern mit großem Bühnenhaus eingeführt. Die Tatsache aber, daß bei dieser ›Segmentbebauung‹ immer nur ein verhältnismäßig kleiner Spielraum entstand, und auch die neuere Tendenz der szenischen Kunst, die von der Realität plastischer Aufbauten wieder fortstrebt, haben die Bedeutung der Drehbühne bereits gemindert, zumal ihr Betrieb durch den Zwang, für jedes Stück eine fast völlig neue Einrichtung zu schaffen, sehr teuer wird.

Eine andere Bühnenform zur Beschleunigung des Szenenwechsels ist die Schiebe- oder Wagenbühne Fritz Brandts. Er verdreifacht sozusagen die Bühne, indem er zwei Nebenbühnen schafft, deren fahrbares Bühnenfeld, in den schalldicht abgeschlossenen Seitenräumen aufgebaut, beim Szenenwechsel auf die Hauptbühne geschoben wird, während der dort zuletzt benutzte ›Wagen‹ nach der anderen Seite oder nach hinten gleitet, um neu hergerichtet zu werden. Das System nimmt großen Raum in Anspruch, ist daher ebenfalls kostspielig. Eine teilweise Benutzung, etwa zum Einschieben einer kleineren (Innen-)Szene in eine tiefere Dekoration, ist leichter zu ermöglichen. Es ergibt sich dann eine Abart der ›Schachtelbühne‹, deren Prinzip das ›Ineinander‹ größerer und kleinerer Szenen ist: das in eine tiefe Landschaftsdekoration oder einen weiten Saal eingeschachtelte Zimmer z. B. wird beim Szenenwechsel nach dem Schnürboden hinaufgezogen, das Spiel kann auf dem größeren Bühnenfeld sogleich fortgesetzt werden.

In Erweiterung des ›Asphaleia-Systems‹, bei dem durch Heben und Senken einzelner Bühnenteile mit hydraulischen Maschinen das ganze Podium nach Belieben bewegt werden kann, entstand die Versenkbühne, und eine zweckmäßige Verbindung dieser Form wiederum mit der Schiebebühne führte Adolf Linnebach in Dresden aus: die Umbauräume lagen hier im unterkellerten Bühnenhaus; die ›Wagen‹ wurden auf den im Ganzen oder in drei Teilen versenkbaren Bühnenboden geschoben und in Rampenhöhe gehoben. Der ganze sinnreiche Apparat konnte von einem Mann bedient werden.

All diesen Konstruktionen gegenüber erhob sich immer wieder die Forderung nach größerer Einfachheit, vor allem aus künstlerischen Gründen. In der 1908 im Münchner Künstler-Theater benutzten Reliefbühne glaubte man das neue Ideal gefunden zu haben. Statt der Kulissen hatte die flache Bühne zwei durch einen Bogen zum Portal verbundene Turmabschlüsse. Das Bühnenfeld war dreiteilig: Proszenium, Vorder- und Hinterbühne. Die letzte war durch einen Vorhang zu verhüllen und wurde fast nur für Szenen im Freien benutzt. Das Spiel bewegte sich vorwiegend auf der neutralen Vorderbühne; das Wort allein sollte hier herrschen. Für einige Werke eigneten sich diese Stilbühne und ihre kahlen Nachfolgerinnen sehr gut. Aber es lag nur zu nahe, bei Werken, die Massenentfaltung brauchten, die ihrem Stil nach Realismus des Bühnenbilds forderten, aus der Not eine Tugend zu machen und die Dichtung um des Bühnenprinzips willen zu vergewaltigen. Zum entgegengesetzten Fehler verführten die großen Maße in Reinhardts Zirkustheater: die großen Volks- und Massenszenen unterdrückten nur zu oft die Wirkung des Dialogs.

Wichtiger aber als der ganze technische Dekorationsapparat ist auf der modernen Bühne die Beleuchtung. Der Fortschritt von Kerzen zu Öllampen, zu Gasflammen und zum elektrischen Licht erhöhte ihre Verwertungsmöglichkeit. Eine Erfindung des spanischen Malers Fortuny beseitigte die störende Schattenbildung durch Rampen-, Seiten- und Oberlicht und ergab eine gleichmäßige, dem Tageslicht ähnliche Beleuchtung. Fortuny benutzte Bogenlampen und ließ unter ihnen weiße oder bunte Seidenstoffflächen über Walzen laufen, so daß die Lichtstrahlen nur indirekt auf die Bühne kamen. Die Farbe des Stoffes, rein oder gemischt, ermöglichte jede gewünschte Stimmung; Verdunkelung erreichte man durch Vorziehen schwarzer Samtschirme. Eine Verbesserung schuf Adolf Linnebach in Dresden. Seine Lampe hatte zwei Lichtauslässe: der eine nach der Kuppel des Rundhorizontes ergab direktes Licht, der andere mit dem Fortunyschen Stoffreflektor indirektes. Beide konnten nach Belieben gebraucht und durch Blenden und farbige Scheiben gedämpft und getönt werden. Die Bedienung der Lampen erfolgte durch den Beleuchter, der von seinem Platz die ganze Szene überschauen mußte.

Das Ziel dieser Beleuchtung war: möglichst naturgetreues, gleichmäßiges Licht für die ›natürlichen‹ Vorgänge der Bühne. Im Wunder- und Zauberstück erhöhte ein anderes Beleuchtungsmit-

tel die Wirkung: der Scheinwerfer. In der Domszene der Rein-
hardtschen *Mirakel*-Inszenierung fiel von der Kuppel ein magischer Strahl auf die Gruppe der Madonna. Als die Dramen des
Expressionismus den Menschen aus der Ebene in die Vertikale
aufrissen, die Rede zum Schrei steigerten, wurde der Scheinwerfer
die notwendige Lichtquelle, um den ›Ich‹-Spieler zu vereinzeln, um
eine Szene visionär aufleuchten zu lassen. Auch die Inszenierung
älterer Dramen wurde von diesem Stil beeinflußt. Die großen Bühnen haben jetzt vor dem Bühnenrahmen an verschiedenen Stellen,
in der Deckenkrone, an den Proszeniumslogen oder sonstwo in
den Rängen, natürlich auch auf der Bühne an mehreren Stellen
Scheinwerfer.

Bei alledem ist die Mitwirkung der bildenden Kunst von hoher
Bedeutung. Die Aufgabe der älteren Bühnenmaler war es fast ausschließlich gewesen, Architekturszenen zu schaffen. Die Bibiena
waren das große Vorbild für eine Kunst, die vorwiegend der Oper
zugute kam. In Frankfurt am Main wirkte um 1800 Georg Fuentes
als Meister der »theatralischen Baukunst«, als welchen Goethe ihn
bewunderte. Sein Schüler Friedrich Beuther kam 1815 nach Weimar und wußte durch seine perspektivischen Mittel die kleine
Bühne, wie Goethe rühmt, »ins Grenzenlose zu erweitern«. Eine
gewisse »Naturwahrheit« fand bei diesen Dekorationskünsten ein
dankbares Publikum: Fuentes erntete mit einer Wiedergabe der
Frankfurter ›Zeil‹ lauten Beifall. Und auch Friedrich Schinkel, obschon er in der Theorie »eine gemeine physische Täuschung der
Szene« verurteilte und Stilisierung forderte, fügte sich dem Leit-
satz der Intendanz des Grafen Brühl in Berlin, »Ort und Zeit des
einzelnen Dramas auch in der szenischen Umgebung auf eine möglichst charakteristische Weise zu vergegenwärtigen«. Auch bei
ihm überwiegen großartige Architekturstücke; daneben aber
schuf er die phantastischen Entwürfe zu *Zauberflöte*, *Undine* (von
E.T.A. Hoffmann), *Ferdinand Cortez* (von Spontini) u. a. Weder
er noch Karl Blechen, der mit und nach ihm wirkte, fand Nachfolge. Die »bare Gesetzlosigkeit« beherrschte die Szene: »Der
Turm auf Sestos schaute im Normannenstil verächtlich zu der
Hütte hinüber, die man auf Abydos im Paul-und-Virginien-Stil ge-
zimmert hatte. Das London der Elisabeth schmückten die zwei
Dicktürme von Bernau, Brüssel gemahnte an Tangermünde, und
Schillers Königinnen zankten sich auf der Stralauer Wiese aus«
(Jacobsohn). Das Unhistorische beseitigten die Meininger, nach

dem Vorbild des Engländers Charles Kean; aber ihr Historizismus, der Bühnenbilder im Stil der belgischen Koloristen Bièfve und Gallait brauchte, führte ebensowenig zur Erkenntnis der besonderen Aufgaben des bildenden Künstlers im Theater wie der Makart-Rausch und das Piloty-Gepränge im Venusberg Wagners, in den Cäsaren- und Messalinen-Arrangements Dingelstedts.

Erst um die Jahrhundertwende, im Zusammenhang mit der Forderung des ›Stils‹ an Stelle der ›Illusion‹ auf der Bühne, traten ungefähr gleichzeitig mehrere Künstler mit fruchtbaren Anregungen hervor: der Schweizer Adolphe Appia, dessen Entwürfe zu Wagners Werken Monumentalität der Linien und Formen zeigten; der Engländer Edward Gordon Craig, der, als Schauspieler und Regisseur beginnend, zuerst in London, dann im Berlin Otto Brahms und Max Reinhardts sein Ideal einer sinnvoll vereinfachten, symbolischen Dekoration verwirklichte; und Peter Behrens, der 1900 für die Stilbühne eintrat: »Die Malerei sollte so weit stilistisch, fast oder ganz zur Auflösung ins Ornament, behandelt werden, daß die ganze Stimmung des Aktes durch Farbe, Linie getroffen wird.« Dieser neue Formwille wurde besonders beim Münchner Künstler-Theater wirksam. Seine Reliefbühne zeigte freilich schon wieder ein Extrem: hier wurde schließlich sogar der Schauspieler nur Ornament. Aber die Mitwirkung der Maler Julius Diez, Fritz Erler, Wilhelm Schulz, Ernst Stern u. a. war von hoher grundsätzlicher Bedeutung. Kein Theater von Rang konnte mehr zu den alten Prospekten und dem heillosen Stilgemisch der Requisiten zurück, die aus einer Studierstube Fausts einen Trödlerladen gemacht hatten. Aber damit, daß man die Maler zur Mitarbeit aufforderte, war es auch nicht getan. Wenn Corinth zur *Minna von Barnhelm*, Liebermann zu Hauptmanns *Gabriel Schilling*, Munch zu den *Gespenstern* oder Slevogt zum *Florian Geyer* Entwürfe schufen, so waren das Bildskizzen, die noch keine brauchbaren Dekorationen ergeben mußten. Nicht jeder Maler ist ohne weiteres für die Aufgaben der Bühne geeignet. Und wenn auf der einen Seite in den zwei Jahrzehnten seit Appia, Craig und Behrens eine Reihe echter Bühnenbildner hervortraten – Ernst Stern vor allem bei Reinhardt, Emil Orlik, Svend Gade und Karl Walser in Berlin, Alfred Roller und Koloman Moser in Wien, Bernhard Pankok in Stuttgart, Ottomar Starke und Ludwig Sievert in Frankfurt –, so hat es auf der anderen Seite doch auch nicht an künstlerischen Verirrungen, an grellen Dissonanzen zwischen Dichtung und Bühnenbild gefehlt.

Die allzu starke Betonung des malerisch-dekorativen Elements hat nicht immer die Harmonie des Ganzen gefördert; sie ist auch nicht im Sinne derer, die, wie Adolf Hildebrand 1908, die künstlerische Aufgabe der Bühnendekoration darin sahen, das dramatische Geschehen unauffällig zu steigern, nicht aber selbständig zu werden und so vom Wesentlichen, von der Dichtung abzulenken. Es ist Sache des Regisseurs, hier dem bildenden Künstler die Grenze zu ziehen. Gordon Craig wollte, daß der Regisseur selbst die Dekorationen entwerfe. Damit variierte der Schöpfer des modernen Bühnenbildes nur Laubes Satz: »Auch den Dekorationsmaler muß der Dramaturg leiten.«

Ein Laube unserer Tage aber wird für den Maler den Beleuchter nennen; er ist es, dessen Hebel auch der Hand des Regisseurs gehorsam sein müssen. Der Strahl des Lichtes läßt das Nebensächliche im Schatten versinken und schafft die leuchtende Mitte für den Menschen, sein Wort und sein Spiel.

3. Vom Idealismus zum Realismus

»Des Dichters Werk entspringt aus *einem* Haupte, deshalb kann die Reproduktion desselben vernünftigerweise auch nur aus *einem* Haupte hervorgehen.« Dieser Satz Immermanns, kennzeichnend für seine eigene Theaterleitung, gibt das Leitmotiv für die Geschichte der Darstellungskunst im 19. Jahrhundert. Velten, die Neuberin, Ekhof, Ackermann, Schröder – Schauspielernamen bezeichnen die ältere Entwicklung. Die Namen des neuen Weges heißen: Goethe, Immermann, Laube, Dingelstedt, Wagner, Georg von Meiningen, Brahm, Reinhardt. Die Bewegung vom Schauspieler zum Regisseur – denn das ist jeder der genannten Dichter und Dramaturgen, wenn man des Wortes Sinn nicht zu eng begrenzt – war bereits eingeleitet, als die Schauspielkunst aufhörte, selbstherrliches Handwerk zu sein, und ihren Ehrgeiz darin fand, der Dichtung zu dienen. So waren denn auch Ekhof und Schröder Regisseure, Mittler, die vom ›Ganzen‹ der Dichtung her ans Werk gingen. Die vorausgreifende Theorie forderte bereits mehr: Inszenierung aus dem Geist des Werkes, Ergründung des Kernpunktes im Drama, des Lebenszentrums, von dem das Ganze begriffen sein will und das für die Gestaltung jeder einzelnen Szene maßgebend sein muß. Von der Grundstimmung des Schauplatzes, des Hauses etwa, in dem das Stück vor sich gehe, müsse das ganze Spiel seinen eigenen einheitlichen Ton erhalten, schrieb Sonnenfels. »Es muß ein Gemälde von einer Farbe sein; die Erhöhungen und Vertiefungen sind nur Verlaufungen derselben« – das heißt: in einer (geistig!) auf Blau gestimmten Aufführung sollen nur die Schattierungen dieser Grundfarbe erscheinen.

Damit war die Theorie weit voraus. In der Praxis bestimmte noch der Schauspieler den Stil der Aufführung. Ifflands Vorsatz in seiner Mannheimer Regiezeit, »Tätigkeit durch Selbsttun zu bewirken«, entsprach auch seine Beispiel-Regie. Das Mannheimer Theater ist, in diesem Zusammenhang betrachtet, Übergangsstation: hier war ein künstlerischer Leiter, Dalberg; aber nicht seine Freskomanier gewann Geltung, sondern die Miniaturmalerei Ifflands, des Schauspielers. In seinem Spiel dominierte der Verstand. Vortrag und Bewegung waren wohl überlegt, die ganze Rolle geschickt gegliedert, so daß trotz relativ schwacher sprachlicher Mittel immer noch Steigerung möglich war. Leidenschaftliche Rollen lagen ihm wenig. Gleichwohl hatte sein Franz Moor großen Erfolg, weil er auch hier jeden Zug berechnete und einen Teufel aus hundert Teufeleien zusammensetzte. Sein Bestes gab er in Charakterrollen bürgerlicher Schauspiele von der Art, wie er sie selbst schrieb: rührselig, witzelnd, moralisch. Jedem Charakter lieh er in Sprache, Gebärde und Kostüm individuelle Züge. Er war der elegante Mann von Welt, der mit geistreichen Bonmots zögernd überraschte, ein Intrigant, der im stummen Spiel mit raffiniert durchdachten Mienen und Gesten blendete, dann wieder ein treuherziger Biedermann, dessen Edelmut zu Tränen rührte, oder ein komisches Original, ein Mosaik mimischen Witzes. Durch ihn und mit ihm bildete sich die ›Mannheimer Schule‹, die sich von der Hamburger unterschied wie Iffland von Schröder: war dieser stark, gerade, aufrecht, kräftig in Ton und Gebärde – »Es kommt mir nicht darauf an, zu schimmern und hervorzustechen, sondern auszufüllen und zu sein« –, so neigte Iffland zu virtuoser Manier, war geschmeidig, leise, graziös.

Grenzen und Mängel realistischer Darstellung wurden deutlich, als eine neue dramatische Dichtung hervortrat, die ihre Stoffe nicht im Alltag fand, die nicht von Gefühlen, sondern von Ideen gespeist wurde und deren Form der rhythmisch beschwingte Vers statt der vom Verstand gegliederten Prosa war: die Dichtungen Schillers seit dem *Wallenstein* – den *Don Carlos* übertrug er selbst

Iffland als Harpagon

wieder in Prosa –, Goethes *Iphigenie* und *Tasso* und die Dramen
der Romantiker mit ihren »äußerst obligaten Silbenmaßen«. Die
Schauspieler, selbst Johann Friedrich Reinecke und Friederike Unzelmann, ließen sich ihre Versrollen in Prosa umschreiben. Aber es
war ja vielmehr der innere Rhythmus, der ihnen unerreichbar war,
die ideale Sphäre; und so gelangen einer Henriette Hendel-Schütz
in Berlin als Jungfrau von Orleans wohl die Szenen des fühlenden
Mädchens oder leidenschaftlichen Weibes, aber nicht die »ruhige
Hoheit und stille Würde« des größeren Teils der Rolle, sie wurde
»frostig und manieriert«. Auch bei der Unzelmann als Maria Stuart in Berlin vermißte Schiller den »Schwung und tragischen Stil.
Alles wurde mir zu *wirklich* in ihrem Munde; das ist Ifflands
Schule.«

Man hatte sich mit der Alexandrinersprache alles Gehobenen,
Feierlichen so gründlich entwöhnt, daß man nur schwer aus Prosa
und ›Familiengemälde‹ zu Vers und Schillerscher Heldenwelt
fand. Dahin zu leiten, Schauspieler für die neue Kunst der hohen
Tragödie zu erziehen, das gesamte Spiel, auch das Bühnenbild mit
der Dichtung in Einklang zu bringen – das war Goethes Ziel. Die
Wandlung von der charakterisierenden zur idealisierenden Dar-

stellung erfolgte in Weimar seit der Aufführung des *Wallenstein* (1799), an die sich bald »zur Übung einer gewissen gebundenen Weise in Schritt und Stellung, nicht weniger zur Ausbildung rednerischer Deklamation, *Mahomet* und *Tancred*, rhythmisch übersetzt« (Goethe) anschlossen. Es entstand eine Ensemblekunst, wie sie bewußt noch nicht vorher in Deutschland geschaffen worden war. Alle einzelnen Gesetze Goethes ordneten sich dem Grundsatz unter, daß die Bühne wie ein Gemälde wirken müsse. Das bestimmte Auftritte, Abgänge, Bewegungen, Gruppen. Die als pedantisch verschrienen *Regeln für Schauspieler* hatten als Leitsätze für die Erziehung ihren guten Sinn, die Quintessenz Goethescher Theaterweisheit sind sie nicht. Manches freilich zeigt Goethes konventionelle Befangenheit: seine Forderung, daß die geachtete Person (Frauenzimmer, Ältere, Vornehme) immer rechts stehen müsse; ferner alles, was sich auf die Stellung des Spielers zum Publikum bezieht und aus dem Grundsatz folgt, der Schauspieler müsse immer bedenken, daß er um des Publikums willen da sei. Neben manchen Zügen, die dem Charakter des neuen Dramas entsprachen – würdevolle Ruhe, Gemessenheit der Bewegungen, gehobener Vortrag –, machten sich andere bemerkbar, die unnatürlich und lächerlich erscheinen mußten: das En-Face-Spiel vor allem, das die Schauspieler zum Sprechen ins Publikum zwang und die innere Wahrscheinlichkeit der Vorgänge oft empfindlich störte. Das, was an anderen Orten durch Vor- und Alleinherrschaft schadete, was aber doch das Grundelement jedes lebensvollen Theaters bilden wird: die große schauspielerische Persönlichkeit, fehlte, um Goethes Theorie fruchtbar zu machen. Das frische natürliche Talent seiner »Euphrosyne«, Christiane Neumann, entriß ihm der Tod, noch ehe er in das Stadium seines Antikisierens trat; die andern nahmen von ihm, ohne aus eigenem, Komödiantischem, ihm etwas geben zu können. Der einzige Pius Alexander Wolff, der erste Tasso, war groß genug, das selbständig fortzubilden, was Goethe lehrte; aber das Weimarer »Kunstseminar«, wie die Bühne spöttisch genannt wurde, konnte auch er nicht vor Verirrungen bewahren.

Im Geist Goethes, doch frei von seiner diktatorischen Einseitigkeit, wirkten Klingemann in Braunschweig, Immermann in Düsseldorf: Harmonie von Dichtung und Darstellung war auch ihr Ziel. Immermann verkannte nicht die Werte der Mimik und Aktion, legte den Hauptton aber doch aufs Wort des Dichters. Um des Schauspielers Vortrag ganz frei vom Einfluß durch Dekoration und Requisit zu machen, ließ er Proben im Zimmer halten. Er war auf keinen bestimmten Stil eingeschworen und gab jedem Drama die Darstellung, die es forderte. Aber er stand in seiner Zeit mit solchen Bemühungen allein. Er selbst erkannte klar die hemmenden Mängel der damaligen Schauspielkunst: es fehlte methodische Ausbildung der Spieler, die es unter ihrer Würde hielten, Studien nach der Natur zu machen, die sich in einem übernommenen Pathos gefielen und aus der Dichtung selbst erst mit mimischen Mitteln etwas machen zu müssen glaubten. Wieder war wie einst nach Neubers Auftreten aus dem gehobenen Sprechstil pathetische Manier geworden: die rhythmische Rede der Weimarer Goethe-Schiller-Bühne entartete zur hohlen Deklamation der dichtenden und spielenden Schiller-Epigonen. »Klarheit, Harmonie und Maß« vermißte Immermann an den »soi disant Genies«, die die Bühne zerrütteten. Die einreißende Virtuosität der Gastspiele beklagte fast zu gleicher Zeit Laube, prophezeite aber auch, daß »das Interregnum der bloßen Routine mit Riesenschritten seinem Ende zugehe«. Er selbst beendete es, als er 1850 an die Spitze des Wiener Burgtheaters trat.

Schreyvogel hatte hier im Geist Goethes zu wirken versucht, sein Einfluß war aber auf das Repertoire beschränkt geblieben. Der eigentlichen schauspielerischen Praxis stand er fern. Laube kam von der Theorie, aber im Augenblick, da er die Bretter betrat, gehörte sein leidenschaftlicher Arbeitsernst der Bühnenpraxis: »Die wichtigste Arbeit der Direktion muß auf der Szene geleistet werden« und: der artistische Direktor müsse vor allem »denjenigen dramaturgischen Abschnitt praktisch innehaben, der sich auf den Vortrag bezieht«. Der Vortrag – das ist das Stichwort für jede Charakteristik Laubescher Regiekunst. Eine natürliche Sprache verlangte er, schulte durch Leseproben, trug selbst vor, ließ Sätze und Szenen drei- und mehrmal wiederholen, doch immer schon vorbereitend auf »das Endziel schauspielerischer Bestrebung: das ganze Gemälde«. Er wollte keine Wortvirtuosen, mißtraute rein deklamatorischen Begabungen. Es kam ihm darauf an, alle Feinheiten der Dichtung klar und deutlich herauszuarbeiten, so daß man auf der Gegenseite sogar von »beleidigender Deutlichkeit« sprach. Das unpathetische bürgerliche Schauspiel war *sein* Theaterstück; die Natürlichkeit des Konversationstons galt ihm auch als die beste Vorschule für das Spiel Shakespeares. Er war nicht einseitig: in Grillparzers Hero-und-Leander-Drama ließ er, um die »aufwärts drängende Stimmung« des Schlusses zu steigern, eine Treppe im Tempel bauen, und es kümmerte ihn wenig, ob das historisch möglich sei, da »allein die Idee des Kunstwerks maßgebend« sei. Das war symbolische Dekoration. Sie blieb jedoch Ausnahme, und so sehr konnte er das Bühnenbild vernachlässigen, daß ihn bei seiner Arbeit am Wort und am Schauspieler Parkmauerkulissen mit Urnenverzierung vor einem Alpenprospekt nicht störten! Im Luxus der Ausstattung gar, dem »Lotterbett für ein gedankenloses Publikum«, sah er den »Erbfeind keuscher poetischer Welt. Ein Theater, welches in erster Linie das Auge befriedigen will, beeinträchtigt das Ohr; das Ohr aber ist für ein gutes Theater das wichtigste Organ.«

Die Zeit war für das Auge, und Dingelstedt gab ihr Bilder. Seinem ganzen Wesen entsprach der schöne Schein einer phantastischen Welt, alles Bunte, Prächtige – glänzendes Arrangement. Sein Blick umfaßte den ganzen Raum der Bühne, seine Inszenierungen begannen mit der Bildkomposition in diesem Raum. Er türmte die prangende Halle der *Braut von Messina* empor und suchte den »Lokalton dieses normannischen Palastes«, der das ganze Spiel zu bestimmen hatte. Während Laube sich zum Gehilfen einen Vortragsmeister, Alexander Strakosch, wählte, fand Dingelstedt seine Helfer unter den Malern. Auch die Beleuchtung ließ er schon mitwirken, um Prunkendes zu unterstreichen oder allzu scharfe Konturen zu verwischen. Aber er gab auch Bilder fürs innere Auge, ließ das bunte Rankenwerk Shakespearescher Verse wieder aufblühen, das Laube um der Klarheit willen rücksichtslos beschnitten hatte. Seine Stimmungsregie liebte das Lyrische und geriet dabei leicht auf melodramatische Abwege. Zum Schauspieler als Sprecher fehlte ihm jedes Verhältnis. Er gab nur Winke für Bewegungen, malerische Gruppen, Aufzüge, Schlachtenbilder. Seinem »angeborenen Hang zu Massenentwicklungen und Massenwirkungen«, seinen großen Tableaus, denen die Kritik »stimmungsvollen Hauch poetischer Lebendigkeit« nachrühmte, kamen die großen Kostümstücke, zumal Shakespeares Königsdramen, entgegen. Die Kleinarbeit, den Dienst am Wort, leistete ihm August Förster, Laubes Schüler. Daß Dingelstedts Freskoregie mit Laubes Schauspielermaterial arbeiten konnte, ergab vollkommene Aufführungen.

Während Dingelstedt bei mancher Inszenierung (*Sturm* in München) der Musik mehr Raum gab, als für das Schauspiel gut war, auch er im Streben nach dem Gesamtkunstwerk, forderte Richard Wagner gleichzeitig in seinen theoretischen Schriften die Pflege des dramatisch-darstellerischen Elementes in der Oper. Lange Zeit hatten in der deutschen Oper Schauspieler gewirkt, denen das Spiel mindestens soviel galt wie der Gesang. Bei erhöhten Anforderungen an die Stimme hatten aber die Sänger den Schauspieler verdrängt. Das Spiel der Opernaufführungen verlor an dramatischem Leben. Nur einzelne Sänger und Sängerinnen, wie das »unvergleichliche dramatische Talent« der Wilhelmine Schröder-Devrient, wichen von den Schablonen-Gesten ab. Indem Wagner Musik, Wort, Bild und Spiel zu harmonischem Ganzen vereinigen wollte, mußte er also vor allem das vernachlässigte ›Schauspiel in der Oper‹ reformieren. Dabei zeigte er sich als Realist ebenso wie in seiner versinnlichenden Musik. Er forderte Natürlichkeit in Haltung, Gebärde und Ausstattung, er scheute nicht theatralische Mätzchen wie die Lohengrin-Puppe, die vor dem Auftreten des Ritters fern sichtbar werden muß. Dieser Realismus stand nicht so sehr im Widerspruch zu der im Grunde gleich gearteten Musik, als vielmehr zur Heldenwelt. Reine, einheitliche Wirkung ergab sich da, wo auch das Drama dem Darstellungsstil entsprach, im Lustspiel, in den *Meistersingern*. »Nie dem Publikum etwas sagen, sondern immer dem andern; in Selbstgesprächen nach unten oder nach oben blickend, nie grad' aus« – diese »letzte Bitte« an die Sänger vor der ersten *Ring*-Aufführung zeigt, in deutlichem Gegensatz zum En-face-Gesetz Goethes, sein Ideal einer das Leben kopierenden Darstellung, angemessen dem Musikdrama, bei dem die Musik nicht, wie in der Oper, die Menschen für Augenblicke höchsten Gefühls (Arie) jeder irdischen Bindung idealisierend enthebt, das vielmehr stets den psychologischen Zusammenhang (Leitmotiv) zu wahren sucht. Wagners Wirken, als Reaktion notwendig und epochemachend, belebte das mimisch-musikalische Spiel der Sänger, ließ die dramatischen Akzente kräftiger hervortreten; und obgleich ihm eine starke Begabung für bildende Kunst fehlte, erreichte er doch einheitliche Gestaltung der Opernszene, deren einzelne Elemente bis dahin oft völlig auseinandergefallen waren.

Solche Einheit war auch das Ziel der Meininger. Das, was an ihren Aufführungen äußerlich war und, in seiner Übertreibung, bald als ›Meiningerei‹ abgelehnt wurde, war nicht so neu, wie es in den achtziger Jahren scheinen mußte. Echtheit des Kostüms war seit Gottsched oft gefordert worden, in Weimar hatte man für den

Wallenstein alte Holzschnitte studiert, und Ifflands Sucht nach
Echtheit erntete den Spott Tiecks: man werde nächstens das wirk-
liche Wams herbeizuschaffen suchen, in dem Wallenstein ermordet wurde. Dalbergs *Julius Cäsar* hatte ein ›echtes‹ Kapitol, und
Ifflands Schweizer Landschaft im *Tell* war mehr als der übliche
Gebirgsprospekt gewesen. Iffland hatte auch schon mit Massen
gearbeitet: seine *Jungfrau*-Inszenierung hatte 362 verschiedene
Kostüme gefordert, am Krönungszug waren mehr als 200 Personen beteiligt gewesen. Manches bei Immermann, bei Devrient in
Karlsruhe, vieles bei Dingelstedt entsprach ebenfalls nach Anlage
und Wirkung dem Kunstprinzip der Meininger. Sie aber brachten
es erst zur vollen Geltung. Während in Berlin Oper und Ballett den
großen Ausstattungsapparat allein in Anspruch nahmen und im
Schauspiel nach Theodor Fontanes witzigem Wort ein erstes
Mondviertel mit Trümmerkapelle und drei Grabkreuzen ein bis
zwei Grad Frösteln liefern mußten, ein Vollmond mit sechs umge-
stürzten Leichensteinen aber die reglementsmäßige Gänsehaut –
konnte Georg von Meiningen, frei von der immer anspruchsvollen
Oper, mit allen Mitteln sein Schauspiel pflegen. Er studierte und
entwarf selbst Kostüme und leitete auch die zahlreichen Einzel-
und Ensembleproben, die – im Gegensatz etwa zur Praxis Immermanns – fast immer mit Dekorationen gehalten wurden, um von
vornherein auf die Gesamtwirkung hinzuarbeiten. Es gab hier
nichts Nebensächliches: noch das Gespräch dritter und vierter
Darsteller sollte in Atem halten. Aber wo alles wichtig schien, ver-
wischte man leicht die Hauptakzente; wo eine ›Galerie von Cha-
rakterköpfen‹ fesselte, hatte man da Andacht für Fieskos Löwen-
parabel? Und es war ein Zuviel des Gesamtkunstwerks, wenn man
in Lindners *Bluthochzeit* die vergifteten Kerzen »wirklich bis in
das entsetzte Parkett duften ließ«. Hier triumphierte die Materie
über die Idee. Auch stand zuweilen die ›Echtheit‹ der Kostüme im
Widerspruch zum Wort des Dichters, so daß ein Kritiker mit Recht
sagen mochte: »Entweder der echte Text oder die echten Ärmel,
entweder der Dichter oder der Schneider.« Gewonnen aber war
durch die Meininger die Belebung der Szene; im Spiel: es gab keinen Statisten mehr, wer auf der Bühne war, handelte mit; und
ebenso im Bild: Dekorationen und Kostüme waren nicht mehr zufällig. In den Klassikeraufführungen Possarts in München, Grubes
in Berlin und an vielen anderen Bühnen lebte das Meiningertum,
bisweilen entartet, fort.

Beim Streben nach Echtheit wurde die Darstellung des Alltags zum besonderen Problem. So etwas ist doch »keine Kunst«? Obendrein verletzten Derbheiten, wie sie im »täglichen Leben« vorkommen, schon gar realistische Schilderungen von Elend, das vom Zensor geschützte Empfinden der feineren oder gar feinen Leute. Sie waren die Theaterbesucher. Offiziell war zwar die Theaterzensur in Preußen seit September 1848 abgeschafft, 1851 aber in Berlin durch Polizeiverordnung wieder eingeführt worden. Das erregte großes, aber nutzloses Aufsehen. Die Berliner Polizeipraxis griff allmählich auf ganz Preußen über und galt im Prinzip bis 1918. Als der Theaterdirektor Oskar Blumenthal im Oktober 1890 Hermann Sudermanns Gesellschaftsbild *Sodoms Ende* zur Genehmigung einreichte, tat der Polizeipräsident von Richthofen einen berühmt gewordenen Ausspruch: »Die janze Richtung paßt uns nich!« Innenminister Herrfurth gab das Drama dennoch frei und mußte sich deswegen vor dem Kaiser rechtfertigen.

Dem Beispiel von André Antoine folgend, der 1887 in Paris den Theaterverein ›Théâtre libre‹ gegründet hatte, traten im März 1889 zehn bessere Herren bei Kempinski in Berlin zusammen, um eine ›Freie Bühne‹ zu organisieren. Zum künstlerischen Leiter wählten sie den Kritiker Otto Brahm, Ibsen-Biograph und Schiller-Verächter. Was ein Verein auf die Bühne brachte, galt als privat und ging den Zensor nichts an. Es ging um die Wahrheit in der Kunst – eine zeitgemäß relative, versteht sich.

Am 20. Oktober 1889 kam der tumultuarische Durchbruch, im Lessingtheater, das für ein paar Mittagsstunden gemietet worden war. Ein »völlig entphraster Ibsen«, dieses Bauerndrama von Gerhart Hauptmann, urteilte Theodor Fontane. Der Streit ging nur in zweiter Linie um Hauptmann und die Geschehnisse *Vor Sonnenaufgang*, vor allem ging es um das Prinzip. Es sollten für Vereinsmitglieder »moderne Dramen von hervorragendem Interesse« gespielt werden, »frei von Rücksicht auf Theaterzensur und Broterwerb«, frei von »Schablone und Virtuosentum«. Eine Verkündigung des Theaterparadieses, die später für die ›Volksbühne‹ richtungweisend wurde. Nach offizieller, späterer Lesart ging es allerdings um den »Aufbau einer Arbeiterkultur auf dem Gebiet des Theaters« und die »Abschaffung des Theaterprivilegs der herrschenden bürgerlichen Klasse«.

Der Naturalismus, den Eduard von Winterstein, Mitspieler auf vielen Bühnen, »das große reinigende Schlammbad« genannt hat, war eine Reaktion der Künste auf den Sozialismus. Über die Literatur ergriff er das Theater und veränderte auch die gesellschaftliche Position der Schauspieler: die Komödianten wurden Bürger. Sie konnten sich bürgerliches Leben und die zugehörigen Wertvorstellungen allmählich leisten, dank den damals langsam durchgesetzten sozialen Sicherungen. Zum Erstaunen aller erwies sich sogar der »Hauptmann der schwarzen Realistenbande« (Fontane) als »junger, blonder Herr von untadeligstem Rockschnitt und untadeligsten Manieren«. Der Kritiker Paul Schlenther, ebenfalls Gründungsmitglied der ›Freien Bühne‹, hatte Hauptmanns Bauerndrama der »Notwendigkeit durchgreifender Änderungen« gebeugt, gestrichen waren »all die Saft- und Kraftworte, die jenseits der Grenze dessen lagen, was auf der Bühne verträglich schien«.

Zu Schillers 100. Geburtstag hatte der Prinzregent von Preußen einen Schillerpreis für »neue deutsche Originalwerke« gestiftet, die durch »eigentümliche Erfindung« und »gediegene Gestaltung« hervortreten. Im Jahre 1890 bekam der Hohenzollernsproß und Legationsrat Ernst von Wildenbruch den Preis für sein Doppeldrama *Heinrich und Heinrichs Geschlecht*. Theodor Fontane lehnte ab, der Jury beizutreten, weil er außer den Dramen Hauptmanns keine neuere deutsche Dramatik kenne. Vor allem litt die vornehmste Spielart der deutschen Dramatik, das Historienstück, an fortschreitender Blutarmut.

Seit dem »Einbruch des Naturalismus«, dieser »besonders dogmatischen Richtung«, sei der Darstellungsstil für alle nichtnaturalistischen Werke zerschlagen oder zumindest radikal in Frage gestellt, schrieb Ernst Ginsberg. Um so nötiger wurden die Regisseure. Bis dahin hätte ein Schauspieler es für »unter seiner Würde gehalten, sich von einem ›Regisseur‹ auch nur das Geringste sagen zu lassen, was über Stellungen, Auftritte und die äußeren Dinge der mise en scène hinausgegangen wäre und etwa in seine eigene Auffassung seiner Rolle hinübergegriffen hätte«, berichtet Eduard von Winterstein in seinen Memoiren. »Ein altgewordener, erfahrener Schauspieler wurde eben Regisseur, so wie ein Arzt mit der Zeit zum Sanitätsrat avancierte, und jemand, der zum Theater gegangen wäre, um Regisseur zu werden, wäre einfach ausgelacht worden.« Das wurde um die Jahrhundertwende anders, am Burgtheater schon vorher. Dort hatte Max Reinhardt schon Arrangieren gelernt, bevor er als Charakterdarsteller zu Brahm nach Berlin

ging (1894). Dort gab Gerhart Hauptmann eindringliche Regie-
lektionen, wenn er zu den Proben seiner Stücke erschien. »Der
Regisseur saß ratlos und untätig daneben« (Winterstein). Vier
Jahre später führte Reinhardt schon selber Regie, und 1905, nach
dem noch heute berühmten *Sommernachtstraum*, schien klar,
wozu ein Regisseur gut ist: um die passende ›Stimmung‹ herzustel-
len und die Zuschauer für die Dauer des Spiels in dieser Stimmung
zu halten. Dramaturgen mußten zuliefern. Noch ein neuer Beruf!
Reinhardt umgab sich später mit einem ganzen Schwarm von solchen Kunstkünstlern.

Die Schauspieler galten fortan nicht mehr als Ideenträger, sondern als »handelnde Menschen«, wie Hauptmann es verlangte.
Nicht der Charakter wurde vorgegeben, sondern das Milieu, das
den Charakter formt. Brahm ging von der Literatur aus, nicht von
der Bühne. Aber die Verlockung und auch Notwendigkeit, Werke
aller Zeiten zu präsentieren, verführten Brahm dazu, den Ibsen-
und Hauptmann-Stil zur Norm zu erheben. Als Brahm das Deutsche Theater eröffnete, spielte man *Kabale und Liebe*, aber nicht
das leidenschaftliche Jugenddrama eines Idealisten des 18. Jahrhunderts, sondern das Urahnenstück des bürgerlichen Trauerspiels Hauptmannscher Observanz. »Nichtswürdige! … Umgürte
dich mit dem ganzen Stolz deines Englands – Ich verwerfe dich –
ein teutscher Jüngling!« – und dabei zog sich der neue Ferdinand,
Rudolf Rittner, die Handschuhe an und knöpfte sie zu. Schauspielern, denen die halben Töne, die unartikulierten Laute zwischen
den Worten fast wichtiger waren als die Rede selbst und für die der
Hausdichter Hauptmann das Gesetz gab, indem er einem klar
sprechenden Darsteller vorwarf, daß er »alle Worte spräche« –
diesen Schauspielern mußte Schillers Sprache fremd bleiben. Sie
leisteten ihr Bestes, wo sie sich selbst spielten, und nur die Brahm-
schen Aufführungen der naturalistischen Dramen waren vollkom-
men. Da gab es zwischen naturalistischer Weltanschauung und
Bühnenatmosphäre eine künstlerische Einheit, wie sie vorher nur
auf der Weimarer Goethe-Bühne zwischen dem hohen Stil der Tragödie und der statuarischen Haltung der Schauspieler gewaltet haben mag, wie sie danach noch, auf anderem Niveau, sich im Wiener Gesellschaftstheater Laubes mit seinem Konversationston
wiederholt hatte.

Bei Brahm war Stil. Reinhardt stilisierte. Brahm war Literat,
einseitig, ein Charakter. Reinhardt war Schauspieler, wandelbar,

ein Charakterspieler. Der größere Reichtum der Töne bei Reinhardt ergab sich aus dem vielseitigeren Repertoire. Er beschränkte die Bühne nicht auf Innenszenen und Architektur: er gab dem *Sommernachtstraum* einen bezaubernden ›echten‹ Wald mit natürlichen Stämmen und einer grünen Rasendecke, über die der Elfenreigen mit wunderbar gelöster Leichtigkeit hinhuschte. Er baute auf der hilfreichen Drehbühne vielwinklige malerische Straßen-, Kanal- und Brückenbilder für den *Kaufmann von Venedig* auf. Bei seinen Inszenierungen suchte und fand er die Mitarbeit bildender Künstler. Als Reaktion gegenüber dem ›Dekorationsrausch‹, also wiederum nicht von der Dichtung, nicht von der Idee her, kam dann die ›Stilbühne‹, auf deren neutralerem, nur durch Farben und Lichter charakterisierten Spielfeld Reinhardt gleichfalls einen reichen Stimmungszauber entfaltete. Hier vor allem durften und mußten die Schauspieler wieder sprechen, da vom Wort die Wirkung erwartet wurde. Reinhardt verpflichtete Laubes Vortragsmeister Alexander Strakosch und dazu Emil Milan zur Erziehung seiner Schauspieler für das Rollen- und Ensemblestudium. Er selbst zeigte sich als Meister der Coregie: er stufte die Massen, er wußte aus einem dumpfen Gemurr ein klares Unisono der Chöre wachsen zu lassen, er gab ganz neue Wirkungen durch die Kontrastierung von Schrei und Schweigen. Reinhardt hat alle Register der Regie beherrscht, seine Kunst der malerischen Stimmungsregie wurde vorbildlich. Und doch schrieb schon 1909 einer der bedeutendsten künstlerischen Mitarbeiter Reinhardts, der Bühnenbildner Alfred Roller: »Wir alle miteinander können ja heute unsere ganze Art, Theater zu spielen, nicht ausstehen. Aber nur die Entwicklung kann uns zu einer anderen verhelfen. Jetzt haben wir einmal angefangen, uns um Inszenierung und Ausstattung zu kümmern, jetzt müssen wir über den Berg hinüber.«

Siebentes Kapitel
Etablierung des Systems

Karl Theodor von Perfall, von 1867 bis 1893 Intendant des Münchner Hoftheaters, Komponist und Kapellmeister, schwärmte, »welchen Reichtum wir entfalten können, wenn wir all die verstreuten Talente der deutschen Bühnen an einen Mittelpunkt vereinigen, welche Summe schauspielerischen Könnens würden wir da gegenüber anderen Ländern aufweisen«. Um die Jahrhundertwende wurde die damals stürmisch sich entwickelnde Reichshauptstadt Berlin zu einem solchen Zentrum. Der Theateralmanach auf das Jahr 1900 der Genossenschaft deutscher Bühnenangehörigen nannte 38 Theater in Berlin, 1895 waren es 24 gewesen. Motor der Entwicklung waren die Privattheater.

Das deutsche Theater erlebte, wie das Deutsche Reich, ›Gründerjahre‹. Eine gewisse Liberalität und (seit 1869) die Gewerbefreiheit, die auch für die Eröffnung von Theatern galt, begünstigten private Initiative. Da die Theater im Prinzip noch als Geschäftsbetriebe angesehen wurden, tauchten Unternehmer auf, die zu allen Konzessionen an das Publikum bereit waren. Opportun waren im Kaiserreich Militärschwänke, in denen der Krieg fröhliche Urständ feierte. Zwischen 1871 und 1914 tauchten auf Bühnen des Reiches 843 Kriegsstücke auf, also rund zwanzig pro Spielzeit.

Im Jahre 1910 gab es im Deutschen Reich 350 ›Wintertheater‹ (Hof-, Stadt- und Saisonbühnen), 150 Sommertheater und 120 reisende Truppen mit insgesamt 25 000 Beschäftigten, davon 16 000 Darstellern: 5200 Schauspieler, 4100 Schauspielerinnen, 2000 Sänger, 1700 Sängerinnen und 3000 Choristen. Nur dreißig Theater spielten das ganze Jahr hindurch, nämlich die großen Hof-, Stadt- und Privatbühnen in den Hauptstädten und kaum zehn kleinere Hofbühnen wie Weimar, Karlsruhe, Kassel, Coburg, Dessau und Schwerin. Das bedeutet, daß nur etwa 1500 Darsteller ein volles Jahreseinkommen zwischen 2000 und 20000 Mark bezogen. Spielfreie Monate wurden nicht bezahlt. Nur ein Viertel aller deutschen Schauspieler hatte eine auskömmliche, hinreichend gesicherte Stellung, die Hälfte mußte mit einem Jahreseinkommen unter tausend Mark auskommen. Ungefähr 1500 blieben alljährlich ohne Engagement, aber wenigstens fünfzig Schauspielschulen bildeten alljährlich fünfhundert Schüler aus, Absolventen einer Ausbildung bei Privatlehrern, von denen es damals viele gab, nicht gerechnet. Eine Sonderstatistik für Österreich kam 1910 auf 4400 Bühnen- und Orchestermitglieder, von denen 3700 nur den Gegenwert von 125 Mark pro Monat verdienten. Mitglieder von Wandertruppen verdienten zwanzig Mark monatlich. Die höchste Gage weit und breit bekam der Komiker Alexander Girardi: 10000 Mark pro Monat.

Da Engagements in der Mehrzahl nur sechs Monate dauerten, wechselten die Darsteller möglichst vom Winterengagement in die Sommerspielzeit und wieder zurück, das kostete Reisegeld und 5 % Vermittlungsgebühr an einen Theateragenten. Kostüme, Schminke und sämtliche Requisiten mußten selbst bezahlt werden, dafür blieben 25 % des Einkommens steuerfrei. Die Probenzeiten waren kurz, an den meisten Theatern jeweils nur vier Tage, aber unbezahlt. Bei Krankheit konnte vom Beginn der dritten Woche an die Gage halbiert, nach der dritten Woche gekündigt werden. Bei »Störung« des »Dienstverhältnisses« durch Schwangerschaft und Wochenbett fiel »jeder Anspruch auf Gage und Spielgeld fort«. Sehr übel war die Situation auch an den verpachteten Stadttheatern.

So war die wirtschaftliche Lage, rund vierzig Jahre nach der Gründung der Bühnengenossenschaft (1871) zum Schutze der Arbeitnehmer und sechzig Jahre nach Gründung des Bühnenvereins (1846), der Vereinigung der Arbeitgeber. Verein und Genossenschaft wollten die Branche konsolidieren, teils gegeneinander, teils miteinander. Als es gegolten hätte, ein erstes gemeinsames Vertragswerk auszuhandeln (1909), kam es zum offenen Bruch.

Die geistige Situation versprach mehr. Die Dramatik galt als führende Gattung, die Avantgarde drängte zur Bühne, Theaterbesuch wirkte gesellschaftsbildend, sachkundiges Publikum fand sich zusammen. Es war neu, daß ein Regisseur, der eine Bühne auf eigenes Risiko führte, dort nur seinen eigenen Stil duldete und zusammen mit Malern und Musikern auch durchsetzte. Man datiert ungefähr auf das Jahr 1910 einen neuen ästhetischen Konsens, eine Wende vom ›Illusionismus‹ zum ›Anti-Illusionismus‹.

Der Naturalismus, der das wahre Leben zu zeigen behauptete, wurde nun als illusionistisch definiert. Eine Geburt auf der Bühne (bei Gerhart Hauptmann 1889, worauf ein empörter Zuschauer, von Beruf Arzt, eine Geburtshelfer-Zange auf die Bühne reichte) kann nur Fiktion sein. Einer der ersten, die den imitatorischen Realismus brachen, ist Wedekind gewesen: in seiner Schülertragödie *Frühlingserwachen* (geschrieben 1890/91) entsteigt der Gymnasiast Moritz Stiefel seinem Grab, den Kopf unterm Arm.

Die Meinung, die Bühne müsse eine eigene, von der Wirklichkeit abweichende Welt zeigen, hat Anton Tschechow im Herbst 1898 geäußert. Er tadelte damit die szenische Konzeption der Moskauer Inszenierung seiner 1896 in Petersburg durchgefallenen Tragikomödie *Die Möwe*. Der Großindustrielle Konstantin Sergejewitsch Alexejew, der sich als Gründer und Leiter des Moskauer Künstlertheaters Stanislawski nannte, hatte die Reprise als ›echtes‹ (naturalistisches) Stimmungsdrama angelegt. Wsewolod Meyerhold, der den Schriftsteller Trepljéw spielte, hat Tschechows Forderung, nicht das Leben nachzubilden, sondern dessen ›Quintessenz‹, zustimmend notiert. Die Inszenierung wurde im Sinne des Autors korrigiert, die Moskauer Premiere setzte nicht nur Stück und Autor durch, sondern auch das Künstlertheater, das sich eine Möwe als Emblem erkor.

Meyerhold gründete 1902 ein eigenes Ensemble, um einen artistischen Darstellungsstil entwickeln zu können. Gemeinsame »Arbeit am Text« sei nötig, erklärte er, weil es nur unvollendete Werke gebe, Zuschauer und Darsteller müßten eine Einheit werden, also »weg mit der Rampe!« Meyerhold setzte Zuschauer auf die Bühne und versetzte Schauspieler ins Parkett. Er meinte, Theaterbauten müßten »Exkursionen in die Utopie« ermöglichen, ließ auf der Straße spielen, setzte als erster Projektionen und Filme kommentierend ein, placierte eine Jazzband neben die Bühne. Das alles wirkte rasch nach Westen. Als das Moskauer Künstlertheater 1921/22 in Berlin gastierte, erschienen die Avantgardisten als Arrièregardisten.

Auf der Suche nach suggestiver Beschwörung ›symbolischer‹ (anti-illusionistischer) Verhältnisse kamen auch der schweizerische Bühnenbildner Adolphe Appia und der englische Schauspieler, Regisseur und Bühnenbildner Edward Gordon Craig zu weithin wirkenden Ergebnissen. Harmonie aller Ausdrucksmittel war Appias Ziel, Bühnenbilder als durch Licht rhythmisierte Räume, zunächst für Richard Wagners Musikdramen. Ein wandlungsfähiger Theaterraum sollte eine »Kathedrale der Zukunft« sein, darin die Inszenierung als Bild, »welches in Zeit komponiert ist«. Berühmt wurden seine Ausstattungen für Glucks *Orpheus* und Claudels *Verkündigung*, 1912/13 im ›Raumtheater‹ von Dresden-Hellerau.

Für Craig war eine »reine Kunst der Bewegung« das Ziel, das er zusammen mit der amerikanischen Tänzerin Isadora Duncan anstrebte, der Vorkämpferin des ›freien Tanzes‹, frei von den Zwängen des klassischen Balletts. Orientiert am Ideal der griechischen Antike, tanzte sie barfuß und in einer Tunika. Sie gründete 1904 ihre erste Schule in Berlin, wo Craig gerade in Brahms Auftrag die von Hofmannsthal bearbeitete Tragödie *Das gerettete Venedig* von Thomas Otway inszenierte. Reinhardt ließ sich von Ideen Craigs beeinflussen. Zusammen mit Isadora Duncan bereiste Craig die Hauptstädte Europas, sie als Tänzerin, er als Bühnenbildner. Stanislawski lud ihn nach Moskau ein, Craigs *Hamlet*-Inszenierung (1912) erregte dort Aufsehen.

Als in Paris Jacques Copeau die Bühne leerfegte (er übernahm 1913 das Théâtre du Vieux Colombier), da wirkte sich schon die umfassendste Bühnensynthese aus Tanz, Handlung, Musik und Bühnenbild aus, die der Impresario Sergej Diaghilew 1908 aus Petersburg nach Paris gebracht und dort entwickelt hatte, die ›Ballets Russes‹. Von 1910 an wurden sie zum festen Bestandteil der Pariser Oper.

Dies alles war auch der Beginn einer Internationalisierung der Kunst, die nach verheerenden nationalistischen Rückfällen endlich im Zeitalter der alle Grenzen überschreitenden elektronischen Massenmedien auch im Bereich des Theaters selbstverständlich geworden ist.

1. Vom Hoftheater zum Staatstheater

Bis zum Ende des Ersten Weltkriegs gab es in Deutschland 21 Hoftheater mit 31 Häusern. Zum zehnjährigen Regierungsjubiläum (1898) erklärte Kaiser Wilhelm II. den zur Gratulationscour versammelten Mitgliedern der Hoftheater, sein Theater sei »vor allen Dingen« dazu berufen, »den Idealismus in unserem Volke zu pflegen«. Es sei wie Schule und Universität »ein Werkzeug des Monarchen«, das »heranwachsende Geschlecht heranzubilden und vorzubereiten zur Arbeit für die Erhaltung der höchsten geistigen Güter unseres herrlichen deutschen Vaterlandes«. Es habe beizutragen zur »Bildung des Geistes und des Charakters und zur Veredelung der sittlichen Anschauungen. Das Theater ist auch eine meiner Waffen. (...) Halten Sie sich versichert, daß ich jederzeit Ihre Leistungen im Auge behalten werde, und daß sie meines Dankes, meiner Fürsorge und meiner Anerkennung gewiß sein können.«

Bei allen wichtigen, die Hoftheater betreffenden Fragen wurde der Landesherr konsultiert, zumal beim Aufstellen des Etats und des Spielplans. Wenn Durchlaucht ein Stück angesetzt hatten, stand »auf allerhöchsten Befehl« auf dem Programmzettel, war ein Wunsch des Kronprinzen die Veranlassung, wurde nur »auf höchsten Befehl« gespielt. Die soziale Lage war an den Hoftheatern besser als anderswo. Kostüme wurden zur Verfügung gestellt, damit man Stil realisieren konnte, Engagements direkt abgeschlossen (also ohne Vermittler), die Gagen waren sicher und relativ hoch, überhaupt gab es feste Ensembles. Aber es wurden schon im Fin de siècle die Nachteile dieser Vorteile sichtbar: Überalterung im Personal und im Repertoire. Davon profitierten die Geschäftstheater. Ihnen blieb viel »Spielraum«, sie konnten ihrem neugierigen Publikum alle vierzehn Tage eine Premiere bieten, besetzt überwiegend mit vagierenden Schauspielern. Die Hofopern blieben Zeit ihres Bestehens insofern konkurrenzlos, als sie das Monopol für große Oper, Trauerspiel und Ballett hatten. Um wenigstens ›Spielopern‹ dem Spiel wieder zu erschließen, wurde 1905 in Berlin, an der Weidendammer Brücke, die Komische Oper gegründet, eine Aktiengesellschaft. Hans Gregor hatte dort mit Serien von *Tiefland* und *Hoffmanns Erzählungen* Erfolg, konnte aber die »vorbehaltlose Anerkennung der Oper als Drama, das erschüttern und erheben soll« nicht durchsetzen. Nach dem Bankrott des Unternehmens (1911) wurde Gregor Direktor der Wiener Hofoper, der erste seit langem, bei dem die Kasse wieder stimmte. Obendrein vermittelte er dieser Bühne ihren Abschiedsglanz.

Auch in Wien Hoftheater-Dämmerung. Die Meinung setzte sich durch, der Nimbus des K.K. Hofburgtheaters als führende deutschsprachige Bühne sei illusionär geworden, schon gar nach dem Tode von Josef Kainz (1910), dem Abgott von jung und alt. Und nachdem an der Hofoper der große Erneuerer Gustav Mahler (»Tradition ist Schlamperei!«) resigniert hatte (1907), bestimmten dort Reaktion und Stagnation die Szene.

Auch in Wien aufstrebendes Bürgertum, das ein Stadttheater wünschte, als Forum gesellschaftlicher und kultureller Repräsentation. Heinrich Laube, der als Reformator des Burgtheaters nach achtzehnjähriger, bahnbrechender Arbeit (1849-1867) doch noch über bürokratische Schikanen gestürzt und nach Leipzig gegangen war, wurde 1872 als Direktor des Neuen Stadttheaters an der Seilerstätte zurückgeholt, einer dezidierten ›Gegenburg‹. Der Burgherr Franz von Dingelstedt schnappte dem Vorvorgänger Laube Stücke und Schauspieler weg, der Börsenkrach von 1873 gefährdete das Unternehmen, 1880 gab Laube auf, nachdem er dem nordischen Naturalismus (Björnson, Ibsen) Bahn gebrochen hatte. Das ›Laubetheater‹ brannte ab, wurde 1887/88 wieder aufgebaut und als Etablissement Ronacher ein weithin bekanntes Varieté.

Im Jahre 1889 wurde ein repräsentatives Schauspielhaus eingeweiht, dessen Name programmatisch und dessen Ort vielsagend war: das Volkstheater an der Bellaria, also fast am repräsentativen Ring, wo die Oper seit 1869 und das Burgtheater seit 1888 spielten. Bürgerliche Mäzene hatten das Haus finanziert, auf Gewinn verzichtet, sich nur eine geringe Begünstigung beim Kartenkauf, aber leider Kontrolle und Kritik auf künstlerischem Gebiet vorbehalten. Das neue Volkstheater sollte eine Position zwischen vorstädtischer Volksbelustigung und Adelstheater einnehmen. Anzengrubers Volksstücke und sanft kritische Unterhaltungsware bildeten das Repertoire; der Naturalismus kam nur zögerlich und mit milden Beispielen auf die Bühne. Zeitweilig war das Raimundtheater am Linienwall der echtere Nachfolger der Vorstadtbühnen. Nach der Jahrhundertwende fand das Volkstheater Anschluß an die moderne Dramatik – soweit die Zensur es zuließ. Ein Diktum, das im Zensurbeirat vergeblich fiel, wurde populär: »Hände weg! Es ist ein Kunstwerk!«

Die ekstatische Dramatik des Expressionismus kam ausschließlich über die Privatbühnen ans Licht. Ein neu gesehener Shakespeare erschien mit seiner lockeren Szenenführung als Ahnherr der aufkommenden ›Stationen-Dramen‹; es ist kein Zufall, daß die neuen Regisseure in ihrem Spielplan neben den Dichtungen jener Jahre immer wieder Werke Shakespeares hatten. War es nicht seine, die elisabethanische leere Bühne, die nun wieder frei war und durch die Kraft der Worte alles bedeuten konnte, Prunksaal und Gefängnis? Und der Regisseur ist es, der die Vision des Dichters zu gestalten hat. Vision – das Wort taucht nun überall auf. »Die Visionen überstürzen sich«, berichtete Reinhardt von einer Leseprobe (1912).

Damals erschien *Der Bettler* von Reinhard Johannes Sorge, das expressionistische Stück, das Reinhardt fünf Jahre später auf die Bühne brachte. Der Autor war inzwischen gefallen. Der Dramaturg Heinz Herald erklärte: »Es wird auf der leeren Bühne gespielt. Nichts ist verstellt, kein Aufbau engt ein und verkleinert. Aus dem großen schwarzen Raum, der etwas Unberührtes, Nochnichterfülltes, Grenzenloses hat, reißt das Licht einen Teil: hier wird gespielt. Oder ein Mensch steht, allein, als Lichtfleck vor der schwarzen Fläche ... Der Realität ist man durchaus fern, aber die Wirkung des Spukhaften, Geheimnisvollen wird gerade durch ein feines, überfeines Ausmalen des Wirklichkeitsbildes mit seinen tausend kleinen Differenzierungen erreicht. Alles huscht vorbei, aus dem Dunkel ins Licht, aus dem Licht ins Dunkel.« Hier also spielt die Licht-Regie eine entscheidende Rolle, der Autor hatte schon darauf hingearbeitet: »Die Stimmen der Kokotten kommen dem grellen und nackten Eindruck der Scheinwerfer zu Hilfe.«

Sorges jungen Dichter spielte Ernst Deutsch. Er hatte zuvor in Dresden den *Sohn* von Walter Hasenclever verkörpert, und dieses Drama erfuhr in Mannheim 1918 seine exemplarische Darstellung durch die Regie von Richard Weichert: die Gestalt des Sohnes wurde, dem monologischen Charakter des Dramas entsprechend, in einem Lichtkegel beherrschend in die Mitte gestellt. In der Zusammenarbeit mit Ludwig Sievert als Bühnenbildner gestaltete Weichert auch Hasenclevers *Antigone* und *Jenseits*: immer waren Licht und Farbe die Elemente der dekorationslosen Bühne. In Prag, einem literarischen Mittelpunkt der neuen Generation, wurden 1916 im alten Ständetheater die Kammerspiele mit der Uraufführung von Walter Hasenclevers *Sohn* eröffnet, der weitere Dramen des Expressionismus folgten; auch Hasenclevers Szenarium *Die Menschen* hatte dort 1920 seine Uraufführung.

Ein dritter Autor des expressionistischen Theaters war Paul Kornfeld. Von ihm inszenierte Ludwig Berger *Himmel und Hölle*, nachdem er zuvor Shakespeares *Cymbeline* im Deutschen Theater auf die leere Podiumsbühne »ohne Milieu und Stimmungskunst« gestellt hatte. Daß »Vision und Charakter bedeutsamer wurden als der Text«, notierte Berger; er präsentierte Kornfelds Werk im Sinne des Autors als ekstatisches Spiel: »Beseelung der Geschehnisse und Übersetzung des Gefühls durch Rhythmus und Akzent« (Ihering).

Noch vor ihm hatte Gustav Hartung Kornfelds *Verführung* in

Darmstadt aufgeführt und an diesem Werk seine Regie-Aufgabe entwickelt. Beseelung auch hier. Hartung: »Regie als Kunstübung beginnt erst, wo es darum geht, durch die Aufführung einer Dichtung das seelische Erlebnis fühlbar zu machen, aus dem sie geboren wurde.« Die Dekoration »kann nur Hintergrund für Vorgänge der Seele sein«, darum soll nur das in diesem Sinne Wesentliche in Erscheinung treten. Wichtig aber: »für die sprachliche Form, die der Dichter seinen seelischen Erlebnissen gab, den darstellerischen und szenischen Ausdruck zu finden« und: »Je einfacher die Mittel sind, mit denen dieser Ausdruck erreicht wird, um so größer ist auch die Kunst des Regisseurs.« Die stimmungsvolle Atmosphäre, die subtilen Tönungen erzielte Hartung in den Uraufführungen der Dramen von Fritz von Unruh mit den Darstellern Carl Ebert, Gerda Müller, Heinrich George.

Der fruchtbarste Autor des Expressionismus war Georg Kaiser. 1917 kamen drei Stücke von ihm auf die Bühne, *Die Bürger von Calais*, *Von morgens bis mitternachts* und *Die Koralle*. Es waren der wagemutige Arthur Hellmer in Frankfurt und Otto Falckenberg in München, die sich der Stücke Kaisers annahmen. Bei Kaiser kein ekstatischer Ausbruch – »O Mensch!« – mehr, sondern kühle Denkspiele: das Schicksal der Stadt Calais als Aufruf zu Tat und Opfer, oder die Jagd nach Geld als Weg in den Tod. Solche Abstraktionen brauchten erst recht Regisseure, die aus dem Geiste des Autors zu gestalten wußten. Falckenberg wollte stets »nicht die Sache, sondern die Vision der Sache auf die Bühne bannen«. Das war ihm schon 1915 mit Strindbergs *Gespenstersonate* gelungen, deren Surrealität er magisch beschwor.

Bei der Entwicklung dieses Stils lagen die Privattheater vorn. Die Revolution trieb den Konservativismus aus den Hoftheatern. Sie wurden als Landes- oder Staatstheater weitergeführt, nachdem bereits während des Krieges in einzelnen Ländern den Hofbühnen Staatszuschüsse gezahlt worden waren (Darmstadt, Karlsruhe). In Gera blieb auch nach 1919 der Fürst ›Unternehmer‹ seines Theaters.

In der Zeit des Umbruchs wurden fast alle größeren Theater von Künstler- und Betriebsräten geleitet. Sie bewährten sich nicht, weil sie auf politische und soziale Interessen fixiert waren. Zwar waren die Rücksichten auf Kriegsmoral und Kaiserthron weggefallen, aber moralische und politische Vorbehalte der Stadtparlamente und des Klerus, anfangs auch der Arbeiter- und Soldatenräte, bremsten den Freisinn. Jedenfalls war in Deutschland und Österreich Schluß mit dem in Szene gesetzten Hurrapatriotismus.

Nach dem Zusammenbruch der österreichischen Monarchie sollte die kulturelle Vormacht gewahrt bleiben, zumal da die politische verloren war. Dazu gehörte, die kostspielige Hofoper nicht minder aufwendig als Staatsoper weiterzuführen. Die Last lohnte. Die Doppeldirektion Franz Schalk/Richard Strauss – der ehemalige Kapellmeister und bis dahin unbedankte musikalische Mentor mit dem schon berühmten Komponisten und erfahrenem Dirigenten –, dieses Duo präsentierte schon im Frühjahr 1919 zur Fünfzigjahrfeier der Oper am Ring 22 Festaufführungen. Im Herbst dirigierte Schalk dann die Uraufführung der *Frau ohne Schatten*. Als Schalk 1924 mit einem Teil des Ensembles in Genf vor dem Völkerbund gastierte, zweifelte niemand mehr daran, daß die Wiener Oper wieder Weltgeltung besaß.

Schwerer fiel die Verwandlung des Hofburgtheaters ins repräsentative ›Burgtheater‹. Max von Millenkovich, der die Direktion im April 1917 übernahm, war der erste notorische Antisemit unter den Theaterleitern Europas. In seiner Antrittsrede rief er das christlich-germanische Schönheitsideal für das Burgtheater aus. Er begrenzte das Engagement jüdischer Schauspieler sowie die Aufführung von Stücken jüdischer Autoren und feuerte zwei jüdische Direktionsbeiräte. Nur eine Episode, aber ein Menetekel. Kurzlebige Direktionen mit wechselnden Konzeptionen kamen schlecht und recht über die Runden, bis ein Direktor aus Hamburg, der Pragmatiker Hermann Röbbeling, die Leitung von 1932 bis März 1938 übernahm. Ratlosigkeit hin, Krise her, ein Engagement an der ›Burg‹ blieb die Krönung eines Schauspielerlebens. Im Volkstheater konnte das umstrittenste aller Zeitstücke endlich gezeigt werden, Schnitzlers *Professor Bernhardi*, es folgten andere Opfer der Zensur, wie das Soldatenstück *Der Gemeine* von Felix Salten. Mit solchen verspäteten Sensationen konnten Klassiker und die Umorientierung auf den Expressionismus finanziert werden.

In München forderte Ministerpräsident Kurt Eisner (der im Februar 1919 ermordet wurde) möglichst rasche und möglichst umfassende Sozialisierung. In einer programmatischen Rede im bayerischen Nationalrat verlangte er Selbstverwaltung des Theaters durch die Schauspieler. Nicht nach kapitalistischen, sondern nach künstlerischen Gesichtspunkten solle entschieden werden. Der Staat solle ›Musterinstitute‹ gründen und strenge Forderungen an

Konzessionäre stellen. Das Nationaltheater in München wurde eine ›Anstalt des Volksstaates Bayern‹, aber geleitet von einem vom gesamten Personal gewählten ›Intendanten‹. Erste Mitbestimmungsmodelle tauchten auf.

In Dresden, wo die Hofoper unter Generalmusikdirektor Ernst von Schuch und dem Intendanten Graf Seebach Berlins Hofoper übertroffen und mit Wien konkurriert hatte, übernahm je ein Kollegium die Leitung der Oper und des Schauspiels, aber ein ›Geheimer Hofrat‹ war als Vertreter des Ministeriums ›beigegeben‹. Die beiden Sparten wurden 1921 unter der Generalintendanz von Alfred Reucker zusammengefaßt, der die Tradition bis auf weiteres rettete.

Führend waren die Württembergischen Hofbühnen unter Baron von Putlitz und das Karlsruher Hoftheater unter August Bassermann gewesen, beide Institute gingen ohne Bruch in die neue Ära über. In Stuttgart wertete Hermann Pankok die Raum-, Farb- und Lichtvisionen von Appia und Craig für den Hausgebrauch aus und gab weiterreichende Beispiele.

Das Weimarer Hoftheater wurde von der thüringischen Landesregierung als ›Deutsches Nationaltheater‹ übernommen, es konnte den Anspruch allerdings nicht einlösen, schon der Kosten wegen nicht. Erster bürgerlicher Intendant war der Dichter Ernst Hardt, der den schwierigen Posten aber bald Franz Ulbrich vom Meininger Hoftheater überließ. Allwöchentliche Gastspiele in Jena besserten von 1922 an den Etat auf.

Am Burgtheater versuchte man es mit einem Triumvirat, aber die Reibereien bewogen die Bundesregierung, den Schauspieler und Regisseur Albert Heine mit der Leitung zu betrauen. Das Gebot der Stunde war relative Sparsamkeit, nachdem die Habsburger Privatschatulle nicht mehr zur Verfügung stand.

Als die – laut Julius Bab – »schlafsüchtige Periode« Georg von Hülsen-Haeselers vorbei war, wurden die Berliner Hoftheater als zwei selbständige Betriebe weitergeführt, die Oper unter der Leitung des Dirigenten und Komponisten Max von Schillings, bis dahin Generalmusikdirektor in Stuttgart, das Schauspiel unter Leopold Jessner, bis dahin Leiter des Thalia-Theaters in Hamburg, beide vom Personal gewählt und vom Ministerium berufen. Beide Bühnen wurden als ›Staatstheater‹ rasch repräsentativ für die Republik.

Jessners freie Szene, in der nichts vom Dichterwort ablenken sollte, wirkte weithin vorbildlich, vor allem die ›Stufenbühne‹, berüchtigt als Jessnersche ›Treppe‹, ursprünglich Sparmaßnahme bei kriegsbedingtem Dekorationsmangel. Dekorative Treppen hatte es bei Reinhardt gegeben, die Stufenbühne Jessners war etwas anderes, sie war Gleichnis für Aufstieg, so in seinem *Richard III.* Jessner sagte von der Aufgabe des Regisseurs, es komme darauf an, »die jeweils dominierende Idee immer vielfältiger zu gestalten, die Vision immer farbiger zu bannen, das Grundthema des Stücks immer vieltönender zu variieren«. Er arbeitete jeweils den »philosophischen Punkt« heraus, die Tragödie der Macht (*Richard III.*), den Schrei nach Freiheit im *Tell*, mit dem er seinen Einstand gab.

Schillings, der am Hoftheater in Stuttgart 45 Uraufführungen in zehn Jahren durchgesetzt hatte, öffnete die Berliner Staatsoper den Novitäten. Es gab 1919 Pfitzners *Palästrina* (nach München, 1917), 1920 *Die Frau ohne Schatten* (nach Wien, 1919), 1921 Busonis *Turandot* (nach Zürich, 1917). Von 1923 an war Erich Kleiber Generalmusikdirektor, der sich in Darmstadt, Wuppertal und Mannheim profiliert hatte und in Berlin die Moderne repertoirefähig machte: Janacek und Weinberger, Uraufführungen von Alban Bergs *Wozzeck* (1925), von Darius Milhauds *Christophe Colomb* (1930).

Das private ›Deutsche Opernhaus‹ in Berlin wurde 1919 Kommunaltheater, von 1925 an unter dem Namen ›Städtische Oper‹ geleitet von Heinz Tietjen, bis dahin Intendant in Breslau. Als im Januar 1927 Staatsoper und Städtische Oper fusionierten, wurde Tietjen Generalintendant beider Unternehmen. Hier war es Bruno Walter, der als musikalischer Leiter die Tradition des Musiktheaters zu neuer Blüte brachte.

2. Die zwanziger Jahre

Die Frage: »Wie fülle ich das Haus?« stellte sich um so dringlicher, je mehr das Theater künstlerische Leistungen anstrebte, also nicht nur ein etwa vorhandenes Bedürfnis nach Unterhaltung befriedigte, sondern das zu erfüllen suchte, was sich ›kulturelle Aufgabe‹ nannte, zuweilen in kämpferischem Gegensatz zum Geschmack eben des Publikums, das man brauchte. Das Theater war auf öffentliche Mittel angewiesen, mochten diese nun unmittelbar durch Staat und Gemeinde oder durch Publikumsorganisationen zuflie ßen, deren Mitglieder durch günstige Eintrittspreise gewonnen wurden. In Leipzig wurden im Jahre 1921 von Vereinen und Verbänden 232 Abendvorstellungen belegt; es waren – das Beispiel zeige die Zusammensetzung des Publikums – das Arbeiter-Bildungs-Institut, die Deutsche Bühne, der Gewerkschaftsbund der Angestellten, Schillerverein, Theatergemeinde der Mehrheitssozialistischen Partei und der Wirtschaftsverband. Gelegentlich kam es auch zu Versuchen gemeinsamer Abonnements mehrerer Unternehmer; so in Berlin: Max Reinhardt, Viktor Barnowsky und Eugen Robert schrieben für die Spielzeit 1926/27 ein solches Anrecht für ihre sechs Bühnen aus. Die Tagespreise wurden dabei um mehr als die Hälfte gesenkt und sowohl durch das Angebot interessanter Stücke wie durch die Fülle von Darstellern ersten Ranges ein hoher Anreiz zum Theaterbesuch geboten.

Neben den Publikumsorganisationen in einzelnen Orten und Landschaften entwickelte sich immer stärker jene große Vereinigung, deren Entstehen schon geschildert wurde: die ›Volksbühne‹. Seit 1920 als ›Verband der deutschen Volksbühnen-Vereine‹ zusammengeschlossen, umfaßte sie im Jahre 1930 in 305 Volksbühnengemeinden etwa 500000 Mitglieder. Der Verband ging im Jahre 1933 in der allein genehmigten ›Deutschen Bühne‹ auf, wurde aber – um diese Entwicklung hier vorwegzunehmen – nach 1945 erneuert und wuchs trotz der Gebietsbeschränkung auf etwa 450000 Mitglieder im Jahre 1964. Der 1919 begründete Bühnenvolksbund, als eine christlich-nationale Gegenbewegung zur ›Freien Volksbühne‹ geschaffen, mußte 1933 seine Arbeit ebenfalls einstellen, lebte aber seit 1951 im ›Bund der Theatergemeinden‹ wieder auf, dem 1964 in 262 Orten der Bundesrepublik und West-Berlins 120000 Mitglieder angehörten.

Die unbestrittene Hauptstadt des deutschen Theaters blieb Berlin. Alles das, was es im Theaterleben an Krisen, Moden, Veränderungen in der ersten Hälfte des Jahrhunderts gab, spielte sich vorwiegend in Berlin ab; um zunächst nur vom äußeren Theaterbetrieb zu sprechen: die Künstlerräte von 1919, die Kämpfe der Bühnengenossenschaft von 1921, die Debatten des Bühnenvereins, die Auseinandersetzungen mit den Autorenverbänden, die Kämpfe der Schauspieler um ihre Gage und der Schauspielerstreik von 1922, die Konflikte innerhalb der Theaterkonzerne.

Zu den Wagnissen, die dem Intendanten Jessner eine starke Gegnerschaft eingebracht hatten, gehörte es, daß er die ›Bolschewisierung‹ der *Räuber* durch Erwin Piscator als Regisseur zugelassen hatte. Der Name dieses Mannes stand alsbald im Mittelpunkt der Berliner Theaterkämpfe, die immer mehr politischer als künstlerischer Art wurden. Piscator hatte 1919 in Königsberg ›Das Tribunal‹ gegründet und dann in Berlin versucht, das proletarische Theater zu verwirklichen. Von 1924 bis 1927 war er als Regisseur an der von Fritz Holl geleiteten ›Volksbühne‹ tätig. Hier ergaben sich die scharfen Gegensätze von Volksbildungsinstitut und Gesinnungstheater. Es war vor allem die radikal-kommunistische Prägung des Störtebecker-Dramas *Gewitter über Gotland* von Ehm Welk, dessen Aufführung das Pro und Contra der Kritik hervorrief, nicht so sehr im Hinblick auf das Experiment einer weitgehenden Verwendung des Films als eben wegen der politischen Tendenz. Nach seiner Trennung von der Volksbühne scheiterte Piscator mit dem Versuch eines eigenen Theaters am Nollendorfplatz schon nach kurzer Zeit.

Das Fluktuierende, wie es ein solcher Weg des Regisseurs von Bühne zu Bühne zeigt, kennzeichnet zwischen den beiden Kriegen das Theaterleben Berlins, wo neben zahlreichen Unterhaltungsbühnen immer wieder einzelne Theater und Ensembles künstlerische Geltung gewannen: so das Deutsche Künstler-Theater, das als Schauspieler-Sozietät nach dem Tode Brahms gegründet und mit einer *Wilhelm Tell*-Aufführung Gerhart Hauptmanns 1913 eröffnet wurde und wo später Karl Heinz Martin und Gustav Hartung als Regisseure wirkten; ferner das Theater am Schiffbauerdamm, das 1925 Zuckmayers *Fröhlichen Weinberg* brachte und das 1928 Ernst Josef Aufricht übernahm – hier erlebten Brecht-Weills *Dreigroschenoper* und *Happy End*, Marieluise Fleissers *Pioniere in Ingolstadt*, Tollers *Feuer aus den Kesseln* ihre Uraufführung.

Das Mosaik des Berliner Theaterlebens würde erst vollständig, könnte man das Hin und Her der Schauspieler aufzeichnen, die man immer seltener zu einem festen Ensemble für längere Zeit an einer Bühne vereinigt findet. Zweierlei kam zusammen, um eine Ensemble-Bildung zu erschweren. Mit der wachsenden Film-Produktion ergab sich für die Schauspieler die Verlockung, das feste Engagement einzutauschen gegen die Freiheit, jederzeit eine Filmrolle übernehmen zu können, und darum auch beim Theater jeweils nur das Engagement für eine Rolle einzugehen. Zum andern waren auch die literarisch anspruchsvollen Bühnen zum Serienspiel gelangt; wenn ein Stück aber über Wochen und Monate gespielt werden konnte, erübrigte sich ein größeres Ensemble. Die Verlockung des Films war freilich nicht so stark, daß nicht immer wieder der große Schauspieler den Wunsch gehabt hätte, sich in dem unvergleichlichen Erlebnis des ›Abends‹ seinem Publikum zu stellen.

Im Jahre 1927 trat, von Volksbühne und Bühnenvolksbund gefördert, eine ›Staatsoper am Platz der Republik‹ in den Wettbewerb, kurz ›Krolloper‹ genannt, nach einem Krollschen Etablissement, an dessen Stelle sie errichtet worden war. Sie gehörte zum Verband der Staatstheater und war gedacht als Pflegestätte des avantgardistischen Musiktheaters, nicht nur neuer Werke, auch neuer Inszenierungsideen, angewandt auf Opern des Repertoires. Otto Klemperer als Generalmusikdirektor und seine Mitdirektoren Ernst Legal (Intendant) und Hans Curjel (Dramaturg) scheuten keine radikale Konsequenz. Die Novitäten (Strawinskys *Oedipus Rex* und *Geschichte vom Soldaten*) provozierten weniger als die Anschläge auf das Gewohnte in Neuinszenierungen: Fehlings *Holländer* im Dekor von Ewald Dülberg, Legals *Hoffmanns Erzählungen* in abstrakt-phantastischer Aufmachung von Moholy-Nagy. Presse und Publikum polarisierten sich in leidenschaftlicher Zustimmung (H.H. Stuckenschmidt, Heinrich Strobel) und Ablehnung.

Zu Anfang des Jahrhunderts hatten Operette und Revue alten Stils vor allem im Metropoltheater der Friedrichstadt ihren Schauplatz, wo Giampietro, Guido Thielscher und die Sängerin und Diseuse Fritzi Massary Triumphe feierten. In den späten zwanziger Jahren führten die Boulevard-Theater des Kurfürstendamms einen neuen Revue-Typ mit literarisch-künstlerischem Anspruch ein, Werke wie *Die fleißige Leserin*, *Alles Schwindel* und *Es liegt in der Luft* von Marcellus Schiffer, auch das Revuestück *Zwei Krawatten* von Georg Kaiser, alle mit der zündenden Musik von Mischa Spoliansky. Es waren Werke, in denen Schauspieler von Rang (Marlene Dietrich, Margo Lion, Oskar Karlweis, Willi Prager) ihren komödiantischen Neigungen folgen konnten. Weitaus übertroffen wurden diese in ihrer Art vollendeten, aber unverbindlichen ›Kammer-Revuen‹ von der *Dreigroschenoper* von Bertolt Brecht und Kurt Weill im Theater am Schiffbauerdamm, 1928. Als Opernparodie, mit scharfen Songs und sarkastischer Moral lieferte das Stück gesellschaftskritischen Sprengstoff, der alsbald auf vielen Bühnen im Reich präsentiert wurde.

Die Provinz hatte immer wieder bedeutende Darsteller nach Berlin abgegeben. Dort fanden entscheidende Aufführungen statt. Jetzt gingen aber auch manche Theater der ›Provinz‹ mit experimentellen Uraufführungen der Hauptstadt voran; 1917 schrieb Kasimir Edschmid, einer der Wortführer des Expressionismus: »die ersten Schritte der neuen Kunst geschehen abseits von Berlin«. So richtete sich der Blick auch auf die Bühnen anderer Städte; als ein Berliner Kritiker im Jahre 1921 an 31 Tagen 12 deutsche Städte besuchte, fand er, daß Deutschland im Theaterwesen noch immer das reichste Land der Welt sei. Richard Strauss, der seine Werke nicht in Berlin, sondern fast alle in Dresden aufführen ließ, gab 1922 in einer Betrachtung über den Spielplan großer Opernhäuser zu bedenken, daß es vorteilhafter sei, neue Opern nicht in den Metropolen Berlin und Wien (er selbst war damals dort Operndirektor) aufzuführen, wo sie einer »vollständig dem Zufall überlassenen Zusammensetzung des Publikums und der enormen Fernwirkung der Großstadtkritik« ausgesetzt seien, während etwa in Dresden das Publikum bei einer Premiere zu zwei Dritteln aus den von auswärts gekommenen Freunden und Kunstkennern bestehe und auch die auswärtige Kritik für eine ruhige Beurteilung des Werkes besser disponiert sei. Tatsächlich fanden in den ersten Jahrzehnten die Uraufführungen neuer Opernwerke häufig in Dresden, Frankfurt, Köln, Leipzig und Stuttgart statt. Vielfach wurden die Leistungen in diesen Städten auf dem Gebiet des Schauspiels durch den Wettbewerb zwischen staatlichen oder städtischen und Privattheatern gesteigert.

In Hamburg galt Erich Ziegel, der 1916 an das Thalia-Theater gekommen war und 1918 die ›Hamburger Kammerspiele‹ mit Wedekinds *Hidalla* eröffnete, als führend. Sein Repertoire bevorzugte das junge Drama von Barlach, Kaiser, Kornfeld, Jahnn, Bruckner und Toller. Als Regisseure wirkten neben ihm Karl Heinz Martin und Erich Engel, als Schauspieler seine Frau Mirjam Horwitz, Anni Mewes, Fritz Kortner und Gustaf Gründgens, der hier auch Regie führte (Sternheim, Kaiser). Im Thalia-Theater, wo Leopold Jessner in den Jahren 1904 bis 1915 auf der Bühne schon Wedekinds Groteskstil entwickelt hatte, der in mancher Beziehung die expressionistische Szene vorwegnahm, regierte seit 1914 der Direktor Hermann Röbbeling, der von 1928 bis 1931 auch Generaldirektor des Deutschen Schauspielhauses war.

München hatte in der Oper unter Felix Mottl 1903 bis 1911

eine glanzvolle Epoche gehabt. Hier sangen Hermine Bosetti, Berta Morena, Heinrich Knote, Fritz Feinhals, Paul Bender. Unter dem Intendanten Clemens von Frankenstein, der dem Kreis um Hugo von Hofmannsthal nahestand, kam Bruno Walter an die Hofoper – er hat sein Wirken dort bis 1922 selbst seine beste Zeit genannt. Ihm lag an der völligen Einheit von Musik und Szene, er erfreute sich bei der Verwirklichung solcher Opernaufführungen der Mitarbeit von Emil Preetorius. Seit 1922 war Hans Knappertsbusch Operndirektor. Im Schauspiel des Hoftheaters, im großen Haus wie in dem reizvollen Residenztheater, wirkten neben dem alten Possart junge Kräfte wie der große Charakterspieler Albert Steinrück, der nach dem Kriege nach Berlin ging, und der liebenswürdige Bonvivant Gustav Waldau. Für das Schauspiel wurden dann andere Bühnen wichtig: das Schauspielhaus, das schon vor dem Krieg das literarische München anzog und von 1919 bis 1924 mit wechselndem Glück von Hermine Körner geleitet wurde, vor allem aber die Kammerspiele Otto Falckenbergs, der 1917 im kleinen Haus in der Augustenstraße begann und 1926 ins Schauspielhaus in der Maximilianstraße übersiedelte. In München hatte man schon 1912 Strindbergs *Vater* und seinen *Totentanz* (mit Steinrück) gesehen, und Falckenberg, der die *Gespenstersonate* inszeniert hatte, konnte, als er *Wie es euch gefällt* zu beispiellosem Erfolg führte, wohl sagen, er sei über Strindberg zu Shakespeare gekommen. Er spielte die neuen Dramatiker von Kaiser bis Billinger, brachte mit *Trommeln in der Nacht* 1922 den ersten Brecht auf die Bühne; er hatte in Erich Engel und Otto Zoff gleichgestimmte Mitarbeiter, an seiner Bühne spielten Annemarie Seidel, Therese Giehse, Käthe Gold, Heidemarie Hatheyer, Hans Schweikart (der sein Nachfolger wurde), Ewald Balser, Horst Caspar, Kurt Horwitz, Leonhard Steckel, Wolfgang Liebeneiner, O.E. Hasse und viele andere, die aus seiner Schule hervorgingen.

Das städtische Schauspiel in Frankfurt am Main leitete von 1917 bis 1920 Karl Zeiß, Oberspielleiter war 1914 bis 1920 Gustav Hartung. Er vor allem förderte das junge expressionistische Drama ebenso wie der Nachfolger des nach München gehenden Zeiß, Richard Weichert, der sich zuvor schon in Mannheim als Regisseur einen Namen gemacht hatte. Man spielte das neue Drama von Kaiser, Unruh, Bronnen, Kornfeld, Zuckmayer, zum Ensemble gehörten Carl Ebert, Heinrich George, Toni Impekoven, Richard Taube, Fritta Brod und Gerda Müller, das Bühnenbild schuf neben anderen vor allem Ludwig Sievert. Von 1929 bis 1933 war Alwin Kronacher Intendant der städtischen Bühne. Eine fruchtbare Rivalität ergab sich mit dem ›Neuen Theater‹, das Arthur Hellmer mit Max Reimann 1911 begründet hatte und in dem unter seiner Regie vor allem die Werke von Georg Kaiser hervortraten. In der Frankfurter Oper gab es unter Ludwig Rottenberg (1893 bis 1926) die Uraufführungen der Opern von Franz Schreker *Der ferne Klang* (1912) und *Die Gezeichneten* (1913).

In Leipzig leitete nach dem Krieg Alwin Kronacher bis 1929 das Schauspiel, Gustav Brecher die Oper (Uraufführungen von Křenek und Weill). Die stärksten künstlerischen Leistungen ergaben sich im Wettstreit zwischen dem ›Alten Theater‹ unter Kronacher und dem Schauspielhaus Fritz Viehwegs. Kronachers Tätigkeit fand die Unterstützung des Schillervereins; hier kamen Werke wie Werfels *Spiegelmensch*, Tollers *Hinkemann* und Brechts *Baal* zur Uraufführung. Im 1874 eröffneten Schauspielhaus, zuerst ›Carl-Theater‹ genannt, zeigte Viehweg (1912-1929) erfolgreich moderne Werke (Strindberg, Barlach) sowie Unterhaltungsstücke und Gastspiele bekannter Schauspieler und ganzer Ensembles.

Zu den traditionellen Richard-Strauss-Premieren kamen in der Dresdner Oper Aufführungen der Werke von Busoni, Weill, Křenek und Hindemith. Im Schauspiel brachte Berthold Viertel seine in Wien gewonnene Erfahrung mit dem neuen Drama (Hasenclever) zur Geltung; dann wirkten hier als Schauspieldirektor von 1923 bis 1927 Paul Wiecke, seit 1928 als Regisseur Josef Gielen, den Fritz Busch auch für die Oper heranzog. Neben dem ›Staatlichen Schauspiel‹ gewann das ›Albert-Theater‹ mit Darstellern wie Ernst Deutsch und Heinrich George vorübergehend Bedeutung.

In Stuttgart brachte Fritz Busch (1918-1932) die ersten Opernwerke von Paul Hindemith (*Mörder*, *Hoffnung der Frauen*; *Nusch-Nuschi*; *Sancta Susanna*) zur Aufführung. Im Schauspiel gab es unter dem Intendanten Albert Kehm in den zwanziger Jahren zahlreiche Uraufführungen der neuen Dramatik. 1924 wurde von Hoffmann-Harnisch *Die Sündflut* Ernst Barlachs mit Bühnenbildern nach seinen Skizzen gespielt; 1925 begann *Gneisenau* von Wolfgang Goetz seinen erfolgreichen Weg am Württembergischen Landestheater, 1926 folgte *Der blaue Boll* von Barlach in der Inszenierung von Friedrich Brandenburg.

Zu den schon dank einer großen Vergangenheit bekannten Theaterstädten kam in den Jahren nach dem Ersten Weltkrieg

Darmstadt. Hier wurde auf Betreiben des aus Frankfurt kommenden Gustav Hartung (1920-1924 und noch einmal 1931- 1933) aus einem kleinen, 1606 entstandenen Theaterbau ein Kammerspiel geschaffen und dem Landestheater angegliedert, das mit neuen Regie-Ideen dem neuen Drama diente.

Hartungs hymnisch-ekstatische, sehr schnelle, sehr rhythmische Spielweise, der er auch Klassiker unterwarf, machte ihn zum prononcierten Vertreter des Expressionismus. Sein Bühnenbildner Theodor Pilartz lieferte dazu funktionelle, auch konstruktivistische Szenerien. Unter Hartungs Nachfolgern Ernst Legal (1924-27), mit dem Dramaturgen Jakob Geis, und Carl Ebert (1927-31) blieb die Bühne dem neuen Drama eng verbunden.

In Düsseldorf wurde das von Louise Dumont und ihrem Mann, dem Regisseur Gustav Lindemann, im Jahre 1905 gegründete Schauspielhaus namhaft. Eine Hochschule für Bühnenkunst war angegliedert. Die Bühne, mit einem für die neue Dichtung (Johst, Kaiser, Rehfisch) offenen Spielplan, wie die Schule, aus der bekannte Schauspieler (Gründgens) und Spielleiter hervorgingen, war für das Theaterleben ein Beispiel privater Initiative, auch mit ihren Schwierigkeiten. Sie führten 1922 bis 1924 zur Schließung des Theaters. Von den Klassiker-Aufführungen fand die Inszenierung des ganzen *Faust* 1932 weithin Beachtung.

Das ›Stadttheater Bochum‹, eine Kriegsgründung, wurde unter Leitung von Saladin Schmitt (1919-1949) die deutsche Shakespeare-Bühne. Der Intendant, Dramaturg und Regisseur entwickelte einen hochgemuten Klassiker-Stil, der dem großdeutschen Klassizismus vorausging. Schmitt ließ 1927 zum ersten Mal alle Königsdramen Shakespeares spielen und faßte immer wieder Aufführungen klassischer Dramen zu eindrucksvollen Zyklen zusammen.

In Wien ließ der Konservatismus im Burgtheater der Konkurrenz breiten Spielraum. Dennoch mußte das Volkstheater, dessen Besucherkern, der gebildete Mittelstand, wirtschaftlich ruiniert war, im Sommer 1924 mit dem schärfsten Konkurrenten fusionieren, mit dem literarisch anspruchsvollen Raimundtheater unter Rudolf Beer. Der galt als Revolutionär, arbeitete mit Jessner und Karlheinz Martin zuammen, trat für Brecht, Bronnen, Kornfeld und Czokor ein. Die radikaleren Stücke blieben im Raimundtheater, die zahmeren sollten das Volkstheater sanieren, das aber gerade neue Konkurrenz bekommen hatte: Max Reinhardt war

1923 in die Josefstadt eingezogen, mit Stücken von Goldoni und Hofmannsthal und mit seinem reichen Ensemble guter Künstler. Für das Wechselspiel zwischen Berlin und Wien war diese Position in der Josefstadt wichtig.

Reinhardt gehörte auch neben Richard Strauss, Hofmannsthal, Franz Schalk und Alfred Roller dem Kunstrat des Vereins ›Salzburger Festspiel-Gemeinde‹ an, der 1917 zur Mozart-Pflege gegründet worden war. Hofmannsthal sah hier den Ort für die Erneuerung einer alten alpenländischen Volksspieltradition, organische Entwicklung aus Mysterienspiel und Barocktheater: der Teufel des mittelalterlichen Spiels und der Leporello im *Don Giovanni* erschienen ihm eines Geschlechts, »ihr Gemeinsames heißt Hans Wurst, und Hans Wurst wieder ist ein geborener Salzburger«. Hofmannsthal ließ zur Eröffnung 1920 sein Spiel *Jedermann* auf dem Salzburger Domplatz durch Reinhardt aufführen, wo es seither oft wiederholt worden ist. Auch schrieb er das *Salzburger Große Welttheater* nach Calderon, das zuerst in der Kollegienkirche Fischers von Erlach 1922 gespielt wurde. Das Festspielhaus wurde 1926 von Reinhardt mit Gozzis *Turandot* eröffnet, während seine Inszenierung von Goldonis *Diener zweier Herren* in der ›Felsenreitschule‹ gespielt wurde. Dort fand auch 1934 eine *Faust*-Aufführung durch Reinhardt statt, dessen Theater die wichtige Schauspielkomponente der Salzburger Festwochen geworden war.

Neben den Salzburger Festspielen, die im Zeichen Mozarts standen, dauerten die Wagner-Festwochen in Bayreuth weiter fort. Festliche Schauspiele gab es auch in Heidelberg, wo im Jahre 1926 Gustav Hartung gemeinsam mit dem Schriftsteller Rudolf K. Goldschmit-Jentner die sommerlichen Festspiele in der Schloßruine begründete. Im ersten Jahr spielte man in Hartungs Regie neben *Urfaust* und *Sommernachtstraum* Knut Hamsuns *Munken Vendt* in Bühnenbildern von Hans Poelzig mit Heinrich George, Albert Steinrück und Gerda Müller. Zu weiteren klassischen Werken kam 1928 Hauptmanns *Schluck und Jau* mit Max Pallenberg und Eugen Klöpfer in den Titelrollen, 1929 Hauptmanns *Florian Geyer* in Rudolf Rittners Inszenierung.

Mit den ›stehenden Theatern‹ hatten immer in gewissem Umfange Wanderbühnen fortbestanden, und es gab weiterhin Gastspiele einzelner Darsteller – die zeitweilig »in unseren Mauern weilenden« Künstler trugen den Titel ›Mauernweiler‹ davon. Das

Ensemble-Gastspiel der Meininger fand seine Nachfolge in den Reinhardt-Gastspielen mit *König Ödipus* und *Mirakel* (von Vollmöller). Das Ensemble von Curt Goetz gastierte mit seinen eigenen Werken. Man sah die Schauspieler Eugen Klöpfer, Alexander Moissi, Max Pallenberg mit eigener Truppe. Manche solcher Spielgemeinschaften erprobte ein Stück im Lande, um dann erst damit in Berlin aufzutreten. So ergab sich eine lebhafte Wechselwirkung zwischen den Bühnen Berlins mit ihren Darstellern und dem Theater im Reich.

Ein erstes großes Gastspiel deutscher Künstler im Ausland veranstaltete in jenen Jahren Max Reinhardt, als er mit seinem Ensemble 1927 in den Vereinigten Staaten von Amerika *Sommernachtstraum*, *Diener zweier Herren*, *Kabale und Liebe*, *Dantons Tod*, *Der lebende Leichnam*, *Gespenster*, *Jedermann*, *Dorothea Angermann* (Hauptmann) und *Peripherie* (Frantisek Langer) aufführte und an 98 Abenden Triumphe feierte.

Von ausländischen Gastspielen waren von besonderer Bedeutung für das deutsche Schauspiel die der russischen Theater. Dem Moskauer Künstlertheater folgte 1923 Alexander Tairow mit Wildes *Salome* und Racines *Phädra*. Später zeigte Tairow seine über mehrstufige Estraden bunt bewegte Clownerie *Giroflé-Girofla* von Lecocq und die Dramatisierung von Chestertons Roman *Der Mann, der Donnerstag war* mit einem die Szene und das Spiel beherrschenden Turmgerüstbau. Hier war schon etwas von dem Konstruktivismus Meyerholds, der 1930 in Berlin mit *Brülle, China!* von Tretjakow erschien und für manches Experiment der technischen Bühnengestaltung das Vorbild gab.

Die Bühne der zwanziger Jahre gehörte dem Regisseur. Man sprach nicht mehr von Schillers *Tell*, sondern von Jessners *Tell*. Jessner gewann dem expressiven Stil wichtige Mitstreiter, sowohl Regisseure (Jürgen Fehling) wie Darsteller (Fritz Kortner) und Bühnenbildner (Traugott Müller). Gründgens schätzte: »Sechzig Prozent der schöpferischen Regie sind mit der Besetzung bereits geleistet.« Aber das neue Drama forderte den Regisseur als Vermittler der Dichtung an den Darsteller in stärkerem Maße. Denn diese Dichtung wollte einen neuen Menschen nicht nur im Geiste, sondern auch in den Gebärden, in der ganzen Erscheinung, Menschen einer Welt, die mit schrägen Flächen klaffender Wände ein verwandeltes Gesicht zeigte. Der Ausbruch aus der gewohnten bürgerlichen Welt suchte seine Symbole in dieser Verwandlung des Bildes. Schauspieler, die Menschen darzustellen hatten, die entflammt und von neuen Ideen beseelt waren, mußten für die steile ›gotische‹ Haltung gewonnen werden. Wußten sie noch, wer sie waren, namenlos: Mann, Frau, Arzt, Soldat – Menschen oder Marionetten?

Karl Heinz Martin inszenierte in der Berliner Tribüne, die nur ein Jahr bestand, 1919 Ernst Tollers erstes Stück *Die Wandlung*. Er reduzierte die weitläufigen Bühnenanweisungen der dreizehn Bilder dieses »Ringens eines Menschen« auf Andeutungen, ließ das Wort wirken, und es gehörte ein suggestives Sprechen zu Sätzen wie »Ewig gebiert Urschoß Gestirne« im Mund eines Soldaten. Aber die Suggestion des rasch ablaufenden Ganzen dieser Andeutungsbühne war offenbar stark genug, den Weg des Helden vom Kriegsfreiwilligen zum Revolutionär glaubhaft zu machen, zumal da dieser Held Fritz Kortner war. Es wurde einer der großen Abende jener Jahre, der erste, an dem das expressionistische Drama aus der privaten Sphäre in die politische trat. Und zur politischen Demonstration wurde Martins Aufführung von Tollers *Maschinenstürmern* im Großen Schauspielhaus, wo er zuvor schon Hauptmanns *Weber* inszeniert hatte – es waren die seltenen Fälle, in denen der große Raum den beherrschenden Regisseur fand.

Fehling erreichte die stärksten Wirkungen mit den Dramen von Ernst Barlach. Zusammen mit dem Bühnenbildner Rochus Gliese gelang ihm eine Mischung von Realität und Spukhaftigkeit, von Traum und Wirklichkeit. Er fand den eigenen Stil, in dem er Hebbels *Nibelungen* spielen konnte, die finstere Antike der *Medea* von Hans Henny Jahnn wie die bäuerliche Dämonie von Richard Billingers *Rauhnacht*. Durch ihn wurde Halbes *Strom* nicht ein psychologisch fesselndes Stück, sondern visionäres Theater, bei dem das Elementare der Naturvorgänge vorherrschte. Ihm lag alles Archaische, weite Räume und große Tiefe.

Neben Jessner und Fehling stand damals führend Erich Engel. Seine klare Dialektik machte sich bald vom starren Schema des Expressionismus frei und strebte nach neuer sinnerfüllter Wirklichkeit. Seine Klassiker sollten nicht »genossen« werden, er wollte das Werk in die Zeit, unsere Zeit bringen, aus dem Dialog entwickelt, entheroisiert. In den dreißiger Jahren brachte er Shakespeare-Inszenierungen eigener Prägung, eindrucksvoll die »vergeistigte Phantasie« (Ruppel) seines *Sturm*, Ariel als Dämon, Verkörperung einer Naturkraft, von Theodor Loos gespielt. Gemeinsam mit dem Bühnenbildner Caspar Neher, der auch seine Shakespeare- und Calderon-Aufführungen rahmte, diente er dem Werk Bertolt Brechts, von dem er *Im Dickicht der Städte, Mann ist Mann* und besonders erfolgreich *Die Dreigroschenoper* spielte.

Erwin Piscators Arbeit war bestimmt von seiner ›soziologischen Dramaturgie‹: Weltanschauungstheater, das nicht nur zeigen, sondern wirken will. »Unser Ziel ist die Aufhebung des bürgerlichen Theaters, weltanschaulich, dramaturgisch, räumlich, technisch. Wir kämpfen um die Neugestaltung, die nur auf der Linie der gesellschaftlichen Umwälzung vor sich gehen kann« (1928). So wurden die Spieltexte verändert, in den Proben erarbeitet, sie erfuhren Verdeutlichung durch filmische Zutaten, wie im *Schwejk* durch die Bilder von George Grosz, Photos zur Dokumentation, technische Hilfsmittel der zwei- und dreistöckigen Etagenbühne oder des Laufbands. Der einzelne Schauspieler wurde nur Glied im Kollektiv. In der Zusammenarbeit mit dem Bühnenbildner Traugott Müller wurden wohl einzelne starke Szenenwirkungen erzielt, es war wohl eine genialische Besessenheit spürbar, aber am Ende ergab sich doch »Unfähigkeit, etwas durch ein Drama auszudrücken … Leerstück« (Kerr).

Sieht man von der politisch bestimmten Szene Piscators ab, so zeigt sich fast bei allen Regisseuren jener Jahre nach der Ekstase des Expressionismus eine allmähliche Rückkehr zu ruhigeren Formen. Heinz Hilpert, seit 1926 am Deutschen Theater, proklamierte Rückkehr zur »Werktreue«. »Ich finde nach wie vor«, schrieb er, »daß der beste Regisseur der ist, der anonym hinter dem Werk des Dichters verschwindet, der seine Schauspieler so leitet, daß sie diesem Werk und seinem Wort demütig dienen und ihre innere Freiheit nicht unter der Fuchtel des Rampenvogts verlieren – und der das Publikum dahin bringen kann, das Werk so zu sehen, wie es der Dichter gewollt hat, und nicht so, wie Willkür und Absicht es dahin und dorthin ausdeuten können.« Sogar Jessner, dessen *Hamlet* 1926 zum »Hamlet gegen die Monarchie« (Rühle) geriet, kühlte seine Parteinahme ab: »Keine Kunststücke mehr auf der Bühne, nicht das Experiment gilt heute, sondern die neue Sachlichkeit.«

Jessners Demission im Jahre 1930 unter politischem und rassistischem Druck war ein Menetekel für den kommenden Untergang des Theaters der Republik. Heinz Tietjen, Generalintendant der staatlichen Operntheater, wurde mit der Verwaltung aller preußischen Staatstheater betraut, nun also auch des Schauspiels, und zwar nicht nur in Berlin, sondern auch in Hannover, Kassel und Wiesbaden. Seit 1931 wirkte er auch als Regisseur bei den Bayreuther Festspielen mit. Tietjen war der größte Theater-Manager in der heraufziehenden Krise und darüber hinaus, selber also krisenfest.

Achtes Kapitel
Im Dritten Reich

1. Schatten voraus

Das Theater gehöre in seinem gegenwärtigen Zustand zu den »Verfallserscheinungen einer langsam abfaulenden Welt«, hatte Hitler 1924 als Häftling geschrieben. Den Beginn des Verfalls datierte er auf die Jahrhundertwende. Das Theater »wäre wohl schon damals restlos als Kulturfaktor ausgeschieden, hätten nicht wenigstens die Hoftheater sich noch gegen die Prostituierung der Kunst gewendet«. Der Abscheu galt wohl dem »Geschäftstheater«, das dem »Amüsierpöbel« (Goebbels) zu gefallen trachtete.

Im Jahre 1929 bestanden im Deutschen Reich Staatstheater in Berlin (mit vier Bühnen: Schauspielhaus am Gendarmenmarkt, das 1923 vom Staat übernommene Schillertheater, Opernhaus Unter den Linden, Oper am Platz der Republik), Kassel, Hannover und Wiesbaden; in Dresden mit Opernhaus und Schauspielhaus; in München mit drei Bühnen (Nationaltheater, Residenztheater, Prinzregententheater), ferner in Weimar (Deutsches Nationaltheater), Schwerin und 14 weitere Landestheater. Die 122 Stadttheater wurden teilweise in eigener Regie geführt, teilweise verpachtet. Hinzu kamen die Landesbühnen von Preußen, Bayern, Sachsen und Württemberg in der Form von Wanderbühnen. Von den 1929 vorhandenen 197 stehenden Theaterunternehmungen spielten 121 mit behördlicher Unterstützung.

Über dieses System brach 1930 die Wirtschaftskrise herein. Die Einnahmen der Theater sanken auf die Hälfte und weniger. Viele Privattheater gingen ein, die Zuschüsse der öffentlichen Theater wurden ›eingefroren‹ oder reduziert. Spielzeiten wurden verkürzt, Ballett oder Oper zugunsten des billigeren Schauspiels aufgegeben, zweite Spielstätten wurden geschlossen, benachbarte Bühnen zusammengefaßt. Gesetzliche ›Notverordnungen‹ ermöglichten es, Löhne und Gehälter zu mindern, Gagen des künstlerischen Personals wurden entsprechend verringert. Verpachtung von Spielstätten an Privatunternehmer ließ das vorbildliche System öffentlich-rechtlicher Theaterunternehmen schrumpfen. Die Genossenschaft deutscher Bühnenangehörigen meldete am Ende der Spielzeit 1931/32, zwei Drittel aller Bühnenangehörigen seien ohne festes Engagement, also fast 15 000 von 22 000.

In Berlin wurde das Theatersterben zur Epidemie. Glücksritter griffen zu und versagten erst recht. Sogar Max Reinhardt resignierte (1932). Nur Hans Albers, Richard Tauber und Elisabeth Bergner könnten noch ein Theater füllen, meinte Ernst Josef Aufricht, der das Theater am Schiffbauerdamm aufgegeben hatte und es noch einmal versuchte, mit dem Admiralspalast. Die reformatorische ›Krolloper‹ endete Anfang Juli 1931 mit *Figaros Hochzeit*, die Sänger wurden von den Opernhäusern Unter den Linden und an der Bismarckstraße übernommen. Die ›Münchner Kammerspiele‹, eine GmbH, meldeten im Oktober 1932 Konkurs an. Abfindung der Gläubiger mit 30 Prozent ihrer Forderungen und eine Gagenkürzung von 25 % retteten das Unternehmen. Nur ein einziges Privattheater schloß noch Verträge über elf Monate ab, das Schauspielhaus in Hamburg unter Karl Wüstenhagen.

Die schlechte soziale Lage begünstigte politische Radikalisierung und Antisemitismus. Neben den gemäßigten Interessenverbänden, dem christlich bestimmten ›Bühnenvolksbund‹ und der sozialdemokratisch akzentuierten ›Volksbühne‹, drängten sich Kommunisten und Nationalsozialisten vor. Links gab es den ›Arbeiter-Theater-Bund‹, die ›Junge Volksbühne‹ sowie eine Reihe von Spiel- und Zuschauergruppen, die mit dem ›Internationalen Revolutionären Theater-Bund‹ sympathisierten. Dieser IRTB wollte vergeblich ein Kartell für die gesamte revolutionäre Theater-, Musik- und Kinobewegung gründen. Rechts gab es nationalsozialistische Ensembles und Zuschauerorganisationen, die ihnen zuarbeiteten. Diese meist kurzlebigen Gemeinschaften förderten Soldatenstücke, agrarromantische Heimatspiele und Grenzlanddramen. Die liberale Presse verriß die Stücke und die Inszenierungen. Erfolgreicher als beim Vorzeigen eigener Leistungen waren die Nationalen beim Stören ›artfremder‹ Aufführungen. Alfred Rosenbergs ›Kampfbund für Deutsche Kultur‹ bekämpfte die »kulturzersetzenden Bestrebungen des Liberalismus«. Seinen Aufrufen folgten in der Regel die Sturmabteilungen (›SA‹) der NSDAP, der ›Nationalsozialistischen Deutschen Arbeiterpartei‹. Aufs Ganze gesehen, war das völkische Theater zwar nur eine Serie von disparaten und unqualifizierten Aktivitäten, auf die man nicht bauen konnte. Aber die ›Machtergreifung‹ setzte sie ins Recht.

Fritz von Unruh steigerte sich und seine Dramen angesichts der wachsenden Bedrohung immer mehr in einen deklamatorischen Pazifismus hinein. In seiner Komödie *Zero* verkündete er: »Auf dem Potsdamer Platz werden Schafe weiden.« Daraufhin brach bei der Uraufführung im Juni 1932 in Frankfurt ein Tumult los. Der Autor trat an die Rampe und schrie ins Parkett: »Auf dem Potsdamer Platz werden Schafe weiden!« Dreizehn Jahre später ging diese Prophezeiung in Erfüllung.

2. Das theatralische Regime

Die erste große Demonstration des Nazi-Theaters gab es zu Hitlers 44. Geburtstag am 20. April 1933. Die Staatsbühne am Gendarmenmarkt spielte zum ersten Mal das Schauspiel *Schlageter* von Hanns Johst, mit Lothar Müthel in der Titelrolle, unter der Regie des von Tietjen berufenen Schauspielintendanten Franz Ulbricht, bis dahin Chef des Nationaltheaters in Weimar. Nach der Erschießungsszene am Schluß wurde nicht applaudiert, sondern das Publikum sang stehend das ›Deutschlandlied‹ und das ›Horst-Wessel-Lied‹. Johsts *Schlageter* war eines der wenigen Tendenzstücke, die sich als repertoirefähig erwiesen.

Dem Theater wurde hoher propagandistischer Wert beigemessen, obendrein war das Triumvirat Hitler, Göring und Goebbels theaterfreundlich und filmnärrisch. Immer wieder erwiesen sie sich als Gönner. Hitler suchte die Bekanntschaft mit prominenten Darstellern, unterstützte persönlich junge Künstler, er subventionierte aus eigenen Mitteln besondere Theater, zum Beispiel regelmäßig zwei repräsentative Inszenierungen pro Spielzeit im Nationaltheater in Weimar. Er behielt sich Entscheidungen im Theater- und Musikleben vor. Seine Neigung für die Oper übertraf das Interesse am Schauspiel, er hatte aber in der Jugend tiefe Eindrücke im Burgtheater empfangen. Er interessierte sich für Bühnenbildnerei und Theatertechnik. Goebbels, ein schlechter Dramatiker, schwacher Romancier und begabter Journalist, zeigte dem Theater in seiner Geburtsstadt Rheydt immer wieder seine Gunst. Göring, verheiratet mit einer Schauspielerin, sah sich als den letzten Renaissancemenschen, der von den Künsten Glanz empfing und den Künstlern Glanz verlieh. Sogar ›Gauleiter‹ spielten sich als Mäzene auf. Titel, Preise, Orden, Ämter, Geldgeschenke wurden in größerem Ausmaß denn je vergeben. Spenden und Stiftungen verbesserten die Altersversorgung der Künstler. Geld war auf einmal da, auch für die Theater. Die Zeit der Hungergagen, der Aufteilung der Abendkasse, war vorbei.

Dem ›bürgerlichen‹ Theater mit seinen ›individualistischen‹ Dramen sollte möglichst bald ein chorisches Theater der Massen gegenübergestellt werden, die große offene Form, welche die traditionelle Guckkastenbühne sprengte. Bühne und Zuschauerbereich sollten zu einem einzigen und einigenden Erlebnisraum verschmelzen. Auch der Unterschied zwischen Berufsdarstellern und Laienspielern sollte bei völkischer Erbauung unter freiem Himmel verschwinden. Man gab diesen Freilichtdarbietungen den germanoiden Namen ›Thingspiele‹. Hunderte von Thing-Stätten waren geplant, doch nur relativ wenige wurden gebaut, schon weil es kaum Stücke für sie gab. Nennenswerte Autoren waren Kurt Heynicke, Richard Euringer und Heinrich Lersch. Der letzte große Versuch, die Gattung zu retten, wurde 1936 in Berlin unternommen. Man hatte dort auf dem Gelände des ›Reichssportfeldes‹ eine dreistufige ›Dietrich-Eckart-Bühne‹ errichtet, davor war Platz für 20000 Zuschauer. Am 2. August, dem Tag der Eröffnung der Olympischen Spiele, wurde dort das *Frankenburger Würfelspiel* von Eberhard Wolfgang Möller uraufgeführt, eine in hölzerne Verse gesetzte fiktive Gerichtsverhandlung über ein grausames Ereignis aus der österreichischen Gegenreformation 1625. Regie führte Mathias Wieman, die Schauspieler trugen Kothurne und verlängerte Kostüme. Christliche und deutschnationale Begriffe in Chören und Wechselgesängen bauten diffuse Stimmung auf, die zum Schluß beim gemeinsamen Singen nationalsozialistischer Lieder eindeutig wurde. Das *Frankenburger Würfelspiel* wurde in etlichen Thingstätten und auf zahlreichen Bühnen nachgespielt. Die religiösen Elemente darin gefielen weder der katholischen Kirche noch dem ›Kampfbund für Deutsche Kultur‹ des Ideologen Alfred Rosenberg. Als im Jahre 1937 die amtliche Unterstützung und Propagierung der Thingspiele gestoppt wurde, erstarb diese künstliche Bewegung.

Der Nationalsozialismus selber hatte Züge eines gewaltigen Festspiels. Fahnen, Licht, Sonne, Jubel, Fanfaren bei jeder Gelegenheit. Das Gefühl von Außerordentlichem, Nochniedagewesenem, Einzigartigem wurde immer wieder geweckt und womöglich gesteigert. Benno von Arent, bisher Filmarchitekt und Ausstattungschef am Unterhaltungstheater, nun ›Reichsbühnenbildner‹, entwarf Uniformen und Kulissen für Staatsbesuche und auch Bühnenbilder für Schillers *Räuber* und Hauptmanns *Florian Geyer* im Theater der Volksbühne in Berlin. Hitler entwarf einen braunen Smoking als Uniform für das ›Nationalsozialistische Reichs-Symphonieorchester‹. Einzig im Kaschieren mit Schaueffekten, ja Ersetzen von Politik durch Schaueffekte, war das Dritte Reich innovativ. Es war auch eine kulturelle Illusion, nicht nur eine politische.

Dieses theatralische Regime übersteigerte auch das Theater durch Festspiele und Festwochen mit mehr oder minder offiziellem Charakter. Ob Reichstheaterwochen, ob Feier des Gedenkens der Völkerschlacht bei Leipzig, ob Shakespearefest oder Kleist-Fest-Woche – immer feierte der Staat auch sich selbst. Die Bayreuther Festspiele huldigten nicht nur Wagner, sondern auch dem Führer, der gesellschaftliche Beziehungen zum Hause Wagner unterhielt. Winifred Wagner, Witwe Siegfried Wagners, übertrug 1933 die künstlerische Gesamtleitung der Festspiele Heinz Tietjen, der auch inszenierte und dirigierte. Musikalischer Leiter wurde Wilhelm Furtwängler, maßgeblicher Bühnenbildner Emil Preetorius. Er bemühte sich um symbolträchtige Spielräume, in denen die Ereignisse als Urbilder und ewige Gleichnisse wirkten. Aus Protest gegen antisemitische Tendenzen sagte Arturo Toscanini seine Gastdirigate ab, seine Stelle nahmen Richard Strauss, später auch Victor de Sabata und Hermann Abendroth ein. Für den *Parsifal* 1937 schuf Wieland Wagner als Zwanzigjähriger seine ersten Bayreuther Bühnenbilder. Den Salzburger Festspielen wurde erst nach dem ›Anschluß‹ Österreichs Publizität zugestanden.

Der ›monumentale Bauwille‹ der Machthaber richtete sich selbstverständlich auch auf die Theater. Die ›gemeinschaftsfördernde‹ Fähigkeit des Theaters sollte architektonisch unterstützt werden. Zuschauerräume wurden erweitert, trennende Logen und Ränge aufgelöst. Allein im Jahre 1937 wurden 35 Theater umgebaut oder renoviert. Später wurde allerdings die ›Führerloge‹ eingeführt, wo die Hofloge der Demokratisierung geopfert worden war, zum Beispiel in der Staatsoper Unter den Linden bei der Neugestaltung des Zuschauerhauses nach dem Brand 1941.

Nur zwei Groß-Theater wurden in den zwölf Hitler-Jahren fertig: das Dessauer Theater und das ›Gautheater Saarpfalz‹ in Saarbrücken, »ein Geschenk des Führers und Reichskanzlers Adolf

Hitler an die Saarbevölkerung, zur Erinnerung an den einzigartigen Abstimmungssieg am 13. Januar 1935« (laut Bühnenjahrbuch). Beide wurden 1938 eröffnet.

Krieg und Untergang vereitelten die Realisierung weiterer, teils größenwahnsinniger Pläne, wie die Opernhäuser für die ›Hauptstadt der Bewegung‹ (München) und das Opernhaus in Linz am Ende einer vom Bahnhof ausgehenden Prachtstraße.

3. Unvollkommene Gleichschaltung

Fanatiker und Karrieristen hatten ›vollendete Tatsachen‹ geschaffen, noch bevor die ›neue Ordnung‹ offiziell durchgesetzt worden war. Es kam im Frühjahr 1933 reihenweise zu Entlassungen von Intendanten (etwa fünfzig), Dirigenten, Regisseuren und Dramaturgen. Nicht immer hatten die ›neuen Herren‹ gravierende politische Einwände, sie hatten sich nach den Reichstags- und Kommunalwahlen vom März 1933 zum demonstrativen ›Aufräumen‹ entschlossen. Bald nach der ›Gleichschaltung‹ der Theater zeigte sich, daß die Nationalsozialisten viele der mutwillig geschaffenen Vakanzen nur schlechter als recht besetzen konnten. Ein Grund mehr für die Entlassenen, den Ernst der Lage zu verkennen. Man nahm an, das neue Regime werde sich nicht lange halten können. Mit Gastrollen und Gastinszenierungen wollten die Verdrängten die Zeit des »Umbruchs« überbrücken.

Das stellungslose und gesinnungstüchtige Mittelmaß, das im Gefolge der nationalsozialistischen ›Revolution‹ eingerückt war, bewährte sich großenteils nicht und wurde allmählich ausgetauscht, auch unter Zuhilfenahme von Verjagten. Manche konnten vor dem Bühnenschiedsgericht oder bei der zuständigen Aufsichtsbehörde ihr Recht erstreiten, wenn sie sich nicht in der ›Systemzeit‹ als politische Gegner gezeigt hatten oder Juden waren. Selbst da gab es Ausnahmen. Goebbels mühte sich um Max Reinhardt, der nach Wien ausgewichen war. Horst Caspar, gemäß ›Rassengesetz‹ ein »Mischling zweiten Grades«, andererseits aber auf der Bühne der deutsche Jüngling par excellence, bekam eine ›Sondererlaubnis‹. Sie band ihn zunächst an Bochum (1933-1938), dann durfte er an Münchens Kammerspiele überwechseln (bis 1940) und schließlich am Schiller-Theater in Berlin (1940/41) und am Burgtheater Wien (1942-1944) Karriere machen. Ein Beispiel für politische Rehabilitierung: Heinrich George konnte seine kommunistische Vergangenheit durch öffentlichen Gesinnungswandel tilgen. Hans Otto, Heldenspieler des Berliner Staatstheaters, wurde im Zusammenhang mit einer ›Vernehmung‹ aus dem Fenster geworfen oder stürzte sich selber in den Tod. Hanne Mertens, zuletzt im Ensemble der Münchner Kammerspiele, kam im Konzentrationslager Neuengamme um. Joachim Gottschalk, engagiert am Volkstheater Berlin, ging mit seiner jüdischen Frau in den Tod. Zu den ›Maßnahmen‹ gegen die Bühnengenossenschaft gehört die vierteljährige Haft ihrer Präsidenten Carl Wallauer und Erich Otto. Wolfgang Langhoff wurde Ende Februar 1933 für ein Jahr in ›Schutzhaft‹ genommen, danach konnte er beim Zürcher Schauspielhaus unterkommen. In den meisten Fällen scheiterten die Versuche, im eigenen Beruf im Ausland weiterarbeiten zu können. Es mußte ja deutschsprachiges Ausland sein, und dort war das Theaterleben beileibe nicht so üppig wie im Reich nach 1933. In Österreich ging die ökonomische Krise 1938 zu Ende – mit der ›Machtergreifung‹ der Nazis in Wien.

Nur am Zürcher Schauspielhaus glückte der Versuch, ein antifaschistisches Ensemble beisammen zu halten, das zahlreiche Exilierte aufnahm. Einer der ersten Theaterleute, die 1933 in Zürich eintrafen, war der Darmstädter Dramaturg Kurt Hirschfeld, der Leopold Lindtberg, Kurt Horwitz, Ernst Ginsberg, Erwin Kalser, Teo Otto, Therese Giehse, Leonhard Steckel und andere nachzog. Der Spielplan, der im wesentlichen aus Salonstücken bestanden hatte, wurde mit Klassiker-Inszenierungen und ›Zeitstücken‹ durchsetzt. Das Zürcher Schauspielhaus war ein sparsames Privattheater mit zunächst nur mäßigem Niveau. Das besserte sich 1938, nachdem der aus Basel stammende Oskar Wälterlin, bis dahin Oberspielleiter der Oper in Frankfurt, künstlerischer Direktor in Zürich geworden war.

Die deutschen Machthaber hatten es eilig, die Theater »in den Griff« zu bekommen. Es wurde unter Goebbels ein ›Reichsministerium für Volksaufklärung und Propaganda‹ gebildet, das (außer Wissenschaft und Erziehung) sämtliche Bereiche eines Ministeriums für Kultur umfaßte. Untergeordnet war ihm auch eine Standesorganisation für Künstler, die ›Reichskulturkammer‹, mit Abteilungen für ›Schrifttum‹, Presse, Rundfunk, Musik, bildende Kunst und Theater. Sie hatte eine gewisse Verführungskraft, weil dort mehr Künstler als Funktionäre figurierten. Präsident der

Reichsmusikkammer wurde der damals berühmteste deutsche Opernkomponist, Richard Strauss. Der ›Theaterkammer‹, die Spielpläne und Dramatik überwachte, ›Fremdgut‹ aussonderte und ›gute deutsche Werke‹ förderte, präsidierte der ehemalige Schauspieler Otto Laubinger, zusammen mit dem ›Reichsdramaturgen‹ Dr. Rainer Schlösser, bis dahin Schriftleiter beim Parteiblatt *Völkischer Beobachter*. Vizepräsident war Generalintendant Eugen Klöpfer. Im Präsidialrat saßen sechs Intendanten (darunter ›Staatsrat‹ Gründgens) und Schauspieler (z.B. Lothar Müthel) sowie ein Oberbürgermeister und ein ›Gaupropagandaleiter‹. Mitglieder der Genossenschaft Deutscher Bühnenangehörigen wurden ›automatisch‹ Mitglieder der Reichstheaterkammer.

Der ›Kampfbund für Deutsche Kultur‹ delegierte einen ›alten Kämpfer‹ (Hans Hinkel) als Theaterkommissar ins Preußische Kulturministerium. Göring ernannte ihn zum Leiter des Preußischen Theaterausschusses. Kollision der Kompetenzen des Propagandaministeriums unter Goebbels und des Preußischen Ministeriums für Wissenschaft, Kunst und Volksbildung unter Göring, lädierte das System und nützte den Betroffenen. Göring behielt sich die ehemals preußischen Staatstheater in Berlin, Wiesbaden, Kassel und Hannover vor.

Das ›Führerprinzip‹ wurde auf die Leitung von Theatern ausgedehnt: der beste Künstler sollte ›Führer‹ des jeweiligen Instituts sein. Eugen Klöpfer bekam die Volksbühne, Heinrich George das Schillertheater, Victor de Kowa die Komödie am Kurfürstendamm. Gustaf Gründgens hatte als Schauspieler und Regisseur so viel Kredit erworben, daß Heinz Tietjen, der Generalintendant der Preußischen Staatstheater, Gründgens erfolgreich als Leiter des Schauspielhauses am Gendarmenmarkt vorschlagen konnte. So kam ein großer Künstler und Diplomat im Oktober 1934, mit 35 Jahren, an die repräsentativste Sprechbühne des Reiches. Göring ließ Gründgens nach Möglichkeit gewähren, er spielte den jovialen Chef, das staatliche Schauspielhaus war sein Stolz und sein Spielzeug. Die künstlerischen und materiellen Möglichkeiten waren nur mit denen des Burgtheaters zu vergleichen. Gründgens konnte den anarchischen Regisseur Jürgen Fehling halten, er förderte Traugott Müller, den wichtigsten Bühnenbildner jener Jahre. Müller hatte Bühnenkonstruktionen für Piscator gebaut. Mit Fehling zusammen entwickelte er den leeren, zum Zuschauerraum hin abfallenden Bühnenkasten. Mit politischen Zweideutigkeiten unterlief Fehling offizielle Wertungen, zum Beispiel mit Werner Krauß als Richard III. (1937) und Julius Caesar (1939). Shaws *Heilige Johanna* mit Käthe Gold in der Titelrolle (Spielzeit 1942/43) wurde als Drama göttlicher Sendung in einer Welt voll militärischer und geistlicher Gewalt gedeutet. Derlei wurde mit »Zeitstücken« begleitet, immerhin auf Staatstheaterniveau, zum Beispiel *Propheten* (1933/34), mit Heinrich George, Lucie Höflich und Friedrich Kayßler und *Thomas Paine* (1935/36, mit Lothar Müthel, Eugen Klöpfer und Albert Florath), beides Historien von Hanns Johst, der zum Parteigänger geworden war.

Der heroische Nihilismus von Hans Rehberg fand offizielle Anerkennung (*Heinrich und Anna* unter Fehling, ausgestattet von Müller 1941/42 am Staatstheater, mit Otto Wernicke, Lothar Müthel, Maria Koppenhöfer und Elisabeth Flickenschildt). Der zweitwichtigste Bühnenbildner des Staatstheaters war Rochus Gliese, er stattete Gerhart Hauptmanns *Iphigenie in Delphi* aus (1941/42), ein düsteres Atriden-Drama, das als getarnte Anklage gegen das Mordregime verstanden werden konnte.

Auch das Deutsche Theater und die Kammerspiele kamen 1934 in feste und gute Hände: Goebbels machte Heinz Hilpert, zuletzt Intendant des Volksbühnentheaters am Bülowplatz (nun Horst-Wessel-Platz) zum Direktor. Vor allem in Klassiker-Inszenierungen entwickelte Hilpert seine Sorgfalt. Er verteidigte die ›Sendung‹ des Theaters gegen Effekte und Experimente, er war für Entwicklung und gegen Karriere. Goebbels bezeichnete Hilperts ›inneres Reich‹ als ›KZ auf Urlaub‹, er griff dann und wann ein, aber er griff nicht durch.

Auch Otto Falckenberg und seine Münchner Kammerspiele erfreuten sich allerhöchster Duldung. Der ›Regiepoet‹ Falckenberg sah sein Ensemble gern als »esoterischen Bund«. Als er (1938) mit einem als Geschäftsführer eingesetzten Sturmbannführer nicht fertig wurde, suchte und fand er Hilfe bei Goebbels in Berlin. Hitler persönlich erhob Falckenbergs Privattheater 1939 zum Staatstheater. Für Falckenberg war die Bühne ein Ort der Poesie, zu den Konzessionen an seine Gönner gehört die Beteiligung am ›Tag der Deutschen Kunst‹ im Oktober 1933 mit der Uraufführung der *Goldenen Harfe* von Gerhart Hauptmann. Im April 1933 gab es *Preußengeist* von Paul Ernst und 1936 zur ›Reichstheaterwoche‹ das Tendenzdrama *Rothschild siegt bei Waterloo* von Eberhard Wolfgang Möller, Referent in der Theaterabteilung des Reichsmi-

nisteriums für Volksaufklärung und Propaganda sowie vielge-
spielter Dramatiker.

Das schaukräftige Klassikertheater von Saladin Schmitt, pathetisch in Wort und Gebärde, mit Statistenscharen und prunkenden
Szenen zu festlicher Musik, wurde zum vorbildlichen Historien-
stil. Die Deutsche Schiller-Woche (1934) bot an neun Abenden auf
einer Einheitsbühne Schillers gesamtes dramatisches Werk, die
Hebbel-Woche (1939) enthielt als Seltenheit *Genoveva* und die
beiden vom Reichsdramaturgen als ›inopportun‹ bezeichneten
Werke *Judith* und *Herodes und Mariamne*. (Gleichwohl übernahm Goebbels die ›Schirmherrschaft‹.) Die Grabbe-Woche
(1941) enthielt sogar eine Uraufführung, die wilde Jugendarbeit
Herzog Theodor Gothland. Bis auf das Lustspiel *Scherz, Satire,
Ironie und tiefere Bedeutung* hat Schmitt sämtliche Festaufführungen selber inszeniert. Er studierte persönlich fast den ganzen
Shakespeare ein, sorgte auch für die Festaufführungen bei den Jah-
restagungen der Deutschen Shakespeare-Gesellschaft, deren Präsident er 1943 wurde. Mit gelegentlicher Tendenzdramatik, zumal
in ›Reichstheaterwochen‹, sicherte Saladin Schmitt sich ab.

Gesinnungstüchtige Dramen, die als Gesten des guten Willens
gespielt werden mußten, mißfielen der Presse, die immerhin in
›Sklavensprache‹ ihre Meinung sagen konnte. Jedenfalls war der
Besuch miserabel. So konnten die Theaterleiter, auf den Ausfall
von Einnahmen hinweisend, die nationalen Pflichtübungen dosie-
ren oder gar zurückstellen für bessere Zeiten. Der Neigung zur
ideologiefreien Unterhaltung sollte die Neuorganisation der Theaterbesucher entgegenwirken. Rosenbergs ›Kampfbund‹ setzte eine
›Deutsche Bühne e.V.‹ als Besucherorganisation durch. Daneben
entwickelte sich eine NS-Gemeinschaft ›Kraft durch Freude‹. Sie
schickte seit 1934 Millionen ›Volksgenossen‹ aus Betrieben und
›Massenorganisationen‹ in ›Kulturveranstaltungen‹.

Auf den Musikbühnen wurde noch weniger Gesinnung exer-
ziert, teils weil Musiktheater weniger tauglich ist zur Vermittlung
von präzisen Botschaften, teils weil der Nachfrage ein noch ge-
ringeres Angebot gegenüberstand. Aus war es mit dem provokati-
ven Musiktheater. Schönberg, Berg, Weill und Křenek waren ›un-
tragbar‹, die Haltung Hindemith gegenüber schwankte. Otto
Klemperer, der Dirigent der Moderne, ging nach Amerika, die
szenischen Realisatoren Hein Heckroth und Lázló Moholy-Nagy
emigrierten, ihr Mitstreiter Oskar Schlemmer zog sich in die Pro-

vinz zurück. Die Arbeitsgemeinschaft zwischen Arthur Maria Rabenalt und Wilhelm Reinking (54 Inszenierungen zwischen 1926 und 1933) wurde zerbrochen. Rabenalt durfte einige Jahre lang nicht mehr Regie führen, dann wechselte er zum Film über, Reinking synchronisierte amerikanische Filme, bis er wieder fürs Theater arbeiten durfte (ab 1937).

Die erfahrenen Opernkomponisten der älteren Generation festigten ihre Positionen mit neuen Werken: neben Strauss vor allem Ermanno Wolf-Ferrari, auch Julius Weismann und Mark Lothar. Es setzten sich Ottmar Gerster, Rudolf Wagner-Régeny und (der anfangs angefeindete) Hermann Reutter durch. Als großes Talent der dramatischen Musik kündigte sich Werner Egk an, der Strawinsky-Nachfolge mit bayerischer Volksmusik austarierte (*Die Zaubergeige*, Frankfurt 1935) und verfemte Stilmittel aus der Musik der zwanziger Jahre zur Charakterisierung von negativem Verhalten verwendete (*Peer Gynt*, Berlin 1938). Obendrein sicherte sich Egk mit opportunen Gesinnungsbeweisen ab. Überraschend war das Erscheinen von Carl Orff im Rampenlicht. Orff hatte aus der Arbeit in einer Münchner Schule für Gymnastik, Tanz und Musik ein auf einfachen Instrumenten und unter Vorherrschaft der Rhythmik basierendes musikpädagogisches ›Schulwerk‹ entwickelt, als ihn die szenische Kantate *Carmina Burana* (Frankfurt 1937) zum meistdiskutierten Neuerer in jenen Jahren machte. Es folgten die Märchenspiele *Der Mond* (München 1939) und *Die Kluge* (Frankfurt 1943) sowie die Madrigaloper *Catulli Carmina* (Leipzig 1943). Bald nach dem Krieg setzte internationale Anerkennung ein.

Ärgerlich für die Rassisten war, daß wichtige, für den Opernbetrieb kaum entbehrliche Werke von Richard Strauss auf Libretti des Juden Hugo von Hofmannsthal basierten: *Elektra*, *Rosenkavalier*, *Frau ohne Schatten* und *Arabella*. Nach dem Tode von Hofmannsthal (1929) ließ Strauss sich von Stefan Zweig das Libretto für die komische Oper *Die schweigsame Frau* schreiben. Hitler verfügte, daß das Werk trotz des jüdischen Librettisten ausnahmsweise aufgeführt werden dürfe. Kurz vor der Uraufführung (24. Juni 1935 in Dresden) fing die Gestapo einen Brief an Zweig ab, in dem Strauss seine Präsidentschaft in der Reichsmusikkammer ein »ärgerliches Ehrenamt« nannte, das er ausübe, »um Gutes zu tun und größeres Unglück zu verhüten«. Daraufhin mußte Strauss demissionieren und *Die schweigsame Frau* verschwand nach vier

Aufführungen aus Deutschland – bis 1946, als Keilberth das Werk in Dresden dirigierte. Schwer war es, Shakespeares *Sommernachtstraum* von der Musik des Juden Felix Mendelssohn-Bartholdy zu trennen. Es wurden Kompositionsaufträge vergeben. Dutzende von Versuchen erbrachten nichts Bleibendes, obwohl auch namhafte Komponisten (Wagner-Régeny, Carl Orff, Edmund Nick) sich daran versuchten.

Die fortschreitende ›Arisierung‹ des Kulturlebens machte immer mehr Juden brotlos. Darum gründeten der Arzt, Musikschriftsteller und Chorleiter Dr. Kurt Singer und der Regisseur Kurt Baumann schon im Sommer 1933 einen ›Jüdischen Kulturbund‹. Sein Protektor und Tyrann war der Staatskommissar Hinkel. Bedingung war, daß nur Juden Mitglied wurden und nur sie an den Veranstaltungen teilnahmen. Die erste Premiere, Lessings *Nathan*, fand am 1. Oktober 1933 statt. Gespielt wurde im Theater in der Charlottenstraße, später auf der ehemaligen Herrnfeld-Bühne, dem ›Theater in der Kommandantenstraße‹, im Südosten Berlins. Der Berliner Initiative folgten Gründungen im ›Reich‹, Schwierigkeiten mit lokalen Behörden führten Ende April 1935 zur Gründung einer Dachorganisation, dem ›Reichsverband der Jüdischen Kulturbünde‹ in Deutschland. Es gab innere Schwierigkeiten: wie deutsch, wie jüdisch durfte, sollte, mußte das Programm sein? Es gab vor allem äußere Schwierigkeiten: die Politik der Nadelstiche, die auch den Jüdischen Kulturbund der ›Endlösung‹ entgegentrieb. Der Jüdische Kulturbund vergreiste, weil es vor allem jüngeren Mitgliedern gelang, ins Ausland zu kommen. Die Bilanz ist nicht nur positiv. Der sozialen, tröstenden und ermutigenden Funktion steht gegenüber, daß der Jüdische Kulturbund von Goebbels' Gnaden zur Kulturfassade gehörte, hinter der die Verbrennungsöfen rauchten. Nach dem Pogrom im November 1938 erzwangen die Behörden nach kurzem Verbot das Weiterspiel. Da zeigte sich deutlich die Alibi-Funktion des ›Jüdischen Kulturbundes‹. Er wurde 1941 endgültig verboten.

4. Und morgen die ganze Welt?

Dem Ausland gegenüber kündete das Deutsche Theater vom ›Kulturwollen‹ des Reiches. Gastspiele in den Nachbarländern waren einladende und stolze Gesten – bis sie (nach der Eroberung) die

Kulturmacht der Sieger repräsentierten. Der ›Anschluß‹ Österreichs im März 1938 war eine Variante der ›Machtergreifung‹ von 1933 – man hätte das voraussehen können. An fast allen Theatern wurden die Direktoren ausgewechselt. Göring ließ Lothar Müthel in Wien Generalintendant werden, den sich die Wiener gewünscht hatten, nachdem die Abhängigkeit von Berlin unabänderlich geworden war. Goebbels, der das Reinhardt-Erbe in Berlin an Heinz Hilpert vergeben hatte, ließ Hilpert auch in Wien Reinhardts Nachfolger (am Josefstädter Theater) werden. Der Kampf um Einfluß wiederholte sich. Im Jahre 1940 setzte Hitler den schlechten Lyriker, ehemaligen Reichsjugendführer, Sohn eines Theaterintendanten, Baldur von Schirach als Gauleiter und Reichsstatthalter in Wien ein. Schirach war nach Möglichkeit liberal (nur in der ›Judenfrage‹ nicht) und riskierte Tadel aus Berlin. Er spielte den Mäzen, und als man ihn abschieben wollte, fand sich kein akzeptabler Modus, bis das ›Reich‹ zusammenbrach.

Den ersten Geburtstag des ›Führers‹ in der Großdeutschen Ära (20. April 1938) feierte die Wiener Staatsoper mit Wagners *Meistersingern* unter Furtwängler. Die meisten Konzessionen an den ›Zeitgeist‹ machten das Volkstheater und das Raimundtheater, sie vermittelten als Schauspielhaus und Operettentheater der Deutschen Arbeitsfront ›Kraft durch Freude‹. Die Karten kosteten nicht einmal eine Mark. Auch in der ›Ostmark‹ entspannte sich die finanzielle Lage der Theater. Hitler achtete persönlich auf ›seine‹ Stadt Linz, wo er einst die Realschule und die Oper besucht hatte. Er unterstützte das Opernhaus aus seinem Privatfond. In Braunau am Inn, seinem Geburtsort, wurde das Stadttheaterchen vorübergehend zur Landesbühne mit Operettenensemble erweitert.

Die Wiener Staatsoper präsentierte zwischen 1938 und 1944 Traumbesetzungen. Ständig gab es zwei sehr gute Brünnhilden (Anni Konetzni und Helena Braun), vier Hans Sachse (Hans Hotter, Paul Schöffler, Josef Herrmann und Karl Kamann) und ebensoviel Siegfriede (Max Lorenz, Set Svanholm, Joachim Sattler und Julius Pölzer). Furtwängler, Knappertsbusch und Karl Böhm lösten einander am Pult ab. Das Burgtheater brillierte mit großen Klassiker-Abenden, stand aber auch ›zur Verfügung‹. Als Schirach 1942 den *Kaufmann von Venedig* im Burgtheater zu sehen wünschte, führte Müthel den Befehl aus. Werner Krauß machte aus Shylock eine antisemitische Demonstration – und das Publikum jubelte.

Nach dem Vorbild der Reichskulturkammer wurden in den besetzten Ländern berufsständische Organisationen gegründet. Für die annektierten Gebiete wurden Theater als ›Schutz- und Trutzburgen‹ deutschen Geistes projektiert. Alle Eroberungen der Wehrmacht waren auch Eroberungen für das deutsche Theater. Die Statistik im Bühnenjahrbuch vermerkte als ›zurückgewonnene‹ Theater die in Bielitz, Bromberg, Graudenz, Kattowitz, Königshütte, Krakau, Lodz, Posen und Thorn. Gesondert geführt wurden die Theater im ›Protektorat Böhmen und Mähren‹: Brünn, Budweis, Iglau, Mährisch-Ostrau, Olmütz, Pilsen und Prag. In Prag wurde das traditionsreiche Neue Deutsche Theater, ein österreichisch-ungarisches Relikt, ausgebaut. In Den Haag wurde ein Deutsches Theater gegründet. Das Deutsche Theater in Oslo war die einzige ständige Opernbühne Norwegens, Ergebnis eines erfolgreichen Gastspiels der Tänzer des Deutschen Opernhauses Berlin im Februar 1941.

Nachdem im April 1941 Jugoslawien zerschlagen und im Juli ein nominell unabhängiges Kroatien organisiert war, wurde das in kaiserlicher Zeit (1894/95) erbaute Nationaltheater in Zagreb gleichgeschaltet. Goethe wurde der meistgespielte Klassiker, voran *Iphigenie*. Als das Kriegsglück sich wendete, erschienen englische und amerikanische Stücke auf dem Spielplan – eine weitsichtige, aber nutzlose Taktik. Ein Teil des Ensembles entwich und gründete ein Partisanen-Theater.

In Frankreich war erst das Auswärtige Amt, dann das Propagandaministerium für das Theater zuständig. Der Kultur-Faschismus hatte in Frankreich prominente Sympathisanten und gab sich liberal. Tatsächlich ging das Theaterleben in Paris relativ ungestört weiter. Anouilh wurde weitergespielt, Montherlant und Sartre debütierten, Claudel setzte sich durch. Anouilhs subversive *Antigone* wurde im Februar 1944 unter den Augen der Besatzungsmacht uraufgeführt, Sartres Erneuerung der *Orestie* aus dem Geiste der Résistance (*Die Fliegen*, 1943) und der surrealistische Einakter *Hinter verschlossenen Türen* alarmierten Teile der Öffentlichkeit, aber die Okkupanten sahen durch die Finger. Die Uraufführung des Mysterienspiels *Der seidene Schuh* wurde in der Renommierzeitung des Propaganda-Ministers *Das Reich* wohlmeinend gewürdigt (9. Dezember 1943).

Während die Kulturpolitik in Frankreich künftige Freundschaft einleiten sollte, war sie in Polen an künftiger Versklavung orientiert. Warschau sollte verkleinert und kulturell verödet werden, Herrschaftszentrum sollte Krakau sein. Der dort residierende Generalgouverneur Hans Frank plante ein Kunstzentrum von eigenen Gnaden und etablierte im alten Stadttheater ein ›Staatstheater des Generalgouvernements‹.

Die Ukraine bekam, separatistische Pläne fördernd, kulturelle Offerten. Der Reichskommissar und Gauleiter Koch ließ in Kiew eine ›Oper des Reichskommissars‹ gründen, obendrein gab es eine Ukrainische Nationaloper, die in deutscher und ukrainischer Sprache spielte. Ein ›Ukrainischer Nationalchor‹ des Generalgouvernements gastierte in ganz Polen und in Berlin. Auch in Brest-Litowsk wurde ein ukrainisches Theater gegründet. Der nach dem Debakel von Stalingrad verkündete ›totale Krieg‹ respektierte nach Möglichkeit das Theaterleben, aber nach dem Attentat vom 20. Juli 1944 befahl Goebbels, die Theater zu schließen. Dies betraf noch 300 Staats-, Landes- und Städtische Theater mit 42 000 Beschäftigten (ohne das technische Personal, das nicht der ›Reichstheaterkammer‹ angehörte) sowie 41 Privattheater, 30 ambulante Landesbühnen und 18 Bauernbühnen mit zusammen noch einmal 3200 Beschäftigten. (Spielzeit 1932/33: 22 000 Bühnenmitglieder, inklusive Technik und Verwaltung, auch Privattheater). Der Zuwachs für die Truppe und die Rüstungsindustrie war nicht bedeutend, zumal da viele Konzessionen gemacht wurden. Eine seltene Ausnahme war Hans Schlenck, Intendant in Breslau, ein enttäuschter Nationalsozialist. Er suchte und fand 1944 den Tod an der Front.

Während der Zeit des Spielverbots waren Bühnen in der Schweiz vorübergehend die einzig aktiven deutschsprachigen Spielstätten. Theaterspiel war in Deutschland ohnehin fast unmöglich geworden. Von den 262 Theatergebäuden innerhalb der Grenzen von 1937 waren 98 im Jahre 1945 zerstört. Mehr oder minder beschädigt waren fast alle. Die Staatsoper Unter den Linden war schon zum zweiten Mal ruiniert. Im Dezember 1942 ausgebrannt, auf Geheiß Görings wieder aufgebaut und dabei stilistisch und akustisch verbessert, war sie mit den *Meistersingern* unter Furtwängler, einstudiert von Tietjen, wiedereröffnet worden – in der sicheren Erwartung nochmaliger Zerstörung. Im staatlichen Schauspielhaus am Gendarmenmarkt hatte es im Frühsommer 1944 die letzte Premiere gegeben, die *Räuber*. Gründgens hatte aus Franz Moor mit bösem Charme eine pompöse Studie der Unberechenbarkeit gemacht.

Die letzte Aufführung der Wiener Staatsoper (30. Juni 1944) war beziehungsreich: eine *Götterdämmerung* unter Knappertsbusch, immer noch in Szenerie und Kostümen von Alfred Roller aus der Wiener Sezession, Mitstreiter Gustav Mahlers bei seiner Opernreform. Siegfried (Julius Pölzer), Brünnhilde (Helena Braun) und Gunther (Carl Kronenberg) waren Gäste von der Staatsoper in München. Auf dem Programmzettel stand: »Das Publikum wird gebeten, sich vor Beginn der Vorstellung beim Erscheinen unserer verwundeten Frontsoldaten in der Mittelloge von den Plätzen zu erheben. Bei Fliegeralarm Ruhe bewahren! Es ist Vorsorge getroffen, daß alle Besucher Platz in den Luftschutzräumen finden. Richtungspfeile beachten!« Die Staatsoper in Wien wurde Mitte März 1945 bombardiert, angeblich irrtümlich. Jedenfalls brannte sie daraufhin aus. Das Burgtheater brannte Mitte April nieder, nachdem Sowjettruppen im Bühnenraum biwakiert hatten. Die Dresdner Oper ging im Februar 1945 unter.

»Eine große Zeit des Theaters ist Vergangenheit geworden«, schrieb die Wochenzeitung *Das Reich*, mit Recht. Es war eine üppige Theaterzeit, konservativ und perfekt, ein Theater der Bestätigung, der Propaganda und der Tarnung. Ein goldener Käfig, in dem man sehr schön singen konnte, wenn auch nicht sämtliche Lieder. Das Ringen um Anpassung ist im allgemeinen kein harter Kampf gewesen. Wer gewisse Voraussetzungen akzeptierte, vor allem daß es keine Juden mehr geben durfte, der hatte auf der Sonnenseite gelebt. Beispiellose materielle und ideelle Förderung hatte zu Einverständnis und Dankbarkeit verpflichtet, wenigstens zur Duldung von ›Maßnahmen‹, die eine Minderheit ›ausschalteten‹.

Neuntes Kapitel
Auferstanden aus Ruinen

Bei der Liquidierung des ›Großdeutschen Reiches‹ gingen 89 Bühnen dem Theatersystem verloren: 26 in Ostpreußen und Schlesien, 22 in Österreich, 24 in der Tschechoslowakei, 9 in Polen, 8 in Elsaß-Lothringen. Der Mangel an passablen Sälen brachte eine Miniaturform vorübergehend zur Blüte, die Zimmertheater. Theaterleute gab es in Restdeutschland mehr denn je, in der Spielzeit 1947/48 37000, das waren etwas mehr als im ›Großdeutschen Reich‹ bei Kriegsausbruch und weitaus mehr als im ›Altreich‹.

Harry Buckwitz, von den Engländern bei Kriegsausbruch aus Ostafrika repatriiert, hatte als Hotelier in Litzmannstadt, alias Lodz, überlebt. Gustav Lindemann hatte unter der Protektion des Düsseldorfer Industriellen Ernst Poensgen seine potentiellen Mörder überlebt. Rotarmisten befreiten den Dramatiker Günther Weisenborn aus dem Zuchthaus Luckau, den Volkssänger und Schauspieler Ernst Busch aus dem Zuchthaus Berlin-Moabit. Weisenborn, der sich als Lokalreporter in New York durchgeschlagen hatte, war 1937 nach Berlin zurückgekehrt, hatte pseudonym veröffentlicht, konspiriert und war 1942 verhaftet worden. Ernst Busch war 1942 beim Versuch, aus Südfrankreich in die Schweiz zu entkommen, verraten und der Gestapo ausgeliefert worden. Das Todesurteil war nicht vollstreckt worden, weil Gründgens für Busch ausgesagt und einen Anwalt bezahlt hatte, der einen formalistischen Ausweg fand.

Während der Herrschaft der Nationalsozialisten waren schätzungsweise 4000 deutschsprachige Theaterleute in mehr als 40 Asylländer geflohen. Etwa 60 Prozent von ihnen sind zurückgekommen, von den Prominenten die meisten, von den anderen die wenigsten. Die beiden größten Gruppen unter den Rückkehrern waren die Kommunisten und die Juden. Aus der Sowjetunion kamen Gustav von Wangenheim und der Dramatiker Friedrich Wolf, der Schriftsteller Fritz Erpenbeck, fortan Chefdramaturg der Volksbühne und Chefredakteur der Monatsschrift *Theater der Zeit* (bis 1962). Erpenbecks Frau Hedda Zinner, zunächst Schauspielerin, wurde für ihre Agitationsdramatik hoch geehrt. Bert Brecht kehrte im Herbst 1948 nach Berlin zurück, zunächst als Gast. Seine Frau Helene Weigel begann, ein eigenes Ensemble aufzubauen. Erwin Piscator kam erst 1951 aus den USA, erst 1962 fand er die für ihn richtige Position als Leiter des Theaters der Freien Volksbühne in Westberlin.

Unter den jüdischen Rückkehrern aus den USA waren Ernst Deutsch, Curt Bois und Fritz Kortner, der seine Alterskarriere als Regisseur begann. Der Regisseur Berthold Viertel kehrte 1947 über Zürich, wo er am Schauspielhaus arbeitete, in seine Heimatstadt Wien zurück. Der Regisseur Ludwig Berger hatte in Amsterdam überlebt, Tilla Durieux in Jugoslawien, Elisabeth Bergner in England, Albert Bassermann, der stets mit seiner jüdischen Frau Else auftrat, hatte das Dritte Reich in den Vereinigten Staaten überdauert.

Die antifaschistische Gruppe am Zürcher Schauspielhaus löste sich allmählich auf. Karl Paryla und Wolfgang Heinz leiteten von Herbst 1948 an in Wien das ›Neue Theater in der Scala‹. Therese Giehse kam dazu, 1950 auch Arnolt Bronnen, als Dramaturg. Der Schauspieler und Regisseur Kurt Horwitz arbeitete nach dem Krieg in Basel (dort als Theaterdirektor 1946-50). Von 1952 bis 1958 leitete er das Münchner Staatsschauspiel. Nach Basel und München zog er seinen Freund Ginsberg nach, einen hervorragenden Molière-Spieler. Wolfgang Langhoff kehrte aus Zürich als Generalintendant nach Düsseldorf zurück. Im Jahre 1946 löste Langhoff Gustav von Wangenheim als Leiter von ›Max Reinhardts Deutschem Theater‹ ab. Der Berliner Senat hatte diese Namenserweiterung beschlossen. Reinhardt war 1943 in New York gestorben, Jessner 1945 in Los Angeles. Heinz Hilpert, der Reinhardts Theater 1934 in Berlin und 1938 in Wien übernommen hatte, nahm beim Weggang den Namen ›Deutsches Theater‹ mit, erst nach Konstanz (1948-1951) und dann nach Göttingen (bis 1966).

1. Wiederaufbau unter Aufsicht

Die Alliierten organisierten Kultur-Administrationen. Jede Theatereröffnung, sogar jede Premiere war genehmigungspflichtig. ›Theateroffiziere‹ (unter ihnen ehemalige Emigranten) überwachten das Theaterleben. Sie förderten es auch, weil das deutsche Theatersystem ihnen imponierte, weil es für eigene Kulturpropaganda brauchbar war, manche aus alter Zuneigung. Bald gerieten die Besatzungsmächte in Wettstreit untereinander. Auch die allgemeine Meinung, Theater sei »nun erst recht« als Vermittler des Wahren, Guten und Schönen nötig, förderte den Neubeginn. Geldüberschuß bei Warenmangel sorgte für unverhältnismäßig großen Zulauf von Publikum. Grundsätzliche Gedanken über geistige Erneuerung gingen in der Hast unter, möglichst schnell weiterzumachen. Nachträglich ist feierlicher Neubeginn stilisiert worden, im Schauspiel meist mit *Nathan*, in der Oper überwiegend mit *Fidelio*.

Die ›Entnazifizierung‹ wollten die Westmächte mit Fragebögen meistern, die Russen legten mehr Wert auf tätige Reue. Einige schuldbewußte Nationalsozialisten brachten sich um. Heinrich George starb im Straflager nach einer Blinddarmoperation. Gustaf Gründgens kam nach neun Monaten aus dem Lager zurück, er mußte vier Verfahren durchmachen, bis er schließlich in Ost und West wieder spielen und inszenieren durfte. Da jede Besatzungsmacht nur in ihrer Zone regierte, konnte man ihr entkommen und beim Nachbarn sein Glück noch einmal versuchen. Allmählich machten politische Fehlentwicklungen die ›Umerziehung‹ unglaubwürdig.

Ausländische Dramatik weitete den deutschnational verengten Horizont. Stücke, die formale Anregung gaben, waren selten. Die beiden größten Ausnahmen: Thornton Wilders Schauspiele *Unsere kleine Stadt* und *Wir sind noch einmal davongekommen*. Surreale Effekte wie in Robert Ardreys *Leuchtfeuer*, Tennessee Williams *Glasmenagerie* und Paul Osborns *Tod im Apfelbaum* machten als ›magischer Realismus‹ Schule. Wichtig war die Rückkehr von O'Neill auf deutsche Bühnen. Die Engländer präsentierten J.B. Priestley und T.S. Eliot, vor allem Benjamin Britten, zunächst dessen Oper *Peter Grimes*. Der meistgespielte französische Dramatiker war Jean Anouilh, die meistdiskutierten waren Jean-Paul Sartre und Albert Camus. Politisch oder moralisch Gewagtes war ausgeschlossen. Die Russen versuchten als erste, Tendenzdramatik durchzusetzen. In Berlin wurde *Die russische Frage* von Konstantin Simonow (antiamerikanisch) gegen *Die schmutzigen Hände* von Sartre (antikommunistisch) ausgespielt. Renommee brachte den Russen vor allem das politische Märchen *Der Schatten* von Jewgenij Schwarz. Maxim Gorkis Dramen wurden zum Rückgrat der russischen Spielplanpolitik.

Antifaschistische Dramatik sollte umorientieren. Eins der meistgespielten Stücke dieser Art war *Pastor Hall* des 1939 in New

York freiwillig aus dem Leben geschiedenen Ernst Toller. Friedrich Wolfs *Professor Mamlock* ging über viele Bühnen, auch *Die Illegalen* von Günther Weisenborn. Ein fester Begriff wurden ›Heimkehrer-Stücke‹. Das erfolgreichste: *Draußen vor der Tür* von Wolfgang Borchert. Strawinskys *Geschichte vom Soldaten* wurde der Beitrag des Musiktheaters zu dieser Thematik.

Allmählich breitete sich Enttäuschung aus, weil nur wenige gute neue Dramen auftauchten. Man sprach von den »leeren Schubladen« der deutschen Dramatiker. Aber der Heimkehrer Carl Zuckmayer zog eines heraus, das zum größten deutschen Bühnenerfolg nach dem Kriege geworden ist: *Des Teufels General.*

Es gab hitzige Debatten darüber, ob man »nach Auschwitz« Shakespeares *Kaufmann von Venedig* noch spielen könne und dürfe. Die beiden besten Shylock-Interpreten der Nachkriegszeit wurden Ernst Deutsch und Erich Ponto, der von 1947 an am Württembergischen Staatstheater in Stuttgart sein Altersprofil als tragikomischer Charakterdarsteller erarbeitete, nachdem er am Dresdner Staatstheater zum Generalintendanten (1945-47) gemacht worden war.

In Österreich gab es nach dem Kriege eine ähnliche Theaterkonjunktur wie in Deutschland. In Wien hatte es 1944 siebzehn Theater gegeben, in der Spielzeit 1945/46 waren es 48 stationäre Ensembles, manche mit mehreren Spielstätten. Hinzu kamen 28 reisende Theater und 19 Freilichtbühnen, Sommerarenen, Stegreif- und Laienbühnen.

Die Militärbehörden wandten in Österreich dieselbe Kombination von Kontrolle und Förderung an wie in Deutschland. Auch Österreich war in Besatzungszonen geteilt, die Hauptstadt in Sektoren. Die City, zugleich Theaterzentrum, kam wie in Berlin unter russische Kontrolle. Ein russischer Major (›Kulturoffizier‹) befahl, ab 1. Mai wieder zu spielen, mindestens in den Staatstheatern. Wie in Deutschland setzte bald ein Wettkampf der Systeme ein. Die Situation war günstiger, denn Österreich galt als befreites, nicht als erobertes Land. Reichsdeutsche wurden ausgewiesen, die ›Entnazifizierung‹ pauschal gehandhabt. Die Zerstörungen waren geringer als in Deutschland. Als Leiter der Bundestheaterverwaltung amtierte (1946-1953) der Kulturpolitiker Egon Hilbert, von Haus aus Jurist, der für die Staatstheater und die Salzburger Festspiele Unglaubliches zustande brachte, manchmal am Rande der Legalität. Hilbert vereinigte Theaterfanatismus und bürokratische

Macht in einer immer unzeitgemäßer erscheinenden Weise. Als ehemals Verfolgter des Naziregimes konnte er mehr riskieren als andere. Beide Ensembles der Staatstheater scharten sich zunächst um je einen Kollegen: die Burgschauspieler um Raoul Aslan, die Sänger um Alfred Jerger. Das Burgtheater wich für 10 Jahre ins Varieté Ronacher (ursprünglich ›Laubetheater‹) aus, die Staatsoper spielte in der Volksoper am Währinger Gürtel und im historischen Theater an der Wien, dessen künstlerischer Direktor Franz Salmhofer wurde, ehemals Kapellmeister des Burgtheaters. Die Mozart-Abende im Theater an der Wien unter Josef Krips sind legendär geworden.

Auch Festspiele sollte es wieder geben, nun erst recht. In Salzburg hatte man sogar durchgehalten, mit einem Notprogramm. Im Sommer 1946 knüpfte man wieder an Max Reinhardt an: Goldonis *Diener zweier Herren* und Hofmannsthals *Jedermann* liefen pietätvoll nach den Regiebüchern des Verstorbenen. Salzburger Erfolg ließ Bregenzer Ehrgeiz nicht ruhen; zunächst suchte man Profil mit Schauspielprogrammen: Uraufführungen aus eigenem Wettbewerb und Gastspiele des ›Burgtheaters‹. Allmählich wurden Operetten auf dem See die Bregenzer Spezialität.

Aus einigen Gastspielen der Hamburgischen Staatsoper, des Deutschen Schauspielhauses und des Thalia-Theaters im Sommer 1947 in Recklinghausen (zum Dank für Kohlenlieferungen) machten der Gewerkschaftsbund und die Stadt Recklinghausen eine Dauereinrichtung, die ›Ruhrfestspiele‹, zur Vermittlung von ›wertvollem Kulturgut‹ an die ›Werktätigen‹. Schon 1949 gab es die erste ›Eigeninszenierung‹: *Faust*, inszeniert von Karl Pempelfort, mit Bernhard Minetti in der Titelrolle.

2. Die zwei Systeme

Im Sommer 1948 kappte die Währungsreform in Deutschland drastisch das gewucherte Theaterleben. Da die Spielzeit sowieso bald zu Ende war, erreichte die Not erst im Jahr darauf ihren Höhepunkt. Ensembles wurden gekündigt, mindestens vorsorglich, Zuschüsse wurden reduziert. Es bildeten sich Notgemeinschaften, die ›auf Teilung‹ spielten. In Berlin gab es fortan zwei Währungen, die Blockade Westberlins begann, die Teilung der Stadt und somit auch des Theaterlebens. Das Theater geriet immer deutlicher in zwei konträre Systeme, von denen das östliche Dienstbarkeit forderte und sie auch gut honorierte, während das westliche zunächst weder Forderungen stellte noch Förderungen gewährte und erst im unerwünschten Wettbewerb große Summen und große Worte einsetzte.

Die Umstellungsschwierigkeiten in der DDR waren groß, zumal da die Mehrheit der Theaterleute erst enttäuscht, dann verbittert war, weil wieder strenges Reglement herrschte. Im sowjetischen Machtbereich galt der von Stalins Chefideologen Andrej Shdanow 1934 dekretierte ›sozialistische Realismus‹ nach dem ›Großen Vaterländischen Krieg‹ erst recht, und zwar bis an die Elbe. Meyerhold war ermordet (1942), Tairows experimentelles ›Kammertheater‹ längst bedeutungslos und während einer Kampagne gegen ›Kosmopolitismus‹ (1948/49) geschlossen worden. Stanislawski war 1938 gestorben, hochgeehrt als Vater des Sowjettheaters, aber sein Realismus diente inzwischen dazu, schematisch hergestellte Dramatik schematisch zu inszenieren. Im Mai 1948 parallelisierte H.H. Stuckenschmidt in der Westberliner Musikzeitschrift *Stimmen* die von Moskau aus eröffnete Polemik gegen ›formalistische‹ und ›bürgerliche‹ Musik als Synonym für ›westlichen‹ Verfall, mit dem Kampf gegen ›entartete‹ Musik (und Kunst überhaupt) von 1934 an. Es zeigte sich eine gespenstische Ähnlichkeit der gerade mit Schimpf und Schande begrabenen faschistischen Kunstpolitik mit der als fortschrittlich propagierten ›volksdemokratischen‹, flankiert von einem ähnlichen System von Belohnungen und Bestrafungen.

Gefördert wurde ›parteiisches Theater‹, das sich zum Humanismus bekannte, deutsche Klassik und die Antike würdigte, aber ›bürgerlichen‹ Realismus und schon gar neuere ›westliche‹ Dramatik nur in strenger Auswahl zuließ. Parteinahme für die DDR erforderte neue Thesendramatik, und diesen Bedarf konnten nur schnelle Konfektion und Importe aus dem ›sozialistischen‹ Lager, vor allem aus der Sowjetunion decken. Neue Dramen-Typen entstanden: Produktionsstücke, Wandlungsdramen, Bewährungsstücke, Propaganda gegen die Bundesrepublik.

Im Jahre 1951 wurden bei der Auflösung der Länderregierungen die Theater (außer den Staatstheatern) den neugebildeten Räten der Bezirke und Kreise unterstellt und eine staatliche Kommission für Kunstangelegenheiten gebildet. Eine Spielplankommission sollte die Interessen des Staates durchsetzen, vor allem gegen »reaktionäre Einflüsse der spätbürgerlichen Ideologie«. Es wurde verlangt, daß sogar die Operette künftig die »objektive Realität des Lebens« widerspiegele und »kampfbereite Gegenwartsbezogenheit mit klar ausgedrückter Tendenz« präsentiere.

Auch die Zuschauer wurden neu organisiert. Ein im Mai 1947 gegründeter ›Bund Deutscher Volksbühnen‹ geriet unter den Einfluß der sowjetischen Politik. Dies provozierte im Oktober 1947 eine Gegengründung, die ›Freie Volksbühne e.V‹. Im Jahre 1951 wurde die Volksbühne der DDR in die ›Gewerkschaft Kunst‹ integriert. Beide Volksbühnenorganisationen wuchsen rasch, übernahmen sogar eigene Theater. In Ostberlin wurde das repräsentative Volksbühnentheater wieder aufgebaut (Eröffnung 1954). In Westberlin übernahm die ›Freie Volksbühne‹ das im Pavillonstil restaurierte Theater am Kurfürstendamm, 1963 dann einen sachlichen Bungalow von 51 000 Kubikmetern. Die in der Bundesrepublik wieder aufgelebten Theatergemeinden mit christlicher Tendenz, die sich auf den ›Bühnenvolksbund‹ (1919-33) beriefen, schlossen sich 1951 in Frankfurt zum ›Bund der Theatergemeinden‹ zusammen. Beide Besucherorganisationen wuchsen zunächst rasch.

Zwischen 1950 und 1954 wurde die Zahl der an den Theatern der DDR Beschäftigten von 10 600 auf 16 000 erhöht. Der Personalstand an den bundesdeutschen Theatern betrug 1954 17 000 Beschäftigte. Zusammen also 33 000, weit mehr als im ›Altreich‹ mit Schlesien, Ostpreußen, Ostpommern und Ostbrandenburg (1937: 30 700). Im Jahre 1951 gab es in der DDR 77 Theater, 1955 waren es 88. (Die entsprechenden Zahlen für die Bundesrepublik: 1951/52 gab es 112 Spielstätten, 1955 waren es 121.) In der DDR gibt es also unverhältnismäßig mehr ›Theaterschaffende‹.

Allmählich entstand in der DDR der Wirklichkeit nähere Dramatik, von Heinar Kipphardt, Heiner und Inge Müller, Peter Hacks. Leitfunktion unter den Bühnen in der DDR hatte das Deutsche Theater unter Langhoff (bis 1962), der dem ›Berliner Ensemble‹ (Intendant Helene Weigel, Brecht war nominell nur ›künstlerischer Berater‹) Gastrecht gewährte, bis Fritz Wisten das Theater am Schiffbauerdamm räumte, weil für ihn die Volksbühne am alten Platz (inzwischen Luxemburgplatz) aufgebaut worden war. Am 11. Januar 1949 öffnete sich in Langhoffs Deutschem Theater zum ersten Mal die weiße halbhohe Brecht-Gardine zur Uraufführung der ›Chronik aus dem Dreißigjährigen Kriege‹ *Mutter Courage und ihre Kinder* mit der Weigel in der Titelrolle. Als Regisseure nannte der Theaterzettel Erich Engel und Bert Brecht. Als Eröffnungsvorstellung des Berliner Ensembles gilt Brechts Volksstück *Herr Puntila und sein Knecht Matti*, am 12. November 1949, wieder mit Engel als Co-Regisseur, als Gutsherr Puntila wieder Leonard Steckel, wie schon bei der Uraufführung in Zürich (1948), aber nun kein selbstherrlicher Trunkenbold mehr, sondern ein »kapitalistisches Ungeheuer«, »auszulachen im Suff, verabscheuungswürdig in der Nüchternheit«. Die erste Premiere im eigenen Haus, dem ehemaligen Theater am Schiffbauerdamm, war Molières *Don Juan* in Brechts Bearbeitung, am 19. März 1954. Regie führte Brechts Assistent Benno Besson. Brecht hatte keine zweieinhalb Jahre mehr im eigenen Theater vor sich. Im ganzen präsentierte das Berliner Ensemble zu seiner Zeit 21 Premieren. Die ›epische‹ Spielweise (im Gegensatz zum dramatischen ›Illusionstheater‹ die Verdeutlichung ›Als ob‹: distanzierende, nicht identifizierende Darstellung) blieb umstritten. Nach Brechts Tod (1956) verlor sein Theater allmählich den Avantgarde-Charakter und verknöcherte beim Hüten der Tradition.

Zeitweilig war die Ostberliner Volksbühne am Luxemburgplatz das lebendigste Theater der DDR, jedenfalls unter Benno Besson, der nach meisterhaften Inszenierungen am Deutschen Theater seit 1965 als Gast und seit 1969 als leitender Regisseur (1974-77 auch Intendant) an der Volksbühne arbeitete. Damals war Peter Hacks der gesellschaftspolitisch wichtigste Dramatiker der DDR. Aufsehenerregende Hacks-Inszenierungen lieferte Besson: *Der Frieden* nach Aristophanes, 1962 am Deutschen Theater, und *Moritz Tassow*, 1965 an der Volksbühne. Stilbildend wirkte Bessons Vorliebe, seine Figuren auf sehr hell ausgeleuchtete, kastenartig geschlossene Bühnen zu stellen, wodurch die Darstellung Überschärfe erhielt. Es war eine Weiterentwicklung der typischen Brecht-Ausstattung: eine helle, leere Bühne, auf der die wenigen, das Milieu anzeigenden Möbel und Requisiten echt und kostbar erschienen und es manchmal auch waren.

Die Ostberliner Staatsoper (noch im ›Admiralspalast‹ am Bahnhof Friedrichstraße) profilierte sich langsam unter Ernst Legals Aufbauarbeit. Die Städtische Oper in Westberlin (bis 1961 im ›Theater des Westens‹ am Bahnhof Zoo) war von Rückschlägen heimgesucht. Sie wurde von dem großen musischen Bürokraten

Heinz Tietjen saniert (1948-1954), der zwei Jahre lang wegen seiner Schlüsselposition im Dritten Reich kaltgestellt gewesen war. Ein ähnliches Interregnum nahm Tietjen an der Staatsoper Hamburg an, 1956-1958, damals schon 75 Jahre alt.

In 28jähriger Arbeit (1947-1975) gewann an der ›Komischen Oper Unter den Linden‹ Walter Felsenstein als Intendant und Chefregisseur Repertoire-Opern dem Musikdrama zurück. Er wollte die Oper vom »Gewohnheitsunfug« befreien, »Vokal-Idiotie« in »szenischen Konzerten« beseitigen, die »beckmesserische Trennung der Gattungen« aufheben und die Oper hineinführen in die »große Bewegung« zur »Universalität des Theaters«. Etliche Ergebnisse dieser Arbeit sind berühmt geworden, vor allem *Carmen* in der wiederhergestellten Dialogfassung (1949), ein *Figaro*, der Beaumarchais als Grundlage hervorkehrte (1949), *Das schlaue Füchslein* (1956) und immer wieder Offenbach, vom *Orpheus* (1948) bis zum *Ritter Blaubart* (1963). Jahrelang gehörten Elfriede Trötschel, Hans Reinmar und Werner Faulhaber zu Felsensteins bevorzugten Sängern. Er gab dem Nachwuchs größere Chancen als sonst an Opernhäusern üblich. Um der dramatischen Gesamtkonzeption willen machte er aus seinem Opernchor ein Ensemble von Kleindarstellern.

Nach Enthauptung der Hauptstadt Berlin bildeten sich andere Zentren. Der abwertende Begriff ›Provinz‹ rückte einige Ortsklassen tiefer. Gustaf Gründgens verließ Berlin und zeigte als Intendant in seiner Vaterstadt Düsseldorf (1947-55) und dann am Deutschen Schauspielhaus in Hamburg (1955-62) neben den erwarteten Erfolgen als Schauspieler und Regisseur auch großes organisatorisches Geschick. Gründgens sah sauberes Handwerk als Grundlage an, er wahrte die Form und verachtete Originalitätssucht. Ihn interessierte keine ›stilbildende‹, sondern ›anwendbare‹ Theaterarbeit. In Darmstadt entwickelte Gustav Rudolf Sellner (1951-61) mit den Bühnenbildnern Franz Mertz und Michel Raffaelli, anfangs auch mit dem Dramaturgen Egon Vietta, einen einflußreichen, vereinfachenden und choreographisch strengen Regiestil. Sein Nachfolger, der von Literatur und Theaterwissenschaft geprägte Gerhard F. Hering, setzte auf ›poetisches‹ Theater (bis 1971), das schließlich von der immer intensiveren Politisierung entkräftet wurde.

Harry Buckwitz war als Generalintendant in Frankfurt am Main von 1951 an der Vorkämpfer Brechts in der Bundesrepublik.

25. *Emil Pirchan: Modell für Jessners Inszenierung von* »Richard III.«

26. *Ernst Stern: Rollands »Danton« im Großen Schauspielhaus Berlin*

27. *Max Reinhardt auf der Probe*

28. *Moderne Simultanbühne von Svend Gade. Berlin 1922*

29. Alexander Wesnin: Modell für Tairows Chesterton-Aufführung

30. *Caspar Neher: Entwurf zu Brechts »Im Dickicht der Städte«, 1923*

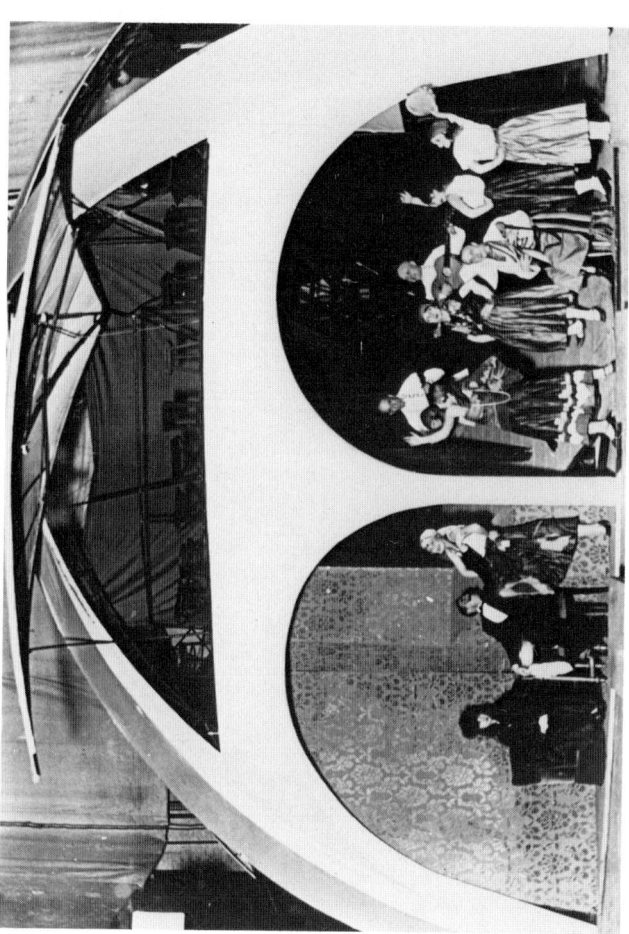

31. *Szene aus Piscators Aufführung des »Rasputin«, Berlin 1927*

32. *Ernst Barlach: »Der blaue Boll«. Bild Rochus Gliese, Regie Jürgen Fehling*

33. *Jürgen Fehling auf der Probe*

34. Hein Heckroth: Entwurf zu dem Ballett »Der grüne Tisch«, 1932

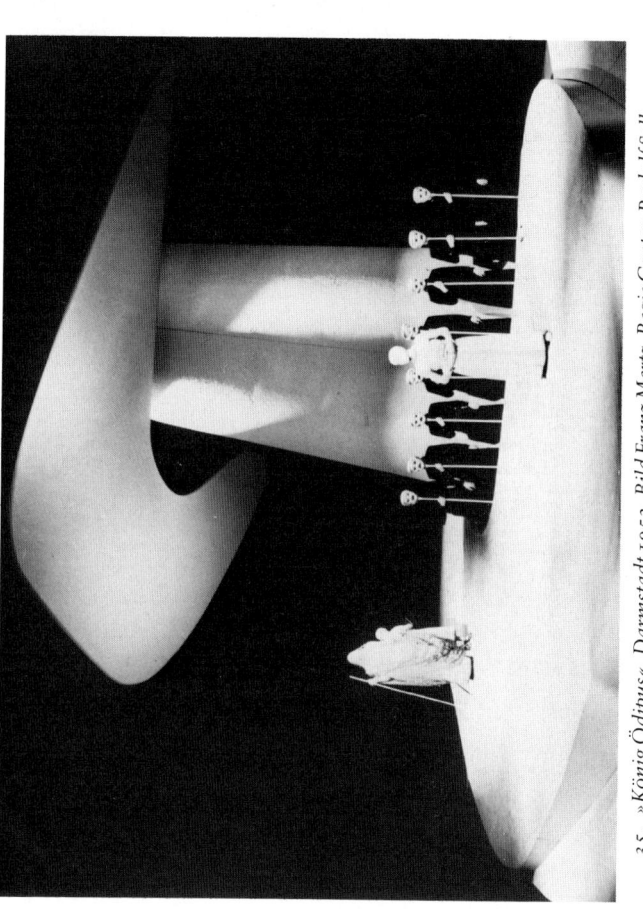

35. »König Ödipus«. Darmstadt 1952. Bild Franz Mertz, Regie Gustav Rudolf Sellner

36. Wagner, »Walküre«, Bayreuth 1951. Inszenierung Wieland Wagner

37. Teo Otto: Entwurf zu »Faust II«, Regie Gründgens. Hamburg 1958

38. *Gustaf Gründgens auf der Probe*

39. *Modernes Bühnenhaus. Mannheim 1957*

40. *Die verwandelten Logen. Hamburgische Staatsoper 1955*

41. *Gustaf Gründgens, im Sommer 1944 als Flaksoldat in Utrecht, mit Görings Erlaubnis den finalen Machtkämpfen in die Elite-Division »Hermann Göring« entwichen (»Flucht zur Fahne«). Anonymes Zeitungsfoto*

42. *Helene Weigel als »Mutter Courage«. »Berliner Ensemble«, 1949.*

43. Der letzte Riese: das Aalto-Theater in Essen. Eröffnet 1988, nach fast 30jähriger Planung.

44. *Auf der Suche nach neuen Spielplätzen:* »*Peer Gynt*«, *inszeniert von Peter Stein, in einer der Messehallen am Funkturm in Berlin* (1971).

45. *Deutsche Misere im Zeitraffer: »Germania Tod in Berlin« von Heiner Müller, Bochum 1988.*

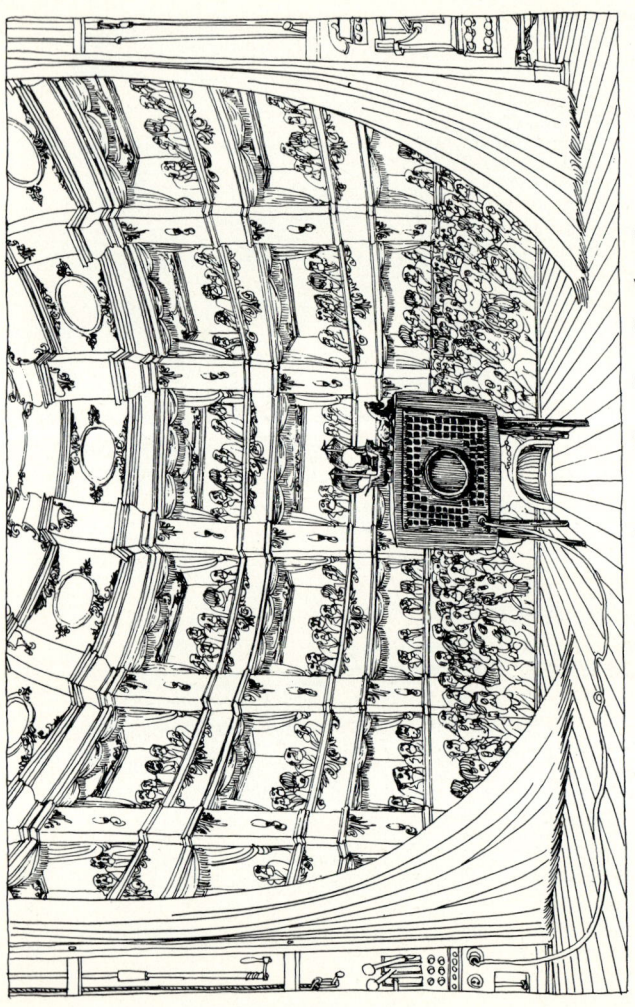

46. »Sparprogramm«. Karikatur von Hans-Georg Rauch, 1983

47. Helfer und Helfershelfer für das Drei-Personen-Stück »Fräulein Julie« von Strindberg (Stadttheater Essen, 1975): Regisseur, Regieassistent, Bühnenbildner, Technischer Direktor, acht Techniker, drei Dekorateure, Beleuchtungsinspektor, Theatermeister, Theaterobermeister, zwei Requisiteurinnen.

48. *Ein Monster, »Das Phantom der Oper«, liebt eine Sängerin. Musical von Andrew Lloyd Webber, deutsch erstmals in Wien, 1988.*

Als Buckwitz 1968 kündigte, ging auch sein Oberspielleiter Heinrich Koch, der in den fünfziger Jahren ein vielbeachteter Gegner des Illusionstheaters gewesen war: er bevorzugte das runde, schräggestellte Spielfeld (›Koch-Platte‹), auf dem der Stellung der Figuren zueinander geistige Bedeutung zugemessen wurde.

In Bochum erneuerte Hans Schalla als Regisseur und Theaterleiter (1949-1972) das vom Dramaturgischen her bestimmte Klassikertheater Saladin Schmitts in einem anti-illusionistischem Stil, der sich vom Expressionismus herleitete. Es wurde stark motorisch, kraftvoll gespielt, Affekte und Effekte hervorkehrend, historische Zusammenhänge vernachlässigend. Zusammen mit dem Chefbühnenbildner Max Fritzsche, der in weiten Räumen mit Licht- und Farbeffekten die Geschehnisse symbolisch zu überhöhen versuchte, entstand ein ›Bochumer Stil‹.

In der DDR galt das Stadttheater – seit 1950/51 ›Volkstheater‹ – in Rostock unter Hanns Anselm Perten als ›weltoffenste‹ Provinzbühne, weil es dort die meisten Importe aus dem ›westlichen Ausland‹ zu sehen gab. Ostberlin, zur ›Hauptstadt der DDR‹ ernannt, blieb für die DDR die Spitze der ›Theaterpyramide‹.

Die Hamburgische Staatsoper spielte in ihrer eigenen Ruine, Caspar Neher hatte Spielfläche, Orchester und Zuschauer (600 Plätze) auf der Riesenbühne untergebracht. Günther Rennert verdiente sich dort als Theaterleiter und Opernregisseur die Sporen (1946-1956). Der verwüstete Zuschauerraum konnte 1955 wiederhergestellt werden.

Der erste Generalintendant der Bayerischen Staatstheater forcierte den Neubeginn im ›Prinzregententheater‹, aber erst unter Georg Hartmann, mit Georg Solti als Generalmusikdirektor, gewann die Opernarbeit wieder Stetigkeit und Niveau. Das Staatsschauspiel behalf sich von Mai 1946 an mit einem improvisierten Spielplatz in der Residenz (›Theater am Brunnenhof‹). Unter Leitung von Hans Schweikart (1947-62) waren die Münchner Kammerspiele die führende Sprechbühne Münchens.

Eine Beunruhigung war das ›absurde‹ Theater. Existenzangst, eine Folge von Glaubensverlust und Ideologieschwund, machte hellhörig für die Botschaft Kafkas, die Anfang der fünfziger Jahre auf die Bühne kam. In der Spielzeit 1953/54 begann von Berlin aus Samuel Becketts metaphysisches Clownsstück *Warten auf Godot* die Runde zu machen. Beckett wurde der Klassiker, Ionesco zum Feldgeschrei der Verehrer und Verächter des absurden Theaters.

Mit der ›absurden Welle‹ kamen die Franzosen Arrabal, Audiberti und Tardieu, die Engländer Saunders und Pinter, die Amerikaner Albee und Kopit, die Deutschen Grass und Hildesheimer, dann erst die Vorläufer Alfred Jarry, Stanisław Witkiewicz und Witold Gombrowicz und schließlich (ab 1970) der Österreicher Thomas Bernhard. In den Ostblockstaaten wurde die absurde Parabel aufgegriffen, um auf zweideutige Weise politisch Riskantes sagen zu können. Diese Arbeiten, zum Beispiel des Polen Mrożek und des Tschechen Václav Havel wurden in der Bundesrepublik weit verbreitet.

Nachdem die Zwölftonmusik sozusagen tausend Jahre lang kaum mehr als eine verpönte Idee gewesen war, hatte sie endlich auch in Deutschland Folgen: Alban Bergs *Wozzeck* wirkte weiter: beispielhaft waren die von Karl Böhm dirigierten Aufführungen in Salzburg (1952) und Wien (1955), 1955 auch an der (Ost-)Berliner Deutschen Staatsoper unter Johannes Schüler, 30 Jahre nach der Uraufführung, und 1957 in München unter Fricsay. Auch Bergs *Lulu*, nach der Uraufführung 1937 in Zürich erstmals wieder 1953 in Essen, setzte sich durch. Die Oper *Simplicius Simplicissimus* von Karl Amadeus Hartmann, 1936 komponiert, konnte nach dreizehn Jahren in Köln uraufgeführt werden. Mit den Erstaufführungen der Einakter *Nachtflug* (Frankfurt 1967) und *Der Gefangene* (Lübeck 1960) begann der Zwölftöner Luigi Dallapiccola in deutschen Opernhäusern und Konzertsälen heimisch zu werden. Winfried Zillig kam 1951 mit der Uraufführung von *Troilus und Cressida* in Düsseldorf auf die Bühne zurück. Als Sieg für die moderne Musikszene wurde die Uraufführung von Fortners Lorca-Oper *Bluthochzeit* im Januar 1957 in Köln empfunden. Für die ›Zürcher Juni-Festwochen‹ 1957 wurde endlich ein Werk des Altmeisters Arnold Schönberg in Szene gesetzt. Es gab (nach einer konzertanten Darbietung in Hamburg) die Uraufführung des Opern-Oratoriums *Moses und Aron*. Dieses mit Hochachtung, sogar mit Ehrfurcht aufgenommene sakrale Fragment war die theatralische Krönung eines Jahrzehnts der Auseinandersetzung mit Schönbergs Tonsystem und Musikästhetik. Vorsichtig und spät folgte die Aufführungspraxis in der DDR. Paul Dessau, der 1935 bei René Leibowitz in Paris Zwölftonmusik studiert hatte, integrierte sie in seine Puntila-Oper (1966). Im *Einstein* (1974) hat Dessau die Entwicklung nach Webern reflektiert.

Völlig vergessen war lange Schönbergs Lehrer, Alexander Zemlinsky. Er war 1938 über Wien nach Amerika emigriert und 1942 verarmt und verbittert unweit von New York gestorben. Erst 1981 übernahm die Hamburgische Staatsoper eine Ehrenrettung mit der Aufführung zweier Einakter Zemlinskys, 1982 folgte die Oper *Kleider machen Leute* in Oberhausen.

Im Verlauf der Neuorientierung wurde auch die Gattung Oper erneut befragt. Der ›kulinarischen‹ Oper, angeblich unwahr und szenische Gesetze mißachtend, wurde das ›Musiktheater‹ entgegengestellt. Junge Komponisten arbeiteten an einer freieren Kombination von Ton und Wort, Tanz und Mimus. Die Oper zog sie auch deswegen wenig an, weil die Musik, die ihnen vorschwebte, kaum sangbar schien. Hans Werner Henze mischte in seinem lyrischen Drama *Boulevard Solitude* (Uraufführung in Hannover 1952 unter Johannes Schüler) Zwölftonreihe, Melodisches, Jazz, Sprechstimme, Tanz und variable Metren. Das Werk hatte Bestand, anläßlich einer Wiederaufführung 1974 an der Bayerischen Staatsoper bot es laut H.H. Stuckenschmidt »kein Hörproblem mehr«. Boris Blachers Köpenickiade *Preußisches Märchen* (Uraufführung 1952 an der Städtischen Oper in Berlin, einstudiert von Ludwig Berger, dirigiert von Artur Rother) vereint Kabarettistisches und Tänzerisches zu einer repertoirefähigen Musikkomödie.

Gehaltvolle Libretti sollten die Oper erneuern helfen. Komponisten richteten sich selber berühmte Vorlagen ein und nahmen dem Handwerk des Librettisten seinen goldenen Boden. Das auf Cervantes fußende *Wundertheater*, mit dem Henze 1948 die Reihe seiner Musikdramen begann, war programmatisch als ›Oper für Schauspieler‹ klassifiziert. Carl Orff ließ das Orchester zum Schlagzeug schrumpfen und die Sänger psalmodieren, Werner Egk ließ Gogols *Revisor* partienweise parlando rezitieren. Egk nutzte auch Yeats, Calderon und Kleist, Hermann Reutter vertonte Grabbe und Wilder, Winfried Zillig Shakespeare und Kleist, Rudolf Wagner-Régeny Hofmannsthal, Boris Blacher Kaiser und Gombrowicz, Giselher Klebe Schiller, Balzac, Werfel, Horváth, Kleist, Goethe und Synge.

Ballett in Deutschland – das bedeutete in den dreißiger und vierziger Jahren nicht viel. Das Ballett war Zutat zur Oper. Die großen Opernhäuser, die sich eine eigene Tanzgruppe leisteten, gönnten ihr ab und zu einen eigenen Abend. Der deutsche Ausdruckstanz (›German Dance‹) war renommiert, zumal da er in Deutschland während der Hitlerzeit als ›entartet‹ gegolten hatte. Nach dem Krieg versuchte man auch auf diesem Gebiet dort weiterzumachen, wo man aufgehört hatte. In Leipzig tauchte die Meisterin des Ausdruckstanzes Mary Wigman aus der Versenkung auf, in Dresden arbeiteten Dore Hoyer und Gret Palucca im Geiste der Wigman. Auch Harald Kreutzberg ließ sich wieder sehen, der die Elemente der Pantomime im Ausdruckstanz bis zur schauspielerischen Gestaltung trieb. Tatjana Gsovsky baute das Ballett der (Ost-)Berliner Staatsoper im Admiralspalast wieder auf. Im Jahre 1949 wechselte Mary Wigman, ein Jahr darauf Tatjana Gsovsky nach Westberlin über. Sie gründete 1955 ihre Tourneetruppe ›Berliner Ballett‹. Kurt Joos kam aus England zurück und übernahm 1949 wieder die Tanzabteilung der Folkwangschule in Essen. Er gründete 1951 ein eigenes Ensemble, aber die Erfolge beschränkten sich auf Reprisen alter Erfolge. In Wien baute Erika Hanka, Schülerin von Joos, das Ballett der Staatsoper wieder auf und erneuerte das Repertoire. Klassischer Tanz war zunächst Rückbesinnung auf die Zarenklassik oder Neoklassizismus à la Diaghilew. Aber allmählich führten gastierende ausländische Ensembles, vor allem aus den USA und aus Frankreich, internationale Maßstäbe vor: Arbeiten von Balanchine, Robbins, Cunningham, Béjart, van Manen. Um 1960 gab es 1100 Tänzer beiderlei Geschlechts in der Bundesrepublik, mehr Damen als Herren. Fast jeder Zwanzigste durfte sich ›Ballettmeister‹ nennen, so klein waren durchschnittlich die Truppen. Sie waren auf mehr als fünfzig Theater verteilt, keine zwanzig Truppen gaben gelegentlich eigene Abende, die andern kamen nie über Operneinlagen hinaus.

3. Restauration, Rebellion, Resignation

Der Weg zum Wohlstand führt über eine Leiche, nämlich in Friedrich Dürrenmatts Tragikomödie *Der Besuch der alten Dame*. Dürrenmatt setzte sich mit diesem Werk durch. Therese Giehse spielte (im Zürcher Schauspielhaus, Januar 1956) zuerst die alte Dame, die Wohlstand in ihr Heimatstädtchen Güllen bringt unter der Bedingung, daß ein ihr verhaßter Güllener umgebracht wird. Eine der großen Parabeln der Zeit, später vertont, von Gottfried von Einem, Uraufführung an der Wiener Staatsoper 1971.
Zum Charakterstück der Epoche wurde auch Max Frischs

Lehrstück vom Vorurteil: *Andorra* (1961). In den fünfziger und sechziger Jahren wurden Frisch und Dürrenmatt berühmt, zwei Hausautoren des Zürcher Schauspielhauses unter Oskar Wälterlin (1938-1961) und Kurt Hirschfeld (Chefdramaturg 1938-1960, Direktor 1961-1964). Als Werner Düggelin 1968 die Direktion der Vereinigten Stadttheater in Basel übernahm, mit Dürrenmatt als Berater, gab es Idealkonkurrenz zwischen Zürich und Basel.

Die Kulturwelt konsolidierte sich, setzte Fett an. Viele Festspiele wurden neu oder wieder gegründet. Die Wiesbadener Maifestspiele und die Münchner Festspiele gibt es seit 1950 wieder. Die Berliner und die Wiener Festspiele, die Festspiele in der Bad Hersfelder Stiftsruine begannen 1951, im gleichen Jahr lebten die Bayreuther Festspiele unter der Leitung der Wagner-Enkel Wieland und Wolfgang wieder auf. Seit 1957 gibt es auch Festspiele in Ostberlin. Zürcher Festwochen entwickelten sich aus jahrzehntelanger Übung, für Juni Gastspiele zu organisieren. Von 1949 an beteiligte sich das Schauspielhaus mit eigenen Inszenierungen. Günstige Konjunktur und gute Verkehrsverbindungen machten die Stars auf der Bühne und hinterm Dirigentenpult scheinbar allgegenwärtig, Festspiel-Touristen hatten Mühe mitzukommen. Das Kulturleben schien ein einziger Sonntag zu werden.

Reiche Opernjahre gab es in München unter Rudolf Hartmann (1952-67), zu dessen Zeit das zerstörte Nationaltheater wieder aufgebaut wurde. Generalmusikdirektor war damals Josef Keilberth. Hartmann inszenierte zur Eröffnung *Die Frau ohne Schatten* mit Inge Borkh und Dietrich Fischer-Dieskau als Färberin und Färber. Die für München traditionelle Dreiheit Mozart–Wagner–Strauss hatte nun wieder ihren optimalen Rahmen. Hartmanns Nachfolger wurde Günther Rennert (1967-1976). Nach fast zehn Jahren im Ausland, vor allem als Leiter der Festspiele in Glyndebourne, vollendete Rennert seine Theaterarbeit, indem er den Spielplan mit glanzvollen Repräsentationen von Werken der Gegenwart anreicherte. Er leitete auch eine Monteverdi-Renaissance ein. Beliebt machte er sich als Erneuerer heiterer Spielopern, zumal von Rossini. Rennert hat Zeitgenössisches in Stuttgart inszeniert, Orffs *Ödipus*, Egks *Revisor*, als Uraufführung Jan Cikkers *Auferstehung* und Krzysztof Pendereckis *Teufel von Loudun*. Das war zur Zeit von Walter Erich Schäfer (1949-1972), der eine der Vaterfiguren im Theaterbetrieb der Nachkriegszeit geworden ist. Schäfer lud auch Wieland Wagner ein, der in Stuttgart öfter inszenierte als in Bayreuth, sechzehnmal, nicht nur Wagner, sondern auch den *Fidelio*, Glucks *Orpheus* und die *Salome* von Strauss. Wieland Wagner, Rennert und Felsenstein, der in Stuttgart den *Freischütz* inszenierte, haben die Oper zum Musiktheater geformt. In den mehr als zwei Jahrzehnten, in denen Schäfer die Württembergischen Staatstheater hütete, wurde Carl Orff fast zu seinem Hauskomponisten. Es haben sich große Talente entfaltet: John Cranko, seine Primaballerina und Nachfolgerin Marcia Haydee, der Dirigent Carlos Kleiber. Ferdinand Leitner erlangte als Stuttgarter Generalmusikdirektor (1947-1969) überregionale Geltung.

Carl Ebert, Rennerts Vorläufer, Gründer der Festspiele in Glyndebourne, kehrte 1954 an die Städtische Oper Berlin zurück, wo man ihn 1933 fristlos entlassen hatte. Ebert hat die Städtische Oper zu internationaler Geltung gebracht, vor allem mit seinen Mozart- und Rossini-Inszenierungen. Er gewann Vergessenes zurück (Verdis *Nabucco*, Cherubinis *Medea*, Janaceks *Katja Kabanowa*, Busonis *Faust*) und setzte Zeitgenössisches durch: Henzes *König Hirsch*, Dallapiccolas *Nachtflug*, Schönbergs *Moses und Aron*. Eberts Nachfolger wurde 1961 Gustav Rudolf Sellner, der das neu erbaute Haus in der Bismarckstraße übernahm, Eberts ehemalige Wirkungsstätte. Sellner gab seinen Einstand mit einem *Don Giovanni*, dirigiert von Ferenc Fricsay, der 1964 krankheitshalber die Direktion an Lorin Maazel abgeben mußte. Überzeugt von der Notwendigkeit des Experimentierens gerade auf der Musikbühne, stand Sellner auch als Regisseur für viele problematische Ur- und Erstaufführungen ein: Klebes *Alkmene*, Reimanns *Melusine*, Henzes *Bassariden* und den *Jungen Lord*, von Einems *Dantons Tod* und Dallapiccolas *Odysseus*. Schließlich hinterließ Sellner, als er das Amt seinem bisherigen Stellvertreter Egon Seefehlner übergab (1972), 29 eigene Inszenierungen, die Hälfte des Repertoires.

Auffällig war zu seiner Zeit die Zunahme der Ausländer im Ensemble, vor allem der Amerikaner. Ein Zeichen für die allgemeine Internationalisierung der Kunst; eine genuin ›deutsche‹ Oper zu führen, ist nicht mehr möglich. Am längsten entsprach diesem Typ die ›Deutsche Oper am Rhein‹ (Theatergemeinschaft Düsseldorf–Duisburg), die nach einer Periode der Konsolidierung unter Hermann Juch (1956-1964) mit Grischa Barfuss (bis 1986) ein Muster an Kontinuität geworden ist.

Mitte der sechziger Jahre sprach man vom »Stuttgarter Ballettwunder«: John Cranko hatte (von 1961 an) eine neue Truppe mit neuem Repertoire gebildet. Seine Programme bestanden aus konzertanten, handlungslosen Balletten oder abendfüllenden archetypisierten Tanzerzählungen. Er choreographierte seinen Tänzern die Rollen auf den Leib, er überraschte mit hochexpressiven ästhetisierten Verstrickungen und witzigen Verknäuelungen. Marcia Haydee trat als Primaballerina hervor. Sie übernahm nach Crankos plötzlichem Tod (1973) die Leitung des Ensembles und konnte noch jahrelang von Crankos Vermächtnis zehren. Ein Tänzer aus Crankos Team schritt weiter fort auf dem Weg zur symbolischen statt illustrativen Tanzerzählung: John Neumeier in Hamburg, gastweise auch in München. Originellste Ausformung der ›optischen Dramaturgie‹ Neumeiers waren ›sinfonische Ballette‹, zum Beispiel nach der Dritten Sinfonie von Mahler.

Die gestiegenen Ansprüche an ›festliche Stunden‹ im Theater ließen repräsentative Bauten immer stärker vermissen. Jahrelang hatte man sich mit Einbauten oder Renovierungen zufriedengeben müssen. Die erste Rekonstruktion, zum Teil aus Trümmerschutt, war das Nationaltheater in Weimar. Anschließend wurden dreißig Theater allein in der sowjetischen Besatzungszone wiederhergestellt.

Das Jahr 1955 war ein Festjahr für den restaurativen Theaterbau: die Staatsopern in Wien, Hamburg und Ostberlin wurden fertig. Auch das Burgtheater erstand 1955 aus Ruinen. Die Bayerische Staatsoper folgte 1958, das Salzburger Festspielhaus 1960, das Haus der Ruhrfestspiele in Recklinghausen 1965. Der Bau des Stadttheaters in Münster wurde 1956 als Beginn einer neuen Epoche im Theaterbau empfunden. Ein Team von jungen Architekten beendete den ›Herbst des Klassizismus‹, machte Schluß mit der ›Einschüchterungsarchitektur‹ im Hoftheaterstil, mit der Säulenfassade und verzichtete innen auf die Farb-Kombination Rot-Gold oder Blau-Silber. In Münster: fliederfarbene Klappsessel mit hochgezogenen weißlackierten Stahlrohrrahmen, die Rangbrüstungen mit naturfarbenem Korbgeflecht drapiert, die Decke mit Pendelleuchten vollgehängt. Der an einer Straßenecke liegende Bauplatz ist für die dreigestufte Anlage diagonal genutzt worden: Bühnenturm, davor der Zuschauerraum als gläsernes Oval, und davor dann der niedrige verglaste Trakt für Entree, Café und Defilee.

Das Jahr 1966 wurde das stolzeste Baujahr der deutschen Büh

nengeschichte: nicht weniger als ein Dutzend Eröffnungen. Damals erregte die Betonkuppel von Dortmund Aufsehen, die das Foyer und einen Zuschauerraum für 1160 Personen überwölbt – 37 Millionen Baukosten! Im Jahre 1970 war das Düsseldorfer Schauspielhaus ein Paradestück für 39 Millionen Mark, eine Betonwoge von 125 000 Kubikmetern umbautem Raum, seit 1976 unter Denkmalschutz. Im Jahre 1972 setzte das Stadttheater Darmstadt einen neuen Rekord: ein 210 000 Kubikmeter großer Riesenkasten für 75 Millionen.

Viel gestritten wurde über die Theatertechnik. Die einen nannten die Technik sekundär und verlangten deren Unauffälligkeit, die andern forderten maximale Mobilität des Hauses. Fast alle verachteten den Bühnenrahmen mit der Rampe. Das Rampenlicht gab es sowieso nicht mehr. Als einen seiner »Killer« bezeichnete sich Erwin Piscator, als er diese Reformtat bereute (1955). Die ›Lichtschranke‹ zwischen Schauspieler und Publikum schien ein Relikt des alten Illusionstheaters. Nachdem sie abgeschafft war, wurden die Gesichter der Akteure meistens nur noch von oben beleuchtet, von Scheinwerfern, die den ausdrucksfähigsten Teil des Gesichts im Dunkeln ließen, die Augen.

Der Architekt Gerhard Graubner fand es übertrieben, daß der technische Aufwand im Düsseldorfer Schauspielhaus 21 % der Bausumme ausmachte. Adolf Zotzmann, technischer Leiter des Ruhrfestspielhauses, Berater bei vielen Theaterbauten, nahm den ›Prügelknaben Bühnentechnik‹ in Schutz: man habe nur gebaut, was verlangt worden sei. Manche kühne Idee wurde preisgekrönt, sogar kalkuliert und geplant, gebaut wurde aber Normales, zum Schaden der Ästhetik, wohl kaum des Spiels. In Essen hat man sich's viele Jahre lang überlegt, ob man den 1959 preisgekrönten Entwurf des finnischen Architekten Alvar Aalto realisieren kann oder nicht. Im Herbst 1988 ist er endlich eingeweiht worden, ein außen mit Naturstein verkleideter, abgeschrägter Tafelberg (190 000 Kubikmeter), innen Amphitheater für 1100 Zuschauer. Den einen ein Beweis für die allen Moden trotzende Zeitlosigkeit eines genialen Entwurfs, den andern ein Anachronismus. Denn die kulturelle und wirtschaftliche Situation hatte sich längst gewandelt.

Schon lange waren die Spielpläne uniform geworden, verrieten gerade die ehrgeizigen Inszenierungen Ratlosigkeit. Zu denken gab obendrein, daß ausgerechnet auf den Behelfsbühnen einst Beispielhaftes entstanden war. Wieland Wagners berühmte ›Lichtregie‹ ist in einem technisch primitiven Haus entwickelt worden. Gustav Rudolf Sellner hat 1951 bis 1960 sein ›instrumentales‹ und danach Gerhart F. Hering sein ›poetisches‹ Theater in der Darmstädter Orangerie realisiert. Boleslaw Barlog hat sich von der Peripherie aus (Schloßparktheater in Steglitz, umgebautes Kino, ursprünglich Pferdestall) das Zentrum erobert (das Schiller-Theater). In Recklinghausen gab es die zündenden Erlebnisse im Städtischen Saalbau, in den das Notwendigste schlecht und recht eingebaut worden war. Gründgens erneuerte seinen Ruhm und den Ruf Düsseldorfs als Hauptstadt des Schauspiels in einer ehemaligen Schulaula und festigte ihn (ab 1951) in einem so schlecht gebauten Provisorium (auf dem Grundstück des restlos zerstörten Operettenhauses), daß darin die Zeit bis zur Einweihung des phantastischen Doppeltheaters kaum überbrückt werden konnte.

Als Kurt Hübner und sein Team 1962-1973 mit ihrem ›Bremer Stil‹ eine bundesweite Debatte entfachten, da war ein architektonisch höchst langweiliges, behelfsmäßig für drei Sparten genutztes Schauspielhaus ›Deutschlands heißestes Theater‹ geworden. Dort arbeitete auch Peter Stein, der dann die Gruppe leitete, die in den siebziger Jahren die ›Schaubühne am Halleschen Ufer‹ zum meistbeachteten und höchstgelobten Sprechtheater Deutschlands machte, einen technisch schlecht ausgestatteten Saal mit Podium.

Während die letzten perfekten Großbauten entstanden, war schon klar, daß aufwendige Schauspiele und Opern kaum noch geschrieben wurden. Dramatiker und Komponisten wählten kleine Formen für ihre Ideen. Darum legten die großen Theater sich werkstattähnliche Nebenschauplätze zu, die zeitweilig ihr lebendigster Teil wurden, zum Beispiel die ›Werkstatt‹ des Schiller-Theaters (ab 1959) und das ›Werkraumtheater‹ der Münchner Kammerspiele (1961). Diese Entwicklung erschwerte wieder einmal den Privattheatern das Leben, die auf Kleindramatik angewiesen waren.

Die DDR versuchte, sich gegen gesellschaftliche Veränderungen abzuschirmen. Im Juni 1953 führte die wirtschaftliche und politische Repression zu einer staatsgefährdenden Krise. Günter Grass paraphrasierte sie und das Verhalten Brechts am 17. Juni in einem ›deutschen Trauerspiel‹, das Mitte Januar 1966 im Schiller-Theater uraufgeführt worden ist: *Die Plebejer proben den Aufstand.* Inzwischen hatte Walter Ulbricht seinen größten Versuch gewagt, die Verhältnisse in seinem Satellitenstaat zu zementieren, durch Abschnürung Westberlins.

Lange hatten die Theaterleute zu den Grenzgängern gehört. Hunderte von ihnen arbeiteten in Ostberlin und wohnten in Westberlin, Dutzende machten es umgekehrt, trotz mehrerer Versuche, diese Wanderer zwischen den Welten zum Abgang oder Umzug zu bewegen. Nach dem Mauerbau blieben nur einige prominente Grenzgänger übrig, zum Beispiel Erich Engel, Herbert Ihering, Walter Felsenstein. Längere Zeit hindurch war die Situation der Theater in Ostberlin prekär. Man nahm an, Felsenstein müsse aufgeben. An allen großen Theatern mußten viele Rollen umbesetzt und alte Inszenierungen neu einstudiert werden. Kollegen aus den Ostblockstaaten sprangen ein. Neuinszenierungen wurden seltener. Die Westberliner Bühnen wurden entsprechend aktiver. Die 26 000 Ostberliner Mitglieder der Westberliner Volksbühne, fast ein Viertel aller Mitglieder der ›Freien Volksbühne‹, mußten künftig fernbleiben. Sie hatten in Ost-Mark gezahlt. Im Jahre 1962 war der Verlust schon aufgeholt.

Etliche Ostprominenz, die gerade im Westen gastierte, setzte sich ab. Horst Stein, Kleibers Nachfolger an der Staatsoper Unter den Linden, kehrte an die Hamburger Staatsoper zurück. Peter Palitzsch vom Berliner Ensemble, der gerade in Ulm inszenierte, sagte sich los und wurde Schauspieldirektor in Stuttgart. Gerhard Stolze, der gerade in Bayreuth den Loge gesungen hatte, ging nicht zurück. ›Republikflucht‹ wurde in Ost und West zum Dramenthema. Der ›antifaschistische Schutzwall‹ (östlicher Sprachgebrauch) oder auch die ›Schandmauer‹ (Westjargon) wurde zum Thema von Theaterstücken, erwünschten und unerwünschten. Um politische Entkrampfung bemüht, wollten etliche Künstler ihren Übertritt in den Westen nicht politisch interpretiert wissen. So Götz Friedrich, Oberspielleiter an der Komischen Oper, der sich im Herbst 1972 nach zwanzig Jahren von seinem Meister Felsenstein trennte, dessen Nachfolger er bald hätte werden sollen. Dorthin rückte dann Joachim Hertz auf, bisher Operndirektor in Leipzig. Götz Friedrich wurde 1981 Generalintendant und Chefregisseur der Deutschen Oper in Westberlin.

An den westdeutschen Theatern gingen die aktuellen Probleme im wesentlichen vorüber. Gerade dies schien die Welt des Theaters als höhere Welt auszuweisen. In der DDR wurde zwar prinzipielle Sicht auf die Gesellschaftskonflikte gefordert, aber nicht auf Veränderungen, welche die Entwicklung in offiziell unerwünschte Richtung trieben, zum Beispiel die gegenseitige Durchdringung von Kapitalismus und Sozialismus. Unter ›politischem Drama‹ verstand man die Kostümierung politischer Konstanten (Gorki, Sartre, Camus) und die Überhöhung in Parabeln (Frisch, Dürrenmatt, Hacks), bis Rolf Hochhuth 1963 mit seinem Papstdrama *Der Stellvertreter* die Szene zum Tribunal machte.

Von da an wurden historische Schandtaten aufgearbeitet, vor allem von Hochhuth (Auseinandersetzung mit dem Bombenkrieg in *Soldaten, Nekrolog auf Genf*, 1967), Heinar Kipphardt (Dokumentarspiele *In der Sache J. Robert Oppenheimer*, 1964, *Joel Brand. Die Geschichte eines Geschäfts*, 1965 (nämlich des von Heinrich Himmler versuchten Tauschs ungarischer Juden gegen Lastkraftwagen) und Peter Weiss (*Die Ermittlung*, 1965, Protokoll des Frankfurter Auschwitz-Prozesses, *Vietnam-Diskurs*, 1968).

Martin Walser verarbeitet das Material, um die Gesellschaftsordnung auf ihre moralische Grundlage hin zu überprüfen, im privaten Bereich (»Der Abstecher«, 1961; »Die Zimmerschlacht«, 1967), im politischen (»Eiche und Angora«, 1962; »Der schwarze Schwan«, 1964) und im sozialen (»Die Ohrfeige«, 1986).

Daß politisches Schauspiel auf Jahre hinaus in den Mittelpunkt des Interesses rückte, macht den Altersruhm Erwin Piscators aus. Erst im Herbst 1951 aus der Emigration zurückgekehrt, hatte er elf Jahre lang frustriert als Gastregisseur gearbeitet, meistens an unbedeutenden Theatern. Politische Vorbehalte (immer noch Kommunist?) und ästhetische Vorurteile (Übermaß an Bühnentechnik?) waren zu überwinden gewesen, bevor der inzwischen fast 69jährige zum Intendanten der Freien Volksbühne in Westberlin gewählt wurde. Zum Einstand preßte Piscator Gerhart Hauptmanns Atriden-Tetralogie, ein düsteres Alterswerk, in einen einzigen Abend, es folgte ein bitteres Spätwerk von Anouilh (*Die Grotte*), und was dann kam, hat Theatergeschichte gemacht: Hochhuth und die Folgen.

Als im Herbst 1965 der 75. Geburtstag der Volksbühne zu feiern war, wählte Piscator im allerletzten Moment den neuesten und kühnsten Text, *Die Ermittlung*. Piscator lud alle Theater ein, sich an der Uraufführung zu beteiligen. Vierzehn Bühnen machten sofort mit, davon zehn in der DDR – für solche ›Westdramatik‹ war man dort empfänglich, zumal da die moralische Schuld total der Bundesrepublik angelastet wurde.

Von der Tagespolitik abgehobene Gesellschaftskritik bezog man jahrzehntelang aus den Dramen Carl Sternheims (pro Saison etwa 30 Vertragsabschlüsse) und Ödön von Horváths (20), fast so starken Säulen des Spielplans wie die Stücke von Brecht (60). Luigi Nono, der seine serielle Musik um sozialpolitischer Botschaften willen expressiv und kantabel hielt, schuf ein Modell szenischer Agitation: *Intolleranza* (Venedig 1961, Köln 1962).

Politische Radikalisierung, ausgehend von Studentenunruhen in Paris und Berlin 1968, der immer stärker ins Bewußtsein rükkende Krieg in Vietnam, aber auch die gewaltsame Rückführung der Tschechoslowakei auf die Moskauer Linie, wurde in zahlreichen kurzlebigen szenischen Polemiken gespiegelt. Der böse Blick auf die Verhältnisse erfaßte auch die Theaterstruktur. Auch da wurde ›Demokratisierung‹ gefordert: ›Mitbestimmung‹, ›Transparenz der Arbeitsprozesse‹, ›Abbau von Herrschaftsstrukturen‹. Im einzelnen: kollektive Theaterleitung und kollektive Regie, Einheitsverträge und Staffelung der Gagen nach sozialen Bedürfnissen, Mitsprache bei Spielplangestaltung und Rollenbesetzung, Einstellungen und Entlassungen. Der Frankfurter Magistrat war der erste Rechtsträger, der die Bedingungen, unter denen Demokratie an einem Kommunaltheater stattfand, rechtlich ordnete (1970). Als Peter Palitzsch nach Frankfurt kam (1972), wurde die Position des Generalintendanten abgeschafft und das Schauspiel von einem Dreierdirektorium geleitet. Hinzu kam ein paritätischer Beirat mit Vertretern aller Sparten. Der theoretisch richtige Ansatz, der an vielen Orten gesucht und versucht wurde, bewährte sich in der Praxis auf die Dauer nirgends. In zermürbenden Debatten gingen viel Zeit und Kraft verloren, schließlich auch Zuschauer, weil die Ergebnisse der kollektiven Arbeit nicht befriedigten. Einzig die Schaubühne am Halleschen Ufer unter Peter Stein bewies, daß kollektive Arbeit unter überlegener Führung fruchtbar sein kann. Doch von der Spielzeit 1985/86 an war Stein nicht mehr primus inter pares, sondern nur noch Regisseur.

Frustrierte wagemutige Regisseure suchten ungewohnte Spielplätze. Sie verlegten einzelne Produktionen in stillgelegte Fabrikhallen, in Gemeindezentren und andere theaterfremde Orte, in der Hoffnung auf voraussetzungslose Begegnungen mit neuem Publikum. Die Berliner Schaubühne wich vom Halleschen Ufer für einzelne Produktionen ins Messegelände, in Filmateliers, ins Olympia-Stadion aus. Und als der Mendelssohn-Bau (ein Kino) am Kurfürstendamm als neue Schaubühne hergerichtet wurde (bis 1981), da wurde er zugunsten eines variablen Riesensaals ausgekernt.

Dem Trend zu ›Mündigkeit‹ und ›Demokratisierung‹ lief entgegen, daß Regisseure, mit oder ohne dramaturgische Hilfe, immer mehr durch Eigenwillen hervortraten. Ernst Ginsberg nannte das schon 1954 eine »Entmündigung des Schauspielers«. In der ersten Hälfte der siebziger Jahre schufen junge Talente wie Hans Neuenfels, Hans Hollmann, Hansgünther Heyme, Claus Peymann (selbst-)herrliche Inszenierungen. Sie schreckten nicht davor zurück, Klassiker zu ›zerspielen‹. Ihr bedeutendster Widerpart war der Fehling-Schüler Rudolf Noelte, ein Vollkommenheitsfanatiker und Verteidiger der ›Werktreue‹. Ältere Zuschauer sahen mit wachsendem Mißvergnügen, wie Regisseure gegen die Überlieferung verstießen, indem sie urheberrechtlich nicht mehr geschützte Texte ›umfunktionierten‹, zumal da auch Bühnenbildner befremdeten, deren Ausstattungen die Trends der bildenden Kunst (Pop, Postmoderne) deutlicher reflektierten als das auszustattende Spiel.

Nachdem der Kollisionskurs zu gesellschaftlichen Reformen teils in Gewalt und teils in Resignation verkommen war, spiegelte die Tendenzwende sich auch auf der Bühne: Vordringen des Unterhaltungstheaters seit den achtziger Jahren, Verschwinden der szenischen Agitation. Symptomatisch dafür, daß gesellschaftskritisches Theater nicht mehr unter den alten sozialen Prämissen gedeiht, war der Niedergang der Ruhrfestspiele bis zur Bedeutungslosigkeit. Seit 1981 haben die Ruhrfestspiele das lange geforderte eigene Schauspielensemble, jedoch keine Aufgabe mehr.

Die Debatte um den Austrofaschismus brach erst 1986 aus und fand im Herbst 1988 auf die Bühne des Burgtheaters. Thomas Bernhard, Spezialist für Kurzdramatik der Obsessionen (vielfach kaum mehr als misanthropische Monologe, effektvolle Altersrollen für Bernhard Minetti), hatte einen jüdischen Heimkehrer an Österreich verzweifeln lassen. *Heldenplatz* heißt der Dreiakter, nach dem Ort der Kundgebung, auf der im März 1938 der bekannteste Österreicher die ›Heimkehr‹ seines Vaterlandes ins Deutsche Reich feierte. Im Erinnerungsjahr des ›Anschlusses‹ vor fünfzig Jahren und der Eröffnung des Burgtheaters am Ring vor hundert Jahren vermischte sich Unvereinbares: die Auseinandersetzung um Taten oder Unterlassungen eines Leutnants Kurt Waldheim 1942/43 auf dem Balkan, inzwischen Präsident der Republik Österreich, und Empörung über Mutwillen Claus Peymanns, Burgdirektor seit 1986. Peymann war 1974, damals Schauspieldirektor in Stuttgart, nach einer Kollision mit dem Ministerpräsidenten Filbinger als triumphierender Verlierer mit einer Kerntruppe nach Bochum gegangen. Zwölf Jahre später, diesmal mit 22 Schauspielern, nach Wien. Der Krach um Peymann und seinen ›Hausautor‹ Bernhard spaltete die öffentliche Meinung und auch das Ensemble des Burgtheaters. Der misanthropische Autor beendete den Streit radikal: er verbot testamentarisch, seine Werke in Österreich zu spielen, zu drucken und öffentlich vorzulesen. Dann brachte er sich um (Februar 1989).

Den Typus des Dichters, der darauf besteht, daß seine persönlichen Gefühle ernst genommen werden, auch auf der Bühne, verkörperte am reinsten Peter Handke. Sein dramatisches Gedicht *Über die Dörfer*, uraufgeführt im Sommer 1982 in Salzburg, endet mit einer halbstündigen Heilsverkündung. Botho Strauss, der das Handwerk Anfang der siebziger Jahre als Dramaturg an der Schaubühne gelernt hat, bediente und überspitzte die Ich-Bezogenheit der Schickeria in abendfüllenden Gesellschaftsspielen. Peter Stein setzte Handke und Strauss in Musterinszenierungen durch.

Zehntes Kapitel
Im Zeitalter der Massenmedien

Als das Fernsehen Mitte der sechziger Jahre begann, ein Massenereignis zu werden (in 95 % aller Haushalte der Bundesrepublik stand 1974 wenigstens ein Fernsehgerät, das pro Tag durchschnittlich 125 Minuten lang lief), da erwachten Sorgen, die in den Jahren vor dem Ersten Weltkrieg aufgekommen waren, als dem Theater eine ›Kinogefahr‹ zu drohen schien. Der Bühnenverein hatte im Jahre 1913 Autoren, Schauspieler und Regisseure verpflichten wollen, die Filmproduktion zu boykottieren. Weil daraus nicht viel geworden, aber die vorausgesehene Katastrophe trotzdem ausgeblieben war, hielten Furcht und Hoffnung einander die Waage, als der Tonfilm drohte. Als dann auch noch der Hörfunk sich etablierte (um 1927), schien das Maß wieder einmal voll, doch restriktive Maßnahmen griffen wieder nicht. In Erinnerung an solche Erfahrungen umarmte man den vermeintlichen Feind lieber, gab ihm Sitz und Stimme im Bühnenverein, als das Fernsehen volkstümlich wurde. Die Vertreter der Rundfunkanstalten wurden auf seine Satzung eingeschworen, das deutsche Theater zu erhalten, zu fördern und zu entwickeln.

Der Kulturpolitiker Heinz-Winfried Sabais nannte die Verbindung zwischen Theater und Fernsehen allerdings eine »unechte Symbiose«, viele Kulturfunktionäre sahen das Fernsehen als parasitär an, weil es sich einfach bediene unter Dramatikern, Schauspielern, Sängern, Tänzern. Dramaturgen klagten über Mangel an neuen und brauchbaren Schauspielen und Opern, Intendanten tadelten, das Fernsehen mache die »Gagen kaputt«. Die Voraussetzungen dafür hatten sie allerdings selber geschaffen. Es rächte sich nämlich, daß Theaterarbeit für die Urheber nur ausnahmsweise attraktiv war und ist. Sie waren und sind auf Hörspiel- und Fernsehspielfassungen angewiesen, was Wunder, daß manche zum Fernsehen ›abwanderten‹ und Fernsehspiele im Theater zweitverwertet wurden. Der häufig bejammerte Verlust an geistigem, speziell literarischem Niveau und die Überschwemmung des Medienmarktes mit Billigware hat teils mit Gleichgültigkeit gegenüber den Urhebern zu tun, teils auch mit Umorientierung der Gesellschaft auf andere Attraktionen. Während ›Autorenfilme‹ Kino und Fernsehen belebten, (direkt und persönlich umgesetzte Ideen, oft technisch unzureichend, aber rasch und billig,) triumphierte das ›Regietheater‹ – auf Kosten der Autoren.

Längere Beobachtung und bessere Analyse zeigte, daß die elektronischen Medien auch Vorteile brachten. Abgesehen von wirtschaftlicher Belebung der Branche regte die ausführliche Berichterstattung über Schauspiel und Oper in Hörfunk und Fernsehen, dort außerdem noch über Tanz, zum Besuch an. Die Wirkung des Fernsehens ist ambivalent: in den großen Städten stimuliert eine Theaterübertragung den Wunsch, ins Theater zu gehen (›live‹ dabeizusein), in kleineren Städten entmutigt sie: so gut wie auf dem Bildschirm kann es in unserem Theater gar nicht sein. Die Möglichkeit, Leistungen zu vergleichen, sogar privat akustisch und optisch zu fixieren, erhöhte den künstlerischen Ehrgeiz, aber auch die Ansprüche des Publikums. Das führte zum Streben nach Perfektion, ergo zu immer längeren Probenzeiten. Der das Künstlertum um so stärker prägende Individualehrgeiz, je verächtlicher die Kulturkritik Symptome für »Vermassung« der Gesellschaft behandelte, bewirkte eine Intellektualisierung, welche die Programmhefte mästete, aber die Erzeugnisse auf der Bühne auszehrte.

Die elektronischen Studios des Hörfunks (vor allem in Paris unter Pierre Schaeffer seit 1942 und in Köln unter Herbert Eimert seit 1951) erschlossen neue Klangwelten: Destruktion der Intervalle, Emanzipation der Geräusche, Integration spontaner Einfälle, Umnutzung von Instrumenten, elektronische Klangerzeugung, instrumentaler Einsatz von Singstimmen und anderes mehr. Diese Innovationen drängten, optisch ergänzt, auf die Bühnen, stellten das Theater aber eher in Frage, als daß sie es bereicherten, weil sie es sprengten. Synthetisierung und Mathematisierung der Musik minderte Spielfreude, Sangbarkeit und Rentabilität im ›Musiktheater‹ – ein Begriff, der die gewohnte Gattungsbezeichnung ›Oper‹ ablöste. »Musik war kantabel, war amabel«, klagte August Everding 1987, Generalintendant der Bayerischen Staatstheater (seit 1982), »das will Musik heute gar nicht sein; sie will weder gesungen noch gesummt noch geliebt werden.«

1. Der gemeinsame Markt

Der ›gemeinsame Markt‹, für ganz Europa geplant, aber immer wieder von nationalen Interessen blockiert, ist auf dem Theater selbstverständlich geworden. Nationale Zugehörigkeit, der Urheber wie der Ausübenden, hat kaum noch Bedeutung, allenfalls als Sprachbarriere. Natürlich gingen die wortlosen Künste voran. Der Argentinier Mauricio Kagel schuf ›Antiopern‹ (*Staatstheater*, Hamburg 1971), in denen Musik die Szene in Gang bringt, nicht umgekehrt. Der kalifornische Musikphilosoph John Cage hat 1987 für Frankfurt einen musikalisch-tänzerischen Kehraus (*Europeras 1 & 2*) entwickelt. Daß kurz vor der Uraufführung das Opernhaus abbrannte, war ein ominöser Zufall. Bei diesem Brand wurde die materielle Hinterlassenschaft einer zehnjährigen Reformarbeit (von Herbst 1977 an) vernichtet, die Michael Gielen und sein Dramaturg Klaus Zehelein geleistet haben – wenn auch schließlich mit 50 Millionen Zuschuß – um szenischer Erneuerung willen noch einmal ein Bekenntnis zu Ensemble und Repertoire, nach dem Vorbild der Krolloper in Berlin (1927-1931) unter Otto Klemperer. Das Zerfallsprodukt des Experimentators Cage wurde mit vierwöchiger Verspätung einem weitgehend einverständigen Publikum im Schauspielhaus gezeigt.

Eine Summe aus den modernen Möglichkeiten zog Bernd Alois Zimmermann in seinem Vierakter *Die Soldaten*, als Vorwurf diente das gleichnamige Schauspiel von J.M.R. Lenz. Pluralismus der Mittel, sowohl akustisch als auch optisch. Ein Auftragswerk der Stadt Köln, das trotz größter Ansprüche an Reproduzenten und Rezipienten nach der Premiere (1965) unter Michael Gielen, inszeniert von Hans Neugebauer, langsam seinen Weg machte. Zwei Jahre lang hatte der Komponist daran gearbeitet, fünf Jahre auf die Uraufführung gewartet.

Respektable Kompromisse zwischen Innovation und Konvention erzielte der ›etablierte Avantgardist‹ Krzysztof Penderecki, der mit seinem Musikdrama der Hexenverfolgung *Die Teufel von Loudun*, einem Auftragswerk der Hamburger Staatsoper, 1969 bekannt wurde: donnernde Cluster, heulende Glissandi, freie Aleatorik, aber auch sangbare Partien.

Robert Wilsons Schau-Spiele der Gesten, Farben und Lichteffekte befremdeten und begeisterten die Habitués des Erzähltheaters hierzulande, zuerst 1979 in der Schaubühne am Halleschen Ufer, angesichts von *Death, Destruction & Detroit*. Acht Jahre später folgte ein zweiter Teil, die Schaubühne arbeitete inzwischen am oberen Kurfürstendamm, und Wilson war mittlerweile weltweit beschäftigt. Wilson realisierte für den international beachteten Minimalisten Philip Glass, der Klangteppiche aus monotonen Kadenzen, Akkordzerlegungen und Wiederholungen webt, das Szenario *Einstein on the Beach* (1976 auch in Hamburg). Dieses ratlos als ›Oper‹ klassifizierte Werk inszenierte der Maler und Bühnenbildner Achim Freyer im Herbst 1988 für die Ludwigsburger Schloßfestspiele gemäß eigenen Bildvorstellungen und mit neuen Textcollagen. So beliebig der Text, so austauschbar die Story. Überhaupt lösen sich die theatralischen Gattungen auf.

Einen neuen Trieb setzte das Tanztheater an. Ursprünglich war ›Tanztheater‹ eine neue Bezeichnung für eine alte Sache, erzählendes Ballett nämlich, wie es noch Ende der achtziger Jahre in der DDR gepflegt wird, auf flachen Sohlen, nicht auf Spitzen, von Tom Schilling an der Komischen Oper in Ostberlin, von Dietmar Seyffert in Leipzig und Harald Wandtke in Dresden dargeboten. In den siebziger Jahren wurde ›Tanztheater‹ allmählich akzeptiert als Bezeichnung für das, was Jochen Ulrich in Köln, Gerhard Bohner in Darmstadt, vor allem aber was Pina Bausch von Wuppertal aus durchgesetzt hat: Freistilchoreographien aus Tanz verschiedener Art (auch Gesellschaftstanz), Sprache, Musik, Requisiten. Es sind sehr persönliche, zum Teil kollektiv entstandene Arbeiten, die sich immer weiter von der Tradition entfernten. Sie interessiere »weniger, was die Leute bewege, als wie sie sich bewegen«, sagte Pina Bausch 1973. Als im Herbst 1987, dreizehn Jahre nach Beginn der Arbeit, in einer Retrospektive elf Programme gezeigt wurden, etwa das halbe Œuvre, nach Möglichkeit in den Erstbesetzungen, da erntete Jubel und Gelächter, was einst getadelt, sogar beschimpft worden war.

Seit 1983 ist Pina Bausch auch Direktorin der Tanzabteilung der Folkwang-Hochschule in Essen, aus der sie und ihre ersten Mittänzer hervorgegangen sind. Ihr stilistischer Einfluß griff ins klassische Ballett und ins Schauspiel ein, aus deren Bereichen sie sich bedient hatte. Nachahmungen tauchten auf. Die neu-gierige Tanzdramatik entfernte sich so weit von Art und Organisation der Oper, daß sie der Singbühne fremder als dem Sprechtheater ist.

Zwischen 1947 und 1975 sind fast dreihundert Kompositionen auf deutschen Musikbühnen aufgeführt worden, davon etwa zweihundert aus diesem Jahrhundert. Allerdings brachten es diese zweihundert auf kaum zehn Prozent aller Aufführungen (18000 von insgesamt 200000 Spielabenden). Mehr als die Hälfte der Aufführungen wurden bestritten von den ›eisernen Sechs‹: Verdi,

Mozart, Puccini, Wagner, Lortzing und Richard Strauss. Zusammen mit anderen Standardwerken von Bizet, Weber, Smetana, Rossini und Beethovens *Fidelio* bestritten sie etwa 85 % aller Darbietungen. Das Durchschnittsalter der Repertoire-Oper betrug zur Kaiserzeit gut 40 Jahre, 1986 (als der Opernkritiker und Librettist Kurt Honolka diese Zählung publizierte) waren es mehr als hundert Jahre.

Am konsequentesten setzte sich Rolf Liebermann als Intendant der Hamburgischen Staatsoper (1959-1973 und 1985-1988) für moderne Musikdramatik ein: 23 Uraufführungen, davon 21 Auftragskompositionen. Es gelang keine dauerhafte Erweiterung des Repertoires.

Teils mangels brauchbarer Novitäten, teils um Überlieferung zu revitalisieren, wurden Libretti aktualisiert, meist gab es nur Skandalerfolge. Der fleißigste und einfallsreichste Renovierer und Entdecker tauchte langsam aus der Provinz auf: John Dew. Er begann 1972 mit Strawinskys *Rakes Progress* in Ulm und hatte im Mai 1987 mit seiner 82. Inszenierung Berlin erreicht: Meyerbeers *Hugenotten* als Gegenwartsdrama. Seit 1980 arbeitet Dew mit dem Bühnenbildner Gottfried Pilz zusammen, seit der Spielzeit 1982/83 hat er als Oberspielleiter in Bielefeld einen festen Ausgangspunkt.

Das musikalische Unterhaltungstheater bekam frische Impulse vom Musical made in USA, einer unkonventionellen Mutation der Operette, in die sich alles verarbeiten läßt, was gut und teuer ist. Von 1955 an setzte die Gattung sich im deutschsprachigen Bereich durch. Nicht zufällig wurde das operettenhafteste Musical (viel Charakterzeichnung und Lieder, wenig Artistik, wenig Temperament) der größte Musical-Erfolg im deutschsprachigen Raum, *My Fair Lady* von Frederick Loewe, nach Shaws *Pygmalion*. Mitte der siebziger Jahre festigte sich der Verbund Wien (Theater an der Wien) – Hamburg (Operettenhaus) – Berlin (Theater des Westens), erst für Operetten, dann immer stärker für Musicals, meistens ausländische, denn trotz vieler Ansätze beim Bemühen um genuin deutsche Musicals gelang keine Erfindung oder Entdeckung, auf der man hätte aufbauen können. Am erfolgreichsten war Lothar Olias mit *Heimweh nach Sankt Pauli* (1955, Neufassung 1962). Alles geriet traditionsgemäß operettoid, bis eine Berliner Alltagsrevue von Volker Ludwig das Rennen machte: *Linie 1* – gemeint ist die U-Bahn-Linie von »Ruhleben« bis »Schlesisches Tor«, Uraufführung 1986 im Berliner Jugendtheater ›Grips‹.

Als der größte Showman unter den Regisseuren im deutschsprachigen Bereich hat der am angloamerikanischen Unterhaltungstheater orientierte Peter Zadek sich profiliert. Um größerer Wirkungsmöglichkeiten willen nahm er vorübergehend leitende Positionen an: Schauspieldirektor in Bremen (1963-1967), Intendant des Schauspielhauses Bochum (1972-1977) und des Deutschen Schauspielhauses in Hamburg (1985-1989), das er egozentrisch und egoistisch herunterwirtschaftete. Zur führenden Schauspielbühne Hamburgs avancierte unterdessen das Thalia-Theater unter Jürgen Flimm.

Die traditionellen Drei-Sparten-Betriebe vereinen zwar Sänger, Tänzer und Schauspieler, aber nicht auf dem artistischen Niveau, das allmählich Musical-Standard wurde. Hat man den eigenen Leuten ein paar Spezialisten vorangestellt, kann man die Investition nicht ausnützen, weil Errungenschaften das verhindern: vertraglich gesichertes Ensemble und die Verpflichtung zum Repertoire. Außerdem gibt es auch in den wenigen deutschsprachigen Millionenstädten auf die Dauer nicht genügend Zuschauer, um derart teure Produktionen zu amortisieren. Es sei denn, es gelingt, Leute von weither anzulocken, wie zu *My Fair Lady* nach Berlin (1961-1963), zu *Cats* nach Wien (seit 1983) und Hamburg (seit 1986).

In der Spielzeit 1983/84 erschien *Cats* von Frank Lloyd Webber erstmals auf der Liste der meistgespielten musikdramatischen Werke, gleich auf dem dritten Platz, nach Mozarts *Zauberflöte* und Loewes *My Fair Lady*. Webber führte seitdem jahrelang die Erfolgslisten an – Kopf an Kopf mit Mozart! Dieser Durchbruch war teils der robusten Durchschnittlichkeit der Musik wie der Sujets zu danken: welche Katze in den Katzenhimmel kommt, welche Lokomotive das Rennen gewinnt (*Starlight Express*, Bochum 1988), was ein verliebtes Gespenst mit der Diva anfängt (*Das Phantom in der Oper*, Wien 1988). Zum Teil waren die Erfolge der Perfektion von jungen Darstellern zu danken, die für diese Remakes der angloamerikanischen Modellinszenierungen aus vielen Ländern zusammengeholt und gedrillt worden waren. Marktstrategie und Reservierung von Theatern nur für diese Produktionen sicherten die Investitionen ab.

2. Risse im Ostblock

Menschen könnte man, Ideen kann man nicht mehr an Grenzen aufhalten. Die elektronischen Medien überschreiten sie. Alle Versuche, den Ostblock gegen gesellschaftspolitische Veränderungen abzublocken, hatten nur begrenzte Wirkung.

Als in der zweiten Hälfte der siebziger Jahre die in der DDR inzwischen herangereifte Nachkriegsgeneration unbequem wurde, viele von ihnen im Namen des Kommunismus, ging die Führung dazu über, solchen Leuten die Ausreise zu gewähren oder sie abzuschieben oder ihnen die Heimreise zu verwehren, wie Wolf Biermann (1976), dessen ›Fall‹ auslösende Bedeutung gewann, weil viele sich mit Biermann solidarisierten. Am üblichsten wurde der ›längere Urlaub‹ für Theaterleute, die in der DDR nicht mehr beschäftigt wurden, weil ihre ästhetischen und politischen Vorstellungen nicht konform waren. Dadurch wurde der Fall auf Jahre storniert. Dieser Ausweg förderte zwar die innere Ruhe der DDR, schadete aber ihrem Renommee und ihrem Theater, zumal da gerade die Besten oder wenigstens die Selbstbewußtesten sich zutrauen, ›im Westen‹ zu arbeiten. So trug die restriktive Kulturpolitik der DDR reiche Früchte – außerhalb der DDR. Nicht›bürgerliche‹ Theatermacher bekamen Schwierigkeiten, denn deren Arbeiten waren und sind auch in der DDR konform, sondern Nachwuchs, der sich als marxistisch verstand und sich auf Meyerhold, Wachtangow, Tairow, Tretjakow bezog. Der Plan, sich Auseinandersetzungen zu ersparen, indem man die Unruhigen laufen ließ, ging nicht auf. Außerdem konnten die Verluste lange nicht vollwertig ausgeglichen werden.

Am sichtbarsten war das Abbröckeln an den beiden führenden Schauspielbühnen, beim ›Berliner Ensemble‹, nachdem Ruth Berghaus, Nachfolgerin der Helene Weigel, an die Staatsoper Unter den Linden (1977) ausgewichen und nachdem der Welschschweizer Benno Besson von der ›Volksbühne‹ in die Schweiz zurückgekehrt war (1984), des Lavierens müde. Das Regisseur-Duo Wolfgang Karge/Matthias Langhoff, das Besson vom Schiffbauerdamm an die Volksbühne gefolgt war, inszenierte schon seit 1978 im Westen. Ruth Berghaus mußte nach einem neu interpretierten *Rheingold* (1979) den *Ring* an der Staatsoper aufgeben, die Weiterarbeit wurde Harry Kupfer aufgetragen, damals Direktor und Chefregisseur an der Dresdner Staatsoper, später Felsensteins

Erbe an der Komischen Oper. Ruth Berghaus inszenierte ihren *Ring* in Frankfurt am Main (1985-1987), wo niemand in das Konzept dreinredete, schon weil dort Proteste reklameträchtig sind. Kupfer hatte 1978 in Bayreuth den *Fliegenden Holländer* zur Traumballade psychologisiert. Er sagte 1980 eine *Ring*-Inszenierung an der Wiener Staatsoper nach einem Dissens mit der Direktion über die »Auffassung« ab. Es hatten beispielsweise die Walküren auf dem Schlachtfeld erschlagene Krieger sortieren sollen, weil sie später beim Endkampf um Walhall wieder gebraucht wurden.

Der Bühnenbildner Achim Freyer, der als Mitarbeiter der Berghaus begonnen hatte, ›optische Äquivalente‹ zur jeweiligen Musik zu suchen, nutzte eine Italien-Tournee der Volksbühne, sich in den Westen abzusetzen. Anlaß war eine *Clavigo*-Inszenierung, die Freyer zusammen mit Adolf Dresen erarbeitet hatte. Dresen wurde 1981/82 Intendant des Schauspiels in Frankfurt am Main. Ein vielbeachteter Seitenwechsel, weil ein Staatsbürger der DDR eine leitende Position im offiziösen Kulturbetrieb des Westens übernahm.

Dutzende von Theaterleuten verließen die DDR, manche brüsk abgeschoben, andere höflich hinauskomplimentiert. ›Ausgrenzung‹ war die Umschreibung für diesen Prozeß. Kaum einer ging ganz freiwillig. Immerhin lockte ›der Westen‹ mit der Chance zur Profilierung bei guter Bezahlung. Am willkommensten waren erprobte Regisseure. Es ging Bernd Klaus Tragelehn, der jahrelang in der DDR nicht hatte inszenieren dürfen. Es gingen Alexander Lang, Herbert König, Freya Klier und Jürgen Gosch, der zur Spielzeit 1988/89 zum künstlerischen Leiter der Berliner Schaubühne aufrückte. Provokatorische Inszenierungen, die in der DDR Karrieren knicken oder beenden konnten, verschafften Publizität und gereichten zum Ruhme, indirekt auch der DDR.

Schauspieler gingen in den Westen, sogar Stars wie Manfred Krug, Hilmar Thate und Armin Mueller-Stahl. Beliebte Schauspielerinnen wie Angelica Domröse, Katharina Thalbach, Jutta Hoffmann, Ursula Karusseit verließen ihre Gemeinde. Es gingen die Theaterleiter Uta Birnbaum aus Potsdam und Ulf Reiher aus Dessau, vor allem gingen Autoren, die daheim nicht mehr publizieren durften, darunter etliche Dramatiker: Stefan Schütz (ursprünglich Schauspieler), Einar Schleef (auch Regisseur und Bühnenbildner) und Thomas Brasch.

Die Ankömmlinge wurden nur anfangs beachtet, auf die Dauer

nicht sonderlich ernstgenommen. Nicht alle konnten Fuß fassen, aus der DDR die meisten, aus anderen Ostblockstaaten die wenigsten. Falsche Vorstellungen, die Wildwestverhältnissen à la *Mahagonny* seltsam ähnelten, standen im Wege, natürlich auch die Sprachbarriere.

Namhafte Theaterleute kamen früh und wurden in die Künstler-Internationale eingemeindet: der Opern-Regisseur Bohumil Herlischka, der Bühnenbildner Josef Svoboda, der Regisseur Otomar Krejca. An dem tschechischen Dramatiker Pawel Kohout exerzierten die Behörden ihr ganzes Repertoire: nach Schikanen daheim befristeter Auslandsaufenthalt (als Berater des Burgtheaters), dann Verweigerung der Rückkehr. Kohout, dessen absurde Politkomödien viel gespielt worden sind, wurde österreichischer Staatsbürger.

Die Berühmten oder wenigstens Etablierten durften zwischen den Systemen pendeln. Das konnte als Liberalität gelten und minderte die Versuchung, endgültig ins Gebiet der harten Währung abzuwandern. Udo Zimmermann, Direktor des Zentrums für zeitgenössische Musik in Dresden und international bekannt durch das Musikdrama *Weiße Rose* (Tragödie einer antifaschistischen Studentengruppe), baute nebenher von 1985 an am Bonner Opernhaus eine Werkstattbühne für zeitgenössisches Musiktheater auf, auch mit Nachwuchs aus der DDR. Ein Gegenpol für die klotzige Repräsentanz der Inszenierungen des Opernchefs Jean-Claude Riber, der Zimmermann aber selber berufen hat.

Neben Regisseuren erkämpften sich vor allem Autoren Freizügigkeit. Volker Braun, lange geduckt gewesen, weil sein theatralischer Sozialismus um der Lebensfreude willen über Maß und Plan hinausschoß (»Seid frei! Ihr habt die Macht! Es muß schön sein!« – aus der unterdrückten *Ballade vom Kipper Bruno Bauch*, 1966) beschrieb eine an Tschechows *Drei Schwestern* orientierte *Übergangsgesellschaft* in einer Zwischenzeit, uraufgeführt in Bremen 1987, nachgespielt 1988 in Ostberlin. »Es gab nach der Premiere eine unglaubliche Intrigenkette gegen diese Aufführung. Man muß aber als positives und neues Element in der DDR sehen, daß diese Wünsche nach Absetzung abgeschmettert worden sind. In direkter Gefahr war diese Aufführung nie, und das ist ein Novum, und ich bin sehr froh« (Thomas Langhoff).Christoph Hein, der sein Handwerk bei Besson an der ›Volksbühne‹ gelernt hat, harrte aus, bis er sich mit dem Drama einer zwischen Revolution und Stagnation verharrenden Gesellschaft (*Die wahre Geschichte des Ah Q*, nach einer chinesischen Novelle) international durchsetzte (seit 1983).

Zum wichtigsten Provokateur des Sprechtheaters in Ost und West rückte Heiner Müller auf, Zögling sowohl des Berliner Ensembles als auch der Volksbühne. Müllers Geschichtspessimismus, seine Darstellung vom Leiden an einem Sozialismus, der den Namen nicht verdient, seine radikalen Verschärfungen von Motiven Shakespeares (vor allem *Hamletmaschine*, deutsch zuerst 1979 in Essen) reizten zur Auseinandersetzung, sogar in Paris und New York. Seit Mitte der achtziger Jahre wie kein zweiter diskutiert, analysiert, interpretiert, wurde er 1988 wieder in den Schriftstellerverband der DDR aufgenommen.

Man müsse sich in der DDR abgewöhnen, »hochnotpeinlich darüber zu philosophieren«, wenn »einer weggeht«, ob er ein »Abtrünniger« sei oder ein »Verräter des Sozialismus«, erklärte der Kulturminister Hans-Joachim Hoffmann im Juni 1988 in einem Interview. Damals schien sich die vom Generalsekretär der KPdSU Michail Gorbatschow unter den Schlagwörtern ›Perestroika‹ (Umbau der Verhältnisse) und ›Glasnost‹ (Transparenz, wirtschaftliche und politische Offenheit) eingeleitete Liberalisierung durchgesetzt zu haben. Seitdem wird es üblich, daß Theaterleute der DDR ohne politische Konsequenzen beiderseits der Mauer arbeiten. Ihr Staat verdient dabei mit: die staatliche »Künstleragentur« kassiert einen hohen Prozentsatz der Gagen in »Valuta« und zahlt dafür »Ostmark«. Entsprechend verfährt das »Büro für Urheberrechte« mit DDR-Autoren, die »im Westen« gespielt oder gedruckt werden.

Daß Theater »die Fortsetzung der Politik mit anderen Mitteln« sein müsse, sei nur ein »ganz geringer Teil der Wahrheit«, erklärte Hoffmann. Er verglich die zentrale Überwachung der Theater mit der ›Reichsdramaturgie‹ der Nazizeit – somit tadelte er indirekt auch die 1973 von ihm selber gegründete, 1986 aufgelöste ›Direktion für das Bühnenrepertoire‹. Seitdem ist Hoffmanns Ministerium für Kultur wieder direkt zuständig. Dessen Theaterabteilung übt faktisch Zensur aus, mindestens durch Genehmigung oder Verweigerung von Ur- und Erstaufführungen. Aber es werden auch Provinztheater gegen parteiliche Übereifer ländlicher Genossen in Schutz genommen. »Bewußtseinsrückstände« werden »aufgearbeitet«, auch mit Hilfe von »Westdramatik«, die bis dahin tabu gewesen ist: Becketts *Warten auf Godot* (Leipzig 1987), Bonds *Gerettet* und Genets *Zofen* (beide Ostberlin 1988).

Peter Hacks, der 1955 aus München nach Ostberlin gezogen war, hatte sich nach einigem kulturpolitischem Ärger um zeitkritische Dramen zum Ironiker und Klassizisten stilisiert. Seine eklektischen virtuosen Komödien waren in beiden Teilen Deutschlands erfolgreich. In einem Gedicht verspottete er (1988) die nachgeborenen Kollegen: »Alle abscheulichen Stücke schrieb Heiner Müller bereits, alle erhabenen ich.« In seinem Trauerspiel *Jona* (1988), das vor fast 3000 Jahren in Ninive spielt, rückte Hacks die politische Entspannung ins Zwielicht. Königin Semiramis laviert zwischen zwei Großmächten. Der Autor tadelte diese Haltung und forderte Parteilichkeit, als einer der letzten. Allmählich kann auf Schauspielbühnen der DDR vorsichtig zur Sprache kommen, was das staatliche Fernsehen und die Zeitungen (noch?) verschweigen. In Heiner Müllers Bühnenballade »Wolokolamsker Chaussee« wird der Staatssicherheitsdienst ironisiert, in Christoph Heins Allegorie »Ritter der Tafelrunde« verliert der Gral seine Bedeutung.

3. Theater um jeden Preis?

Wirtschaftliche Rezession greift seit Beginn der achtziger Jahre in das Theaterleben ein. Schon seit Jahren gab es bei grundsätzlicher Theaterfreundlichkeit der Kommunalpolitiker und einer im Prinzip positiven öffentlichen Meinung bedenkliche Anzeichen dafür, daß das Theater der Gesellschaft allmählich nicht mehr so teuer war, wie es kostspielig wurde. Zwischen 1962 und 1972 schrumpfte die Besucherzahl um 12,8 Prozent, stiegen die Gesamtausgaben um 159 Prozent und die öffentlichen Zuwendungen um 215 Prozent. Mehr als 80 Prozent der Theaterkosten sind Personalkosten, etwa zehn Prozent Sachkosten, beide Posten werden größer entsprechend der allgemeinen Preisentwicklung. Nur der Rest ist Manövriermasse für zusätzlich engagierte Künstler und aufwendigere Produktionen.

Die Kulturförderung macht zwar nur ein Prozent der gesamten öffentlichen Ausgaben aus und kein halbes Prozent des Bruttosozialprodukts, aber weil die Kulturausgaben zu den freiwilligen Leistungen gehören, stehen sie im Verteilungskampf um knapper werdendes Geld sofort zur Debatte oder gar zur Disposition. Wohl oder übel muß sich das Theater als Institution mit Kriterien messen lassen, die man auch an andere öffentliche Dienste anlegt. So gerät es in den Zwang, sich zu rechtfertigen. Sorglos zur Schau gestelltes Selbstbewußtsein, übergroße Verwaltung und unnützer Komfort hatten am guten Ruf genagt.

Die in guten Jahren dynamisierten Zuschüsse wurden Mitte der achtziger Jahre fixiert oder gar reduziert. Leistungen müssen vermindert werden: mehr ›spielfreie‹ Tage, konzertante Opernaufführungen, Aufführungsserien des gleichen Stücks statt häufiger Wechsel aus dem Repertoire, weniger Premieren. Währenddessen haben die potentiellen Theatergänger immer mehr Freizeit! Die Wiener Staatsoper bot 1987 nur noch vier Premieren, die Bayerische nur noch sechs. Unter Rennert (bis 1976) waren es in München noch dreizehn gewesen. Solche Sparmaßnahmen senken freilich die fixen Kosten nicht, die von den sozial gesicherten Kollektiven (Chor, Orchester, Verwaltung) und den Bauten verursacht werden.

Alle historischen Voraussetzungen sind hinfällig geworden: ortsfestes Ensemble, ortsfestes, sozial definiertes Publikum, das Oper, Schauspiel, Ballett nur in »seinem« Theater erleben kann, billige Arbeitskräfte, einheitliches technisches System, das mit wenig Personal raschen Wechsel erlaubt. Der Oper, teuerste und derzeit beliebteste Gattung, fehlt Sänger-Nachwuchs, seitdem Anfänger aus Amerika wegbleiben, weil sie im eigenen Lande unterkommen können. Japaner und Koreaner helfen aus, man hofft auf Nachwuchs aus China. Große Nachfrage bei geringem Angebot ruiniert Stimmen und Budget.

Die vielgerühmte Theaterstruktur hielt sich am längsten in der Provinz, wo geringer Zulauf und Zuschuß zu reichhaltigem gemischtem Angebot zwingen. Ein Extremfall ist das Landestheater Coburg, weitgehend isoliert wegen der nahen Grenze zur DDR. Dort gab es noch in der Spielzeit 1988/89 siebzehn Premieren: sieben Schauspiele, fünf Opern, vier Operetten und ein Musical.

Als ›Mülheimer Modell‹ wird die 1981 gegründete GmbH ›Theater an der Ruhr‹ viel beachtet, ein Kompromiß zwischen Kollektivität einer (relativ) frei arbeitenden Gruppe und der Sicherheit dank (vergleichsweise geringer) Subvention. Diese Kombination erlaubt einen konzessionslosen Spielplan aus insofern radikalen Inszenierungen, als Roberto Ciulli als Regisseur und Helmut Schäfer als Dramaturg, beide ›Gesellschafter‹ der GmbH, nach Gutdünken die existentiellen Kerne der Spielvorlagen herausarbeiten. Aber, sagt auch Ciulli, »das deutsche Theatersystem ist ein Schatz, den man bewahren muß. Auch wir sind ja mit unseren Gastspielen abhängig von dieser Theaterstruktur«.

Nutznießer des Systems sind vor allem die merkantil arbeitenden Tourneetheater, die gängige Stücke um ein oder zwei Altstars herum arrangieren lassen und auf Reisen schicken. Das andere Extrem sind die ›freien Gruppen‹. Sie wurden in den achtziger Jahren zahlreich, viele von ihnen erreichten aber kaum lokale Bedeutung und scheiterten bald.

Abbauen kann man nur dort, wo es für die Attraktion am schädlichsten ist: bei den Künstlern mit Einzelverträgen. Dank Bühnengewerkschaft liegen an den meisten kleinen und mittleren bundesdeutschen Stadttheatern die Spitzengagen von Orchestermusikern über denen der Solodarsteller, die obendrein nur zeitlich begrenzte Verträge haben. Die Gagen der Chorsänger und die der Gruppentänzer reichen an die Solistengagen ihrer Branche heran. Frauen haben unter dem Banner der Gleichberechtigung finanziell aufgeholt, aber ihre Kollegen noch nicht eingeholt.

Am Ende der achtziger Jahre hat die Rezession erste Breschen in das System geschlagen. Bei einem Einspielergebnis von nur noch 16,8 Prozent der Gesamtausgaben (1986/87) sind die deutschen Theater wirtschaftlich praktisch hilflos geworden. Um so stärker wird die Einmischung von Behörden und Parlamenten, denen nicht selten Kompetenz fehlt, um so größer die Gefahr, das Theater der Kompromiß- und Proporztaktik des politischen Lebens zu unterwerfen, bis es in ein Institut des Kulturbetriebs umgewandelt ist, dem man den Schneid abgekauft hat.

In Nordrhein-Westfalen, dem dichtestbesiedelten und volkreichsten Land der Bundesrepublik (17 Millionen Einwohner), spitzte sich die Lage 1986/87 am dramatischsten zu. Arbeitslosigkeit und Abwanderung leerten die Stadtkassen, infolgedessen breitete sich Endzeitstimmung bei fast allen der 25 öffentlich subventionierten Theater aus. Signalbedeutung bekam der langsam strangulierende Sparplan für das ›Musiktheater im Revier‹ von 25 zurück auf 15 Millionen. Währenddessen konnte sich die Bayerische Staatsoper noch Aufwand um fast jeden Preis leisten: 62 Millionen Zuschuß. Aber auch das Stadttheater der Mittelstadt Bonn wurde um hauptstädtischer Repräsentanz willen gut versorgt: 36,5 Millionen für die Oper, 21,4 Millionen für das Schauspiel, davon anderthalb Millionen vom Land Nordrhein-Westfalen, den gewaltigen Rest bezahlten Bund und Stadt im Verhältnis 70:30 (Spielzeit 1987/88). Also doch eine Art ›Staatstheater‹ in Nordrhein-Westfalen, einem Land mit ungewöhnlich geringer direkter Beteiligung an den Theaterkosten (1989: 8,5 %), weil man sich dort zu mittelbarer Kulturförderung entschlossen hat, nämlich im Rahmen der allgemeinen Gemeindefinanzierung, um die kommunale Selbstverwaltung zu stärken. Das Land Baden-Württemberg zahlt 40 %, Schleswig-Holstein sogar fast 45 % der Theaterkosten. Einerseits werden die Kommunaltheater angehalten, die Geschäftslage durch Unterhaltsamkeit zu verbessern, andererseits provoziert das die Frage, ob Unterhaltung überhaupt subventioniert werden soll. Wozu Zuschüsse für *Schwanensee*, *Hänsel und Gretel* und *Eine Nacht in Venedig*?

Vorsichtige Kommerzialisierung wird vorgeschlagen: Marketing-Konzepte für die ›Ware Theater‹, Eingliederung von Kommunaltheatern in private Betriebsformen, Kooperation zwischen Nachbarstädten, Einsparung von Spielgattungen, Neufassung der Urheberrechte im Interesse weiterer Vermarktung per Video, an Fernsehgesellschaften oder gar weltweit via Satellit. Schmerzlich aus sozialen Gründen, denn dahinter stehen immer auch Entlassungen.

Als Fanatiker der Perfektion und Pionier der optimalen Vermarktung machte Herbert von Karajan Musikgeschichte: Chefdirigent der Berliner (1955-1989) und Gastdirigent der Wiener Philharmoniker; als Chef der Wiener Staatsoper (1956-1964) und Leiter der Salzburger Festspiele (1960-1988) auch Regisseur, obendrein Unternehmer der Osterfestspiele in Salzburg. »Genius des Wirtschaftswunders« laut Theodor Adorno.

Nach einem ersten Erfolg im Broadway-Stil am ›Theater an der Wien‹ wurde sein Direktor Peter Weck Generalintendant von drei Unterhaltungsbühnen (Ronacher, Raimund-Theater, Theater an der Wien), an denen 1988/89 drei Musicals en suite liefen: *Les Miserables* nach Victor Hugo (Pariser Aufstand 1832), Musik von Claude Michel Schönberg, *Cats* und *Das Phantom der Oper*, beide von Andrew Lloyd Webber. Zwar kann auch bei langen Laufzeiten kein Gewinn erzielt werden, weil diese ›Vereinigten Bühnen‹ sozial und lokal gebunden bleiben, sie arbeiten aber mit unzeitgemäß geringen Verlusten.

Ein deutscher Subunternehmer wurde Teilhaber am weltweiten

Vertrieb der Allerweltserfolge von Webber und placierte sie mit großen Vorteilen im traditionsgemäß nicht merkantil orientierten Terrain. Sein Ziel, die Ware Musical in eigens dafür gebauten und langfristig zu günstigen Konditionen verfügbaren Theatern zur Schau zu stellen, erreichte er 1988 in Bochum (›Starlight-Halle‹), stieß aber in Hamburg auf erheblichen Widerstand von Lokalpatrioten. »Die Organisation dieser Theatererfolge bedeutet auch eine Herausforderung«, erklärte der Vorstand des Bühnenvereins, »sie führen nachdrücklich vor, mit welcher ökonomischen und populären Effizienz Theater gemacht werden kann. Für die öffentlichen Bühnen, die mit den Zuweisungen öffentlicher Mittel auch einen kulturpolitischen Auftrag erhalten, können solche Produktionen kein nachzuahmendes Vorbild sein.« ›Sponsoring‹ wurde 1988 zum Zauberwort: Geld aus der Privatwirtschaft zur Finanzierung besonderer Projekte, mit Namensnennung der Sponsoren. Das schien weniger milieuwidrig und vertretbarer für eine (wenigstens virtuell) systemkritische Kunstgattung als direkte Reklame für fremde Produkte.

Das ›Genietheater‹ nähert sich seinem Ende. Die Kunst der Finanzierung und der Verwaltung werden bestimmend unter den Theaterkünsten. Theaterleiter sind Verschleißprozessen ausgesetzt, die den Posten wenig wünschenswert erscheinen lassen, Vollmachten werden eingeschränkt, das Ansehen des Amtes ist beschädigt. Infolgedessen sind Intendantenpositionen nur noch mit Mühe zu besetzen, Ringtausch erprobter Manager erzeugt den Schein von Veränderungen, Nachwuchs fehlt.

In der Spielzeit 1986/87 waren an bundesdeutschen Theatern 27 600 Leute beschäftigt, davon erschienen keine 6500 auf der Bühne. Es gab 1230 Sänger und Sängerinnen, knapp 1200 Tänzer und Tänzerinnen, 2000 Akteure und Aktricen, 2000 Chorsänger und 3000 Orchestermitglieder.

1988 existierten in der Bundesrepublik Deutschland ca. 90 Staats- und Kommunaltheater mit 280 Spielstätten, dazu 74 Privattheater und 60 Tourneetheater ohne festes Haus, außerdem 84 Häuser (in der Regel Stadttheater) ohne Ensemble. Die Zahl der Theaterbesucher (streng genommen nicht ›Besucher‹, sondern Besuche) betrug 1986/87 18 Millionen, mit Festspielen und Privattheatern 24 Mio.

Die DDR meldete 68 Theater mit 191 Spielstätten (keine privaten) und 9,7 Millionen Besucher, die Schweiz 32 Spielstätten (21

Unternehmen), 1,76 Millionen Besucher, und Österreich 41 (18 Unternehmen), 3,3 Millionen Besucher. Die Zuschüsse betrugen in der BRD 1,75 Milliarden DM, in der Schweiz 15,1 Millionen Franken, in Österreich 2,6 Milliarden Schilling (37,2 Millionen Mark). Für die DDR gibt es im statistischen Jahrbuch keine vergleichbare Zahl, weil in den Kulturausgaben des Staatshaushalts (1987: 3,5 Milliarden Mark) auch die Ausgaben für Radio und Fernsehen stecken.

Es fällt schwer, das ›flächendeckende Kulturangebot‹ zu gewährleisten, Stolz und Verpflichtung des Systems. Große Bedeutung haben dabei die ›Landesbühnen‹, das sind mit öffentlichem Geld unterstützte Theater, die mehr als die Hälfte der Vorstellungen nicht am Heimatort absolvieren. Sie definieren sich gern als die Stadttheater ihrer ›Abstecherorte‹, die keine Ensembles unterhalten. In der Bundesrepublik gab es 1988/89 fünfzehn Landesbühnen.

Es werden immer noch pro Spielzeit 400 Ur- und deutschsprachige Erstaufführungen geboten (davon etwa hundert in der DDR), dazu etwa vierzig Tanzpremieren. Es sind auf deutschsprachigen Bühnen immer noch 2500 Jahre Theatergeschichte präsent. Aber dieser Reichtum scheint nicht mehr selbstverständlich oder gar unveränderlich. Zwischen Katastrophenbewußtsein und Hoffnung geht es dahin, zwischen Schock und Behaglichkeitsresten. Auf die Dauer helfen weder Einschränkungen (»kaputtsparen«) noch Zuversicht (»gesundbeten«). Reformen sind überfällig.

Zeittafel

Um 950	Lateinische Osterfeiern.
11. Jh.	Oster- und Weihnachtsspiele.
Um 1160	Tegernseer *Ludus de Antichristo*.
1204	Aufführung eines Prophetenspiels in Riga.
1321	*Spiel von den klugen und den törichten Jungfrauen* in Eisenach.
Um 1330	Frankfurter Dirigier-Rolle für zweitägiges Passionsspiel.
Um 1350	Das älteste Neidhart-Spiel.
1453	Erste Erwähnung der Luzerner Passionsspiele.
Um 1500	Aufführungen von Terenz-Komödien in Deutschland.
1514	Vigil Rabers Bühnenplan aus Bozen.
1517	Erstes Fastnachtspiel von Hans Sachs.
Um 1530	Aufführung auf einer Terenz-Bühne in Leipzig.
1585	Auftreten englischer Komödianten in Deutschland.
1620-80	Blüte des Jesuitentheaters in Wien.
1627	Erste Opern-Aufführung: *Dafne* von Opitz/Schütz in Torgau.
1634	Beginn der Passionsspiele in Oberammergau.
1641	Furttenbachs Theater mit Prismen-Bühne in Ulm.
Um 1648	Benutzung von Kulissen.
Um 1660	Auftreten deutscher Schauspielerinnen.
1678	Hamburger Opernhaus.
1685	Magister Velten wird sächsischer Hofkomödiant.
1710	Stranitzkys Hanswurstiaden im Wiener Kärntnertor-Theater.
Um 1712	Neugestaltung des Bühnenbilds durch die Galli-Bibiena.
1727-50	Wanderfahrten der Neuberin.
1731	Gottscheds *Sterbender Cato* durch die Neuberin aufgeführt.
1739-57	Schönemanns Wanderfahrten.
1743	Erste Operette in Deutschland: Coffeys *Der Teufel ist los*.
1747-71	Direktion Ackermanns.
1748	*Der junge Gelehrte* Lessings durch die Neuberin aufgeführt.
1748	Bayreuther Opernhaus.
1753	Cuvilliés' Rokoko-Theater in München.
1766	Leipziger Schauspielhaus (Altes Theater) eröffnet.
1767-69	Hamburger Entreprise (Nationaltheater), Lessings Dramaturgie.
1771-80	Erste Direktion Schröders.
1774	Goethes *Götz* von Koch in Berlin aufgeführt.
1774-78	Ekhofs Direktion in Gotha.
1776	Wiener Burgtheater.

1782	Schillers *Räuber* in Mannheim.
1783	Lessings *Nathan* in Berlin.
1785-98	Schröders zweite Direktionszeit.
1791-1817	Goethes Theaterleitung in Weimar.
1794	›Panoramabühne‹ (geschlossene Zimmerdekoration) bei Schröder.
1796-1814	Ifflands Leitung des Berliner Nationaltheaters.
1799	Schillers *Wallenstein* in Weimar.
1814-32	Schreyvogel Dramaturg am Burgtheater.
1818-29	Klingemanns Theaterleitung in Braunschweig.
1825-30	Tieck Dramaturg in Dresden.
1832-37	Immermanns ›Musterbühne‹ in Düsseldorf.
1846	Begründung des Bühnenvereins der Theaterdirektoren.
1850-67	Laube Direktor des Burgtheaters.
1852-69	Eduard Devrient Leiter des Karlsruher Hoftheaters.
1869	Einführung des Rundhorizonts in München.
1870-81	Dingelstedt Leiter des Burgtheaters.
1871	Begründung der Genossenschaft dtsch. Bühnenangehöriger.
1874-90	Gastspielreisen der Meininger.
1874	Uraufführung der *Fledermaus* von Joh. Strauß.
1876	Eröffnung des Festspielhauses in Bayreuth.
1883	Gründung des Deutschen Theaters in Berlin.
1887	Gastspiel André Antoines in Berlin.
1888	Gründung des Lessingtheaters in Berlin.
1889	Uraufführung von Hauptmanns *Vor Sonnenaufgang*.
1890	Gründung des Vereins ›Freie Volksbühne‹ in Berlin.
1892	Gastspiele der Eleonora Duse.
1894-1904	Otto Brahm Leiter des Deutschen Theaters.
1896	Die Drehbühne Lautenschlägers in München.
Um 1900	Starker Einfluß bildender Künstler auf die Bühne.
1903/04	Uraufführungen von Bernard Shaws *Der Teufelsschüler* (Raimund-Theater, Wien) sowie *Candida* und *Helden* (Deutsches Theater, Berlin), womit sich die Lehr- und Denkstücke Shaws nach und nach die deutschen Bühnen erobern.
1904-12	Otto Brahm Leiter des Lessingtheaters.
1905	Max Reinhardt Leiter des Deutschen Theaters in Berlin.
1906	Gastspiel des Moskauer Künstler-Theaters in Berlin.
1908	Eröffnung des Münchner Künstler-Theaters (Stilbühne).
1911	Uraufführung des *Rosenkavaliers* von Richard Strauss in Dresden.
1913	Einführung des Kuppelhorizonts mit Fortuny-Beleuchtung.
1914	Eröffnung der Volksbühne am Bülowplatz in Berlin.
Um 1917	Beginnende Verwandlung der Bühne unter Einfluß des Expressionismus.

1919	Reinhardts Großes Schauspielhaus.
1919-30	Leopold Jessner Intendant des Berliner Staatstheaters.
1920	Salzburger Festspiele mit *Jedermann* von Hofmannsthal eröffnet.
1922	Brechts *Trommeln in der Nacht* in den Münchner Kammerspielen.
1923	Gastspiele des Moskauer Kammertheaters Tairows.
1926	Uraufführung von Stefan Zweigs *Volpone* (lieblose Komödie nach Ben Jonson), der mehr als 500 weitere Aufführungen folgen.
1927-1931	Experiment Krolloper.
1927-1932	Erwin Piscator macht in Berlin politisches Theater.
1928	*Die Dreigroschenoper* von Bert Brecht und Kurt Weill im Theater am Schiffbauerdamm.
1932	Kurt Jooss choreographiert *Der grüne Tisch*.
1933-1945	Nationalsozialistische »Gleichschaltung«.
1934-1944	Gustaf Gründgens Intendant des Staatlichen Schauspielhauses in Berlin.
1934-1945	Heinz Hilpert Intendant des »Deutschen Theaters« in Berlin, von 1938 an auch des »Theaters in der Josefstadt«.
1938-1961	Oskar Wälterlin Leiter des Zürcher Schauspielhauses.
1945	Am 7. September offizieller Neubeginn in »Max Reinhardts Deutschem Theater« mit *Nathan*.
1945-1972	Boleslaw Barlog leitet das Schloßpark- und seit 1960 auch das Schillertheater in Berlin.
1947	Die »Ruhrfestspiele« beginnen mit Gastspielen aus Hamburg als Dank für Kohle.
1947-1975	Beispielhaft realistisches Musiktheater unter Walter Felsenstein in der »Komischen Oper«.
1949	Brechts »Berliner Ensemble« zeigt *Mutter Courage*.
1951	Wieder Bayreuther Festspiele. Wieland Wagners Reformregie »entrümpelt« die Szene.
1955	Staatsopern in Wien, Hamburg und Ostberlin sowie das Burgtheater wieder aufgebaut und festlich eröffnet. Herbert von Karajan wird Chef der Berliner Philharmoniker (bis 1989).
1959-1973	Rolf Liebermann, Förderer der Moderne, Intendant der Hamburger Staatsoper (noch einmal 1985-1988).
1961	Erste »Internationale Sommerakademie des Tanzes« in Köln; wird zum alljährlichen Informationsmarkt der Branche.
1961-1973	»Ballettwunder« in Stuttgart: John Cranko.
1962	*Die Sorgen und die Macht* von Peter Hacks löst eine kulturpolitische Krise am »Deutschen Theater« aus.
1962-1966	Erwin Piscator Intendant der Freien Volksbühne Berlin.

1962-1973	Unter Kurt Hübner wird der »Bremer Stil« entwickelt.
1963	*Der Stellvertreter* von Rolf Hochhuth, Initialimpuls für politisches Theater.
1964-1985	Die »Deutsche Oper am Rhein« unter Grischa Barfuss ein Hort der Tradition.
1967-1976	Günther Rennert, Spezialist für heitere Spielopern, Intendant der Bayerischen Staatsoper.
1969-1977	Benno Besson leitet die Volksbühne in Ostberlin.
1970	Die »Schaubühne am Halleschen Ufer« bekommt ein Mitbestimmungsstatut.
1972	*Macbeth* von Heiner Müller provoziert in der DDR eine Debatte um »Geschichtspessimismus«.
1973	Pina Bausch wird Direktorin des »Tanztheaters Wuppertal«.
1975-1977	Monteverdi-Zyklus am Opernhaus Zürich, dirigiert von Nikolaus Harnoncourt, inszeniert von Jean-Pierre Ponnelle.
1976	Der jährliche Betriebszuschuß der bundesdeutschen Theater übersteigt eine Milliarde.
	Die Aussperrung Wolf Biermanns aus der DDR löst Abwanderungen und Ausweisungen von Theaterleuten aus.
1977	Suche nach Spielorten außerhalb der Theater: K. M. Grüber inszeniert eine Hölderlin-Collage im Berliner Olympia-Stadion.
1977-1987	»Ära Gielen« an der Frankfurter Oper.
1978	Freie Gruppen suchen Alternativen: George Taboris »Theaterlabor« löst sich vom Bremer Theater.
seit 1980	Wachsender »Legitimationsdruck«: Spar- und Reformdebatten.
1981	Die Berliner »Schaubühne« fortan im eigenen Haus am Lehniner Platz.
1983	Vordringen des merkantilen Musicals: *Cats* im Theater an der Wien.
1985	Die »Semper-Oper« in Dresden wieder eröffnet.
	Die Jüdische Gemeinde in Frankfurt am Main verhindert die Uraufführung von Rainer Werner Fassbinders *Der Müll, die Stadt und der Tod* als »subventionierten Antisemitismus«.
1986	Die Reaktorkatastrophe in Tschernobyl und andere Umweltkrisen machen Harald Muellers Apokalypse *Totenfloß* zum meistdiskutierten Zeitstück.
1988	Streit um Austrofaschismus und um Claus Peymann als Direktor des Burgtheaters kulminiert anläßlich der Uraufführung von Thomas Bernhards *Heldenplatz* an der Burg.
1989	Das 26. »Theatertreffen« in Berlin, der alljährliche Leistungsvergleich der deutschsprachigen Bühnen, erstmals mit Beteiligung der DDR.

Personenregister

Literaturverzeichnis

Die Titel der Theaterliteratur könnten einen ganzen Band der Universal-Bibliothek füllen. Bei der notwendigen Auswahl wurden neben Hauptwerken vor allem solche bevorzugt, die durch gute bibliographische Angaben für die einzelnen Gebiete weiterführen. Wertvolle Einzelstudien enthalten die von Berthold Litzmann herausgegebenen Theatergeschichtlichen Forschungen 1891 ff., Materialien und Untersuchungen die Schriften der Gesellschaft für Theatergeschichte 1902 ff.

Grundlagen / Nachschlagewerke

Deutsches Bühnen-Jahrbuch. Berlin und Hamburg 1889 ff. (1890-1914 u. d. T.: Neuer Theater-Almanach).

Enciclopedia dello Spettacolo. 9 Bde. und Nachtragsband. Rom 1954-62 u. 1966.

Hadamowsky, Franz: *Bücherkunde deutschsprachiger Theaterliteratur 1750-1979.* 3 Bde. Wien 1982. 1986. 1988.

Hoerstel, K. und Schlenker, I.: *Verzeichnis der Hochschulschriften, Diplom- und Staatsarbeiten der DDR zum Drama und Theater (1949 bis 1970).* Berlin 1973.

Kosch, Wilhelm: *Deutsches Theater-Lexikon.* Biographisches und bibliographisches Handbuch. Klagenfurt/Wien 1951 ff.

Kürschners biographisches Theater-Handbuch. Schauspiel, Oper, Film, Rundfunk. Deutschland, Österreich, Schweiz. Hgg. von Herbert A. Frenzel und Hans Joachim Moser. Berlin 1956.

Rischbieter, Henning (Hg.): *Theater-Lexikon.* Zürich 1983.

Rojek, H. J.: *Bibliographie der deutschsprachigen Hochschulschriften zur Theaterwissenschaft von 1953 bis 1960.* Berlin 1962.

Schuster, R. S.: *Gedruckte Spielplanverzeichnisse stehender deutscher Bühnen im Ausgang des 18. Jahrhunderts bis 1896.* Eine kritische Bibliographie. Frankfurt/M. 1985.

Schwanbeck, G.: *Bibliographie der deutschsprachigen Hochschulschriften zur Theaterwissenschaft von 1885-1952.* Berlin 1956.

Überblicke

Arpe, Verner: *Bildgeschichte des Theaters.* Köln 1962.

Bab, Julius: *Kränze dem Mimen.* Emsdetten 1954.

Berthold, Margot: *Weltgeschichte des Theaters.* Mit 454 Abb., Stuttgart 1968.

Brauneck, Manfred u. Schneilin, Gérard: *Theaterlexikon.* Begriffe u. Epochen, Bühnen u. Ensembles. Hamburg 1986.

Devrient, Eduard: *Geschichte der deutschen Schauspielkunst*. Neu bearbeitet und in die Gegenwart fortgeführt als Illustrierte deutsche Theatergeschichte. Berlin 1929.

Drews, Wolfgang: *Theater, Schauspieler, Regisseure, Dramaturgen, Kritiker, Publikum*. Mit ca. 200 Abb. München 1961.

Frenzel, Herbert: *Geschichte des Theaters*. Daten und Dokumente 1470-1840, München 1979.

Gregor, J. (ab Bd. 7: Dietrich, M. (Hg.): *Der Schauspielführer*. Bd. 1 ff. Stuttgart 1953 ff.

Haider-Pregler, Hilde (im Auftrag des Bundespressediensts): *Theater und Schauspielkunst in Österreich*. Wien o. J. (1971 ?).

Hensel, G.: *Spielplan*. Schauspielführer von der Antike bis zur Gegenwart. Frankfurt/M. (neu bearb.) 1978.

Kindermann, Heinz: *Theatergeschichte Europas*. 7 Bde. Salzburg 1957-1965.

Knudsen, Hans: *Deutsche Theatergeschichte*. Mit 44 Abb. Stuttgart 1959.

Möhrmann, Renate (Hg.): *Die Schauspielerin*. Zur Kulturgeschichte der weiblichen Bühnenkunst. Frankfurt/M. 1989.

Pies, Eike: *Prinzipale*. Zur Genealogie des deutschsprachigen Berufstheaters vom 17. bis 19. Jahrhundert. Ratingen 1973.

Schöne, Günter: *Tausend Jahre deutsches Theater, 914-1914*. Mit zahlr. z. T. farb. Abb. München 1962.

Zöchling, Dieter: *Opernhäuser in Deutschland, Österreich und der Schweiz*. Geschichte, Ereignisse, Interpreten. Düsseldorf 1983.

Mittelalter, Schuldrama

Boor, Helmut de: *Die Textgeschichte der lateinischen Osterfeiern*. Tübingen 1967.

Borcherdt, Hans Heinrich: *Das europäische Theater im Mittelalter und in der Renaissance*. Reinbeck (Neuaufl.) 1969.

Catholy, Eckehard: *Das Fastnachtsspiel des Spätmittelalters*. Gestalt und Funktion. Tübingen 1961.

Heinzel, Richard: *Beschreibung des geistlichen Schauspiels im deutschen Mittelalter*. Hamburg u. Leipzig 1898.

Langosch, Karl: *Geistliche Spiele*. Lateinische Dramen des Mittelalters. Mit deutschen Versen. Berlin 1957. (Darin Ludus de Antichristo)

Maassen, Johannes: *Drama und Theater der Humanistenschulen in Deutschland*. Augsburg 1929.

Schmidt, Pater Expeditus: *Die Bühnenverhältnisse des deutschen Schuldramas und seiner volkstümlichen Ableger im 16. Jahrhundert*. Berlin 1903.

Baur-Heinold, Margarete: *Theater des Barock*. Festliches Bühnenspiel im 17. u. 18. Jahrhundert. München 1966.

Brockpähler, Renate: *Handbuch zur Geschichte der Barockoper in Deutschland*. Emsdetten 1964.

Kutscher, Arthur: *Das Salzburger Barocktheater*. Mit 36 Bildtafeln. Wien 1924.

Schöne, Günter: *Die Entwicklung der Perspektivbühne von Serlio bis Galli-Bibiena*. Leipzig 1933.

Tintelnot, Hans: *Barocktheater und barocke Kunst*. Die Entwicklungsgeschichte der Fest- und Theater-Dekoration in ihrem Verhältnis zur barocken Kunst. Mit 96 Tafeln. Berlin 1939.

Wiese, Benno von: *Deutsche Dramaturgie vom Barock bis zur Klassik*. Tübingen 1967.

Englische Komödianten / Deutsche Wandertruppen

Baesecke, Anna: *Das Schauspiel der englischen Komödianten in Deutschland*. Halle 1935.

Bolte, Johannes: *Die Singspiele der englischen Komödianten und ihrer Nachfolger in Deutschland, Holland und Skandinavien*. Hamburg u. Leipzig 1893.

Brandes, Johann Christian: *Meine Lebensgeschichte*. 3 Bde. Berlin 1799 f. Hg. v. Paul Alfred Merbach. Leipzig 1924.

Christ, Joseph Anton: *Schauspielerleben im 18. Jahrhundert*. Hg. v. R. Schirmer. Berlin 1949.

Devrient, Hans: *Johann Friedrich Schönemann und seine Schauspielergesellschaft*. Ein Beitrag zur Theatergeschichte des 18. Jahrhunderts. Hamburg u. Leipzig 1895.

Flemming, Willi: *Das Schauspiel der Wanderbühne*. Leipzig 1931.

Hartleb, Hans: *Deutschlands erster Theaterbau*. Eine Geschichte des Theaterlebens und der englischen Komödianten unter Landgraf Moritz dem Gelehrten von Hessen-Kassel. Berlin und Leipzig 1936.

Heine, Carl: *Johannes Velten. Ein Beitrag zur Geschichte des deutschen Theaters im 17. Jahrhundert*. Halle 1887.

Herz, Emil: *Englische Schauspieler und englisches Schauspiel zur Zeit Shakespeares in Deutschland*. Hamburg und Leipzig 1903.

Hinck, Walter: *Das deutsche Lustspiel des 17. und 18. Jahrhunderts und die italienische Komödie*. Commedia dell'arte und théâtre italien. Stuttgart 1965.

Meyer, F. L. W.: *Friedrich Ludwig Schröder*. 2 Bde. Hamburg 1823.

Reden-Esbeck, Friedr. Joh. Frhr. von: *Caroline Neuber und ihre Zeitgenossen*. Leipzig 1881.

Stahl, Ernst Leopold: *Shakespeare und das deutsche Theater*. Mit Bilddokumenten zusammengestellt von Carl Niessen. Stuttgart 1947.

Frühe Zentren

Berlin. – Freydank, Ruth: *Theater in Berlin – von den Anfängen bis 1945*. Berlin 1988.

Braunschweig. – Kopp, Heinrich: *Die Bühnenleitung August Klingemanns*. Hamburg und Leipzig 1901.

Darmstadt. – Kaiser, Hermann: *Das großherzogliche Hoftheater 1810-1910*. Darmstadt 1964.

Düsseldorf. – Fellner, Richard: *Geschichte einer deutschen Musterbühne*. Karl Immermanns Leitung des Stadttheaters zu Düsseldorf. Stuttgart 1888.

Riemenschneider, Heinrich: *Theatergeschichte der Stadt Düsseldorf*, 2 Bde. Düsseldorf 1987.

Hamburg. – Busch, M. W. u. Dannenberg, Peter (Hg.): *Die Hamburgische Staatsoper 1678-1988*. Band 1: Bürgeroper, Stadt-Theater, Staatsoper. Band 2: Nachkrieg und Gegenwart. Zürich 1988 f.

Lessing, G. E.: *Hamburgische Dramaturgie*. Mit einer Einleitung von Otto Mann. Stuttgart 1978.

Möhring, Paul: *Von Ackermann bis Ziegel*. Hamburg 1970.

Hannover. – Hammer, Sabine (Hg.): *Das Opernhaus in Hannover*. Architektur und Theatergeschichte. Hannover 1986.

Karlsruhe. – Goldschmit, Rudolf K.: *Eduard Devrients Bühnenreform am Karlsruher Hoftheater*. Leipzig 1921.

Dresden. – Höntsch, W. und Püschel, U.: *300 Jahre Staatstheater Dresden (1667-1967)*. Berlin (Ost) 1967.

Mannheim. – Alafberg, Fritz: *Wolfgang Heribert von Dalberg als Bühnenleiter und als Dramatiker*. Berlin 1907.

München. – Grandaur, Fr.: *Chronik des kgl. Hof- und Nationaltheaters*. München 1878.

Weimar. – Burkhardt, C. A. H.: *Das Repertoire des Weimarischen Theaters unter Goethes Leitung*. 1791-1817. Hamburg und Leipzig 1891.

Genast, Eduard: *Aus Weimars klassischer und nachklassischer Zeit*. Erinnerungen eines alten Schauspielers. Stuttgart 1905.

Pasqué, Ernst: *Goethes Theaterleitung in Weimar*. In Episoden und Urkunden dargestellt. 2 Bde. Leipzig 1863.

Weithase, Irmgard: *Goethe als Sprecher und Sprecherzieher*. Weimar 1949.

Wien. – Horch, Franz: *Das Burgtheater unter Heinrich Laube und Adolf Wilbrandt*. Wien 1925.

Laube, Heinrich: *Das Wiener Stadttheater*. Leipzig 1875.

Österreichischer Burgtheaterverband (Hg.): *Burgtheater 1776-1976*. Aufführungen und Besetzungen in 200 Jahren. 2 Bde. Wien 1979.

Zürich. – Hürlimann, Martin und Ott, Hans (Hg.): *Theater in Zürich (1834-1959)*. Zürich 1959.

Theaterbau und Bühnenbild

Appia, Adolphe: *Die Musik und die Inszenierung*. Mit 18 Bildtafeln. München 1899.

Bablet, Denis: *Edward Gordon Craig*. Mit 23 Abb. Köln 1966.

Boehn, Max von: *Das Bühnenkostüm in Altertum, Mittelalter und Neuzeit*. Mit 325 Abb. Berlin 1921.

Graubner, Gerhard: *Theaterbau*. Aufgabe und Planung. München 1968.

Herzfeld, Rudolf: *Deus ex machina*. Technik im Dienst des Theaters. Mit 93 Abb. Wiesbaden 1964.

Niessen, Carl: *Das Bühnenbild*. Ein kulturgeschichtlicher Atlas. Bonn und Leipzig 1924 ff.

Rischbieter, Henning: *Bühne und bildende Kunst im 20. Jahrhundert*. Velber 1968.

Springer, Willy: *Das Gesicht des deutschen Theaters*. (300 Außenansichten) Oldenburg 1926.

Schubert, Hannelore: *Moderner Theaterbau*: Internationale Situation, Dokumentation, Projekte, Bühnentechnik. Stuttgart 1971.

Gründerjahre

Bab, Julius: *Das Theater der Gegenwart*. Geschichte der dramatischen Bühne seit 1870. Leipzig 1928.

Barth, Herbert: *Der Festspielhügel*. Richard Wagners Werk in Bayreuth. München 1973.

Flatz, Roswitha: *Krieg im Frieden*. Das aktuelle Militärstück auf dem Theater des deutschen Kaiserreichs. Franfurt/M. 1976.

Grube, Max: *Geschichte der Meininger*. Mit 131 Zeichnungen des Herzogs Georg II. von Sachsen-Meiningen und 21 Künstlerbildern. Stuttgart 1926.

Hochdorf, Max: *Die deutsche Bühnengenossenschaft*. Potsdam 1921.

Loup, Kurt: *Das festliche Haus*. Das Düsseldorfer Schauspielhaus Dumont-Lindemann. Spiegel und Ausdruck der Zeit. Köln 1955.

Martersteig, Max: *Das deutsche Theater im 19. Jahrhundert*. Eine kulturgeschichtliche Darstellung. Leipzig 1904.

Richard, Paul: *Chronik sämmtlicher Gastspiele des herzogl. Sächs.-Meiningen'schen Hoftheaters während der Jahre 1874-1890*. Leipzig 1891.

Schöndienst, Eugen: *Geschichte des Deutschen Bühnenvereins*. 2 Bde. Berlin 1979. 1981.

Wiese, Benno von: *Deutsche Dramaturgie vom Naturalismus bis zur Gegenwart*. Tübingen 1970.

Winterstein, Eduard von: *Mein Leben und meine Zeit.* Ein halbes Jahrhundert deutscher Theatergeschichte. Band 1: Jugendjahre. Band 2: Max Reinhardt. Berlin 1947.

Die zwanziger Jahre

Aufricht, Ernst Josef: *Erzähle, damit du dein Recht erweist* (Erinnerungen). Berlin 1966.

Boeser, Knut und Vatková Renata: *Erwin Piscator.* Eine Arbeitsbiographie. Band 1 Berlin 1916-31. Band 2: Moskau, Paris, New York, Berlin 1931-1966. Berlin 1986.

Curjel, Hans: *Experiment Krolloper 1927-1931.* München 1975.

Fetting, Hugo (Hg.): Leopold Jessner. Schriften. *Theater der zwanziger Jahre.* Berlin (Ost) 1979.

Hagemann, Carl: *Bühne und Welt.* Erlebnisse und Betrachtungen eines Theater-Leiters. Wiesbaden 1948.

Ihering, Herbert: *Der Kampf ums Theater und andere Streitschriften.* 1918-1933. Berlin (Ost) 1974.

Krell, Max (Hg.): *Das deutsche Theater der Gegenwart.* München 1923.

Kändler, Klaus: *Drama und Klassenkämpfe.* Beziehungen zwischen Epochenproblematik und dramatischem Konflikt in der sozialistischen Dramatik der Weimarer Republik. Berlin (Ost) 1970.

Kaiser, Hermann: *Modernes Theater in Darmstadt 1918 bis 1933.* Ein Beitrag zur Stilgeschichte des deutschen Theaters zu Beginn des 20. Jahrhunderts. Darmstadt 1955.

Panofsky, Walter: *Protest in der Oper.* Das provokative Musiktheater der zwanziger Jahre. München 1966.

Rühle, Günther: *Theater für die Republik 1917-1933.* Im Spiegel der Kritik. Frankfurt 1967.

Werckshagen, Carl: *Ein bunter Schmetterling:* Erinnerungen und Dokumente 1923-1933. Remagen 1978.

Epoche des Faschismus

Anderman, W. Th. (recte Thomas, Walter): *Bis der Vorhang fiel.* Dortmund 1947.

Biedrzynski, Richard: *Schauspieler, Regisseure, Intendanten.* Heidelberg 1944.

Dörnemann, Kurt: *Saladin Schmitt. Blätter der Erinnerung.* Bochum 1964.

Drewniak, Bogusław: *Das Theater im NS-Staat.* Szenarium deutscher Zeitgeschichte 1933-1945. Düsseldorf 1983.

Falckenberg, Otto: *Mein Leben – mein Theater.* Nach Gesprächen aufgezeichnet von Wolfgang Petzet. München 1944.

Fehling, Jürgen: *Die Magie des Theaters*. Äußerungen und Aufzeichnungen. Mit einem Essay von Siegfried Melchinger. Velber 1966.
Frauenfeld, A. E.: *Der Weg zur Bühne*. Berlin 1941.
Freeden, Herbert: *Jüdisches Theater in Nazideutschland*. Tübingen 1964.
Hennings, Fred: *Heimat Burgtheater*. Des Hauses und meine Wandlungen (1938-1971). Wien 1974.
Ihering, Herbert: *Regie*. Berlin 1943.
Mühr, Alfred: *Gustaf Gründgens*. Aus dem Tagewerk eines Schauspielers. Berlin 1943.
Riess, Curt: *Das Schauspielhaus Zürich*. München 1988 (erweiterte Neuauflage).
Ruppel, K. H.: *Berlins Schauspiel*. Dramaturgische Betrachtungen 1936-1942. Berlin 1943.
Schramm, Wilhelm von: *Neubau des deutschen Theaters*. Ergebnisse und Forderungen. Berlin 1934.
Wardetzky, Jutta: *Theaterpolitik im faschistischen Deutschland*. Studien und Dokumente. Berlin (Ost) 1983.
Wehner, Josef Magnus: *Leben deutscher Bühne*. Aufsätze und Kritiken 1933-1941. Hamburg 1944.
Wulf, Joseph: *Musik im Dritten Reich*. Dokumentation. Gütersloh 1963. *Theater und Film im Dritten Reich*. Dokumentation. Gütersloh 1964.

Nach 1945 / Überblicke

Daiber, Hans: *Deutsches Theater seit 1945*. BRD, DDR, Österreich, Schweiz. Stuttgart 1976.
Deutscher Bühnenverein (Hg.): *Theaterstatistik*. Köln 1967 ff. (1. Heft: Spielzeit 1965/66).
Deutscher Bühnenverein (Hg.): *Was spielten die Theater?* (Werkstatistik) Darmstadt 1956 ff.
Direktion für Theater und Orchester (Hg.): *Wer spielte was?* Bühnenrepertoire der DDR. Berlin (Ost) 1977 ff.
Funke, Hoffmann-Ostwald, Otto (im Auftrag des Verbandes der Theaterschaffenden der DDR): *Theater-Bilanz 1945-1969*. Berlin (Ost) 1971.
Hofmann, Jürgen: *Kritisches Handbuch des westdeutschen Theaters*. Berlin 1981.
Huber, Hermann: *Langen-Müllers Schauspielerlexikon der Gegenwart*. Deutschland, Österreich, Schweiz. München 1986.
Maske und Kothurn. Internat. Beiträge zur Theaterwissenschaft. Zeitschrift (vierteljährlich). 1955 ff. Erscheinungsort Wien.
Opernwelt. Zeitschrift (monatlich). 1959 ff., seit 1966 zusätzl. Jahrbuch. Erscheinungsort Zürich.
Theater heute. Zeitschrift (monatlich). 1959 ff., seit 1962 zusätzl. Jahrbuch. Erscheinungsort Berlin.

Barton, Brian: *Das Dokumentartheater*. Stuttgart 1987.

Feinberg, Anat: *Wiedergutmachung im Programm*. Jüdisches Schicksal im deutschen Nachkriegsdrama. Köln 1988.

Felsenstein, Walter und Melchinger, Siegfried: *Musiktheater*. Mit zahlreichen Bildtafeln. Bremen 1961.

Friedrich, Götz: *Musiktheater*. Ansichten, Einsichten. Berlin 1986.

Gönnenwein, Wolfgang: *Die Oper in Stuttgart*. 75 Jahre Littmann-Bau. Stuttgart 1987.

Goertz, Heinrich und Weyl, Roman (Hg.): *Komödiantisches Theater*. Fritz Wisten und sein Ensemble. (Theater am Schiffbauerdamm 1946-54, danach Neubeginn der Volksbühne am Luxemburgplatz). Berlin (Ost) 1957.

Hadamowsky, Franz und Otte, Heinz: *Die Wiener Operette*. Ihre Theater- und Wirkungsgeschichte. Wien 1947.

Hartmann, Rudolf: *Das geliebte Haus*. Mein Leben mit der Oper (1912-1972). München 1975.

Hensel, Georg: *Das Theater der siebziger Jahre*. Kommentar, Kritik, Polemik, München 1983.

Herz, Joachim: *Und Figaro läßt sich scheiden*. Oper als Idee und Interpretion. München 1985.

Huwe, Gisela (Hg.): *Die Deutsche Oper Berlin* (1912-1984). Berlin 1984.

Kaindel-Hönig, Max (Hg.): *Resonanz, 50 Jahre Kritik der Salzburger Festspiele*. Salzburg 1971.

Kaehler, Hermann (im Auftrag des Instituts für Gesellschaftswissenschaften beim ZK der SED): *Gegenwart der Bühne*. Die sozialistische Wirklichkeit in den Bühnenstücken der DDR. Berlin 1983.

Kaiser, Hermann: *Vom Zeittheater zur Sellner-Bühne*. Das Landestheater von 1933-1960. Darmstadt 1961.

Kluncker, Heinz: *Zeitstücke, Zeitgenossen, Gegenwartstheater in der DDR*. Hannover 1972.

Kreuzer, Helmut: *Deutsche Dramaturgie der sechziger Jahre*. Tübingen 1974.

Laube, Horst: *Der Weg ist rot, die Wiese grün, die Amseln sind schwarz*. Bericht über die Ruhrfestspiele. Velber 1971.

Mittenzwei, Werner (im Auftrag des Instituts für Gesellschaftswissenschaften beim ZK der SED): *Theater in der Zeitenwende*. Zur Geschichte des Dramas und des Schauspieltheaters in d. DDR 1945-1968. 2 Bände. Berlin (Ost) 1972.

Petzet, Wolfgang: *Theater*. Die Münchner Kammerspiele (1911-1972). München 1973.

Profitlich, Ulrich (Hg.): *Dramatik der DDR*. Frankfurt/M. 1987.

Rabenalt, Arthur: *Ex improviso*. Zwischen den Fronten des Nachkrieges 1945-1958. o.O. (München) o.J.

Regitz, Hartmut (Hg.): *Tanz in Deutschland*. Ballett seit 1945. Eine Situationsbeschreibung. Berlin 1984.

Rennert, Günther: *Opernarbeit*. Inszenierungen 1963-1973. Werkstattbericht, Interpretation, Bilddokumente. Kassel und München 1974.

Rischbieter, Henning (Hg.): *Gründgens*. Schauspieler – Regisseur – Theaterleiter. Velber 1963.

Rühle, Günther: *Theater unserer Zeit*. Frankfurt 1976.

Rühle, Jürgen: *Das gefesselte Theater*. Vom Revolutionstheater zum sozialistischen Realismus. Köln 1957.

Ruhrfestspiele (Hg.): *Ihr für uns und wir für euch*. 40 Jahre Ruhrfestspiele Recklinghausen. Bon 1986.

Scharberth, Irmgard: *Musiktheater mit Rolf Liebermann (1959-1973)*. Hamburg 1975.

Schaubühne (Kollektiv): *Schaubühne am Halleschen Ufer, am Lehniner Platz*. 1962-1987. Berlin 1987.

Stuckenschmidt, Hans Heinz: *Oper in dieser Zeit*. Europäische Opernereignisse aus vier Jahrzehnten. Mit zahlreichen Bildtafeln. Velber 1964.

Schweizerischer Bühnenverband (Hg.): *Schweizer Theaterbuch*. Zürich 1964.

Weigel, Helene (Hg.): *Theaterarbeit*. Sechs Aufführungen des Berliner Ensembles. Berlin 1967.

Zelinsky: *Richard Wagner 1876/1976*. Ein deutsches Thema. Frankfurt 1976.

Zu den Abbildungen

Die Bilder sollen den Text nicht nur illustrieren, sondern auch in Einzelheiten ergänzen. Bei den Szenenbildern wurde dem künstlerischen Entwurf oder Modell der Vorzug vor Bühnenaufnahmen gegeben.

Soweit nichts anderes vermerkt ist, bedeutet ein ThK die Herkunft der Vorlage aus dem Theatermuseum des Theaterwissenschaftlichen Instituts der Universität Köln.

1. Die drei Marien am Grab, auf dem Altar der Engel. Rechte Seite eines Triptychons westfälischer Schule, Anfang 13. Jh. Kein Szenenbild, aber von Osterfeier oder -spiel beeinflußt. ThK

2. Höllenrachen und Teufel. Zeichnung zur Handschrift des Dramas »Der Weingarten des Herrn« von Jakob Ruof, Zürich 1539. Foto Stadtbibliothek (Vadiana) in St. Gallen.

3. Simultanbühne auf Podium. Zeichnung zu einem Laurentiusspiel von Stephan Broelman, Köln 1581. Foto Stadt-Archiv der Stadt Köln.

4. Entwurf für die Prismenbühne aus Joseph Furttenbachs Werk »Mannhafter Kunstspiegel«, Augsburg 1663. ThK

5. Szenenbild zu »Catharina von Georgien« von Andreas Gryphius. Kupferstich von Giovanni Using, Wohlau um 1655. ThK

6. Bild aus dem Christlichen Terenz von Cornelius Schonaeus. Erste Ausgabe 1592; nach der Ausgabe Frankfurt 1712, die den Einfluß der Kulissenbühne zeigt. ThK

7. Szenenbild von Ludovico Burnacini zu »Il Fuoco eterno«. Vorhof des Vestalischen Tempels. Stich von Mathäus Küsel, Wien 1674. ThK

8. Francesco Galli-Bibiena: Opernhaus in der Wiener Hofburg. 1700. Stich von J. A. Pfeffel und Chr. Engelbrecht. ThK

9. Münchner Residenztheater 1753. Nach dem Stich von François Cuvilliés. Foto der Münchner Staatsbibliothek (Folio. Rar. 556, Stich 126).

10. Mathias Siller: Pantomimenszene Salzburg 1753. Die Pantomime »Der Schwätzer und die Leichtgläubigen« hatte solchen Erfolg, daß von Sillers Dekorationen zwölf Kupferstiche erschienen. ThK

11. Kulissenbühne der Wandertruppen mit Zwischenvorhang. Szene aus Corneilles »Cid«. Titelkupfer der Teutschen Schawbühne von Isaak Clauß, Straßburg 1655. ThK

12. Schauspielertypen des 17. und 18. Jahrhunderts. Bilder aus der Sammlung Köster, jetzt Theater-Museum München. Zu Paulusen, 1685, siehe Bolte, »Danziger Theater«, 1895; der andere heißt im Begleitgedicht zur farbigen Zeichnung: Mattheus Kaiser, auf der Schaubühne genannt Scapin.

13. Das Komödienhaus in Nürnberg. Aus »Angenehme Bilderlust«, Nürn-

berg um 1730. Auf der Bühne Akteure der Haupt- und Staatsaktion und Narren. ThK

14. Karoline Neuber. Druck nach dem Kupferstich auf einer Schrift über »Leben und Thaten der Welt berichtigten (!) und besten Commedianten unserer Zeit nemlich der Hoch-edlen und Tugend-begabten Frauen Friderica Carolina Neuberin, geb. Weißenbornin« usw., Zwickau 1744.

15. Konrad Ekhof (Eckhof). Stich von Schleuen nach dem Porträt von Johann Ernst Heinsius.

16. Friedrich Ludwig Schröder. Nach einem Stich in Schinks Allgemeinem Theater-Almanach 1782.

17. Prospekt zu Schillers »Die Räuber«, Mannheim 1782. Galerie im Schlosse Moors. ThK

18. Friedrich Schinkel: Entwurf zu Mozarts »Zauberflöte«, Berlin 1816. ThK

19. Joseph Hoffmann: Entwurf zur »Walküre« Wagners, Bayreuth 1876. Szene im dritten Aufzug. Vergleiche dazu Bild 36. ThK

20. Herzog Georg von Meiningen: Entwurf zu Schillers »Maria Stuart«, zweiter Akt. Meiningen 1884. ThK

21. Eduard Gordon Craig: Entwurf zu Hofmannsthals Trauerspiel (nach Thomas Otway) »Das gerettete Venedig«, 1904. Wurde im Lessing-Theater nicht benutzt. ThK

22. Emil Orlik: Entwurf zu Shakespeares »Wintermärchen« für das Deutsche Theater, Berlin 1906. ThK

23. Fritz Erler: Hamlet-Szene für das Münchner Künstlertheater 1909. Regie Max Reinhardt. ThK

24. Ludwig Sievert: Entwurf zu Hasenclevers »Sohn« für Mannheim 1916. Regie Richard Weichert. ThK

25. Emil Pirchan: Modell für Jessners Inszenierung von »Richard III.«, Staatstheater Berlin 1920. ThK

26. Ernst Stern: Romain Rollands »Danton« im Großen Schauspielhaus Berlin 1920. Regie Reinhardt. ThK

27. Max Reinhardt auf der Probe. Foto des Bildarchivs der Österreichischen Nationalbibliothek, Wien.

28. Moderne Simultanbühne von Svend Gade. Gespielt wurde »Die wunderliche Geschichte des Kapellmeisters Kreisler« in Meinhard und Bernauers Theater in der Königgrätzer Straße in Berlin 1922. ThK

29. Alexander Wesnin: Modell für die Aufführung von Chestertons »Der Mann, der Donnerstag war«, mit dem Tairow in Deutschland gastierte. ThK

30. Caspar Neher: Entwurf zu Brechts »Im Dickicht der Städte« für das Münchner Residenz-Theater 1923. Regie Erich Engel. Die Schauplätze kreisten auf der Drehbühne bei offener Szene mit begleitendem Straßenlärm. ThK

31. Szene aus Piscators Aufführung des »Rasputin« von Alexej Tolstoi im Theater am Nollendorffplatz in Berlin 1927. Kuppelbau für Simultanszenen von Traugott Müller. ThK

32. Ernst Barlach, »Der blaue Boll«. Bild Rochus Gliese, Regie Jürgen Fehling. Staatliches Schauspielhaus Berlin 1930. ThK

33. Jürgen Fehling auf der Probe zu Ludwig Tiecks »Ritter Blaubart«, München 1951. Foto Rudolf Betz, München.

34. Hein Heckroth: Entwurf zu dem Ballett »Der grüne Tisch«, Essen 1932. Choreographie Kurt Jooss. ThK

35. »König Ödipus« in Darmstadt 1952. Bild Franz Mertz, Regie Gustav Rudolf Sellner. Foto Pit Ludwig, Darmstadt. ThK

36. Wagners »Walküre«, Bayreuth 1951. Inszenierung Wieland Wagner. Auch hier, wie Bild 19, Szene im dritten Aufzug. ThK

37. Teo Otto: Entwurf zu »Faust II«. Regie Gustaf Gründgens. Hamburg 1958. – Hierzu: »Arbeit mit Gustaf Gründgens« von Teo Otto in seinem Buch »Meine Szene«. ThK

38. Gustaf Gründgens auf der Probe zum »Don Carlos« in Hamburg 1962. Foto Rosemarie Clausen, Hamburg.

39. Modernes Bühnenhaus. Mannheim 1957. Durchblick durch die Portalanlage mit Beleuchterbrücke. Foto Maschinenfabrik Wiesbaden.

40. Die verwandelten Logen. Hamburgische Staatsoper, eröffnet 1955. Foto Ullstein.

41. Gustaf Gründgens 1944 als Flaksoldat.

42. Helene Weigel als »Mutter Courage« im »Berliner Ensemble«. Foto Ullstein.

43. Das Aalto-Theater in Essen. Eröffnet 1988. Foto Stadtbildstelle Essen.

44. »Peer Gynt«. Inszeniert von Peter Stein, Berlin 1971. Foto Ilse Buhs-Remmler, Berlin.

45. Bühnenbild zu Heiner Müllers »Germania Tod in Berlin«. Bochum 1988, Foto Klaus Lefebre.

46. »Sparprogramm«. Karikatur von Hans-Georg Rauch, 1983.

47. »Übergroße Verwaltung, unnützer Komfort« am Beispiel der Mitarbeiter beim Drei-Personen-Stück »Fräulein Julie« von Strindberg. Stadttheater Essen 1975, Foto Manfred Vollmer.

48. Ein Monster liebt eine Sängerin. »Das Phantom Oper«. Musical von A. L. Webber, Wien 1988. Foto Michael Le Poer Trench.

Zu den Bildern im Text

Deutschsprachige Literatur
in den suhrkamp taschenbüchern:
Drama

Deutschsprachige Literatur
in der edition suhrkamp:
Drama

Deutschsprachige Literatur
in der edition suhrkamp:
Drama

Deutschsprachige Literatur
in der edition suhrkamp:
Drama

301/3/4.89